民商法论丛
Civil and Commercial Law Series

商事领域受信制度原理研究

Principles of Fiduciary Law in Modern Commercial World

◉ 周淳 著

北京大学出版社
PEKING UNIVERSITY PRESS

图书在版编目(CIP)数据

商事领域受信制度原理研究/周淳著. —北京:北京大学出版社,2021.6
(民商法论丛)
ISBN 978-7-301-32140-9

Ⅰ. ①商…　Ⅱ. ①周…　Ⅲ. ①商誉—研究—中国　Ⅳ. ①F273.4

中国版本图书馆 CIP 数据核字(2021)第 067928 号

书　　名	商事领域受信制度原理研究 SHANGSHI LINGYU SHOUXIN ZHIDU YUANLI YANJIU
著作责任者	周　淳　著
责 任 编 辑	冯益娜
标 准 书 号	ISBN 978-7-301-32140-9
出 版 发 行	北京大学出版社
地　　址	北京市海淀区成府路 205 号　100871
网　　址	http://www.pup.cn
电 子 信 箱	law@pup.pku.edu.cn
新 浪 微 博	@北京大学出版社　@北大出版社法律图书
电　　话	邮购部 010-62752015　发行部 010-62750672　编辑部 010-62752027
印 刷 者	大厂回族自治县彩虹印刷有限公司
经 销 者	新华书店
	965 毫米×1300 毫米　16 开本　14.75 印张　234 千字
	2021 年 6 月第 1 版　2021 年 6 月第 1 次印刷
定　　价	39.00 元

献给我的父亲母亲

序

周淳于2015年从北京大学法学院博士毕业，应聘到浙江大学光华法学院任教。最近，她的博士毕业论文经过修改后即将出版了。她请我为她的"心作"写一篇序言，作为导师，我责无旁贷，欣然应允。2007年秋，周淳在北大元培学院选择了法学专业，大三时选修了我讲授的公司法课程，之后选我担任了她的本科毕业论文导师。本科毕业前，她通过北大法学院的推免考试，于2010年9月跟我攻读法学硕士。研二时，学校推行硕博连读，周淳依靠其聪颖和勤奋，争得了一个指标。2015年，她通过博士论文答辩，离开北大走向工作岗位。这几年里，我不断听到她的好消息，知道她在教学和科研方面孜孜以求，取得了一些成绩，很为她感到高兴。

大约在2011年秋冬时节，我和周淳闲话博士论文的选题，我提到，公司法上董事、高管的信义义务来源于信托法，但是信托理论和制度体系中受托人的义务和董事、高管的信义义务到底有什么区别，从英美法系传导到大陆法系有没有失真或者发生变异，的确存在研究的价值。周淳与我心有灵犀，当时即选定以此作为她的博士论文选题方向。我们共同讨论，认为有必要从概念的源头开始，梳理信义义务制度的原理，澄清信义义务的适用范围，解析信义义务在商事组织中和商事交易中的适用差异。在选题确认时，周淳提出"信义义务"这个译法达且雅，却容易让人联想到"桃园结义""兄弟义气"这样狭义的"义"。Fiduciary duty 当中，并无"义"的成分。"受托义务"更符合法律术语的本义，但是又容易与信托法中的受托人义务相混淆，最终我提议，还是使用"受信义务"。

正如本书所言，受信义务是解决当今社会信任式微、行为失范的一把钥匙。受信义务起源于英国衡平法，周淳研究后认为，受信不是一个先在的概念。受信义务在英美法中的发展是法官运用类比推理技术的结果，是解决个案问题的经验积累，不存在体系性和科学性。以某一法律关系在英美法上被视作受信关系就推出我国法应采取相似方案，几乎没有说服力。商事领域中，受信关系最典型的范式是信托关系，其后延伸到委托关系，其他受信关系均是这两种范式关系不同程度的变化或组合。受信关系的核心特征就是委托人财产或事务的酌处权被授予受托人，因此面临权力被滥用的风险。因此，无论是否涉及财产转移，信托关系和委托关系中的受托人都可能对委托人/受益人负有受信义务。周淳博士还认为，受信义务也是渐变的，在不同受信关系中，受信义务的内涵可能发生变化，并致力于找出这种变化的规律。

读博期间，周淳在斯坦福大学法学院学习半年，又在哥伦比亚大学法学院学习一年，获取了哥伦比亚大学法学院的硕士学位，把在北大硕博连读中丢失的硕士学位补上了。最近几年，国外国内对受信义务的系统研究开始勃兴。周淳在论文写作过程中利用国外学习的经历，阅读了大量一手的英美法最新研究资料，大大提升了论文的品质。本书视野弘阔、体系完整、论证严密，在充分消化英美法资料的基础上形成自己的思考，而非堆砌既有文献，体现出她的用心和用功。她在本书中的一些论述，包括诚信与忠实义务的区别与联系、受信义务在商事组织中的演变、违信责任的特殊性，是有见地的。

近几年，国内有关受信制度的研究和翻译作品逐渐增加，但本书依然具有前瞻性，因其在绘制受信制度的整体图景时，始终立足中国法的问题意识，与中国法的实践紧密结合，回答的是受信制度如何在我国真正发挥作用的问题。前年，她还作为主持人承担了中国证券投资基金业协会“基金管理人信义义务研究”的课题，为受信规则在我国资管行业的落地贡献了智识。基于对她学术能力的认可，三年前我把独著的教材《企业与公司法学》正式托付给了周淳和我的另一位博士周游续著，该书的第九版和第十版就是由他们两人完成的。

当然，本书也存在一些缺憾和问题。例如，本书缺失了大陆法系对类似问题处理方案的探讨，比较法研究不够完整，在有限时间内完成对庞杂英美法资料的整合，可能有不完全归纳的风险。另外，对受信关系本质的提炼，还不够抽象和概观；对受信义务演变规律的探讨，也应当更好地结合实在法。我相信以周淳博士的能力与心劲，日后定能在这个方向上作出更为精微、更接地气的研究，也希望她在今后的学术人生中笃行致远，取得更好的成绩。

甘培忠

2020 年 11 月 18 日

目　　录

导　论

第一节　问 题 缘 起

近年来，我国商业生活中出现了严重的行为失范、制度缺位、信任崩盘现象。例如，上市公司丑闻频出，康得新控股股东占用公司资金，122亿巨款在公司账户中“不翼而飞”[①]；康美药业连续三年财务造假，造假金额高达千亿[②]。在证券金融业，法律制度落后于现实需求，证券服务行业与投资者之间的矛盾逐渐暴露，2013年4月平安证券曝出存在“中国平安自有资金先买，平安证券研报随后推荐，股价暴涨后平安系资金获利出货的隐秘交易链条”的“抢帽子”交易，舆论哗然。[③] 2014年光大银行等被投资者投诉，称银行职员在银行大客户室兜售涉嫌诈骗的理财产品，金额达7亿。[④] 百亿私募“阜兴系”爆雷，募集资金被管理人用于个人消费和从事犯罪行为。[⑤] 商业社会需要依靠比道德谴责更有效的手段去抑制由于人类的贪欲而发生的、不道德的商业行为，求助于法律成为必要。

法律是不断变化的文明的一部分。法律制度必须与社会结构相适应，

---

① 中新网：《康得新122亿存款去哪了？悬而未决引发深交所关注》，at http://www.chinanews.com/cj/2019/05-10/8832595.shtml，最后访问日期：2020年10月25日。

② 中国证监会行政处罚决定书（康美药业股份有限公司、马兴田、许冬瑾等22名责任人员）证监会〔2020〕24号。

③ 每日经济新闻：《先买后荐：中国平安组团操纵海欣股份》，at http://www.nbd.com.cn/articles/-2013-04-25/736082.html，最后访问日期：2020年12月23日。

④ 金融界：《银行职员兜售理财产品，两百储户7亿打水漂》，at http://bank.jrj.com.cn/-2014/12/20212018572043.shtml，最后访问日期：2020年12月23日。

⑤ 财新：《阜兴案定性集资诈骗，朱一栋或会判无期》，at http://finance.caixin.com/2018-09-30/101331757.html，最后访问日期：2020年10月25日。

为社会目的而出生、改变以及死亡。20 世纪以来，社会发生了深刻的变革，经济结构性变化表现为制造业主导向服务业主导的转变、公共部门成为主要的就业领域、组织不断崛起和扩大。商品经济开始向知识经济、信息经济转变，专业分工的不断细化产生了对信息和知识的差异性分配，信息、知识和专业经验成为稀缺性资源和社会权威的来源。经济的结构性变化也导致了社会关系的变化：市场竞争产生了专业化、劳动分工，也凸显了联合、协作、交易的重要性；社会矛盾从资本和劳动力的冲突演变为专业人员与平民百姓的冲突。

社会变革对法律制度产生了新的要求，法律人应当不再受过去准则的束缚，而应有意识地寻找变化。进入 21 世纪以来，我国商事领域的法律制度仍部分停留在 19 世纪末，例如，在私法领域一概采用个人意志自由和私人财产权保护的原则，在公共部门单纯采取行政规制的原则，却对公共性增强的私人部门和私人性增强的公共部门缺乏实践的解释力。私法的逻辑在于划定共同生活的个人意志统治的界线，在某领域中个人意志独立于他人意志而具有统治地位。然而社会关系日益表现出公私复合的特征，个人意志绝对支配的领域已不断缩小。交易不再是人类意志设计和控制的偶然和即时的产物，而是长期的、延续的、充满不确定性的、嵌有社会因素的关系；人与人的关系不再能用抽象平等概括，信息、知识、经验、谈判能力和经济实力的不平等性改变了契约的意思自治本质。

生产的纵向和横向一体化改变了买卖交易的模式，专业化和规模集中导致服务关系中信息、知识和经验的垄断以及权力的出现与分配。为什么控股股东有义务向小股东披露信息，为什么医生必须告知患者手术的全部风险，为什么股票经纪不能私下接受佣金，为什么投资银行须建立信息墙隔离，为什么公司出售不可避免时公司董事要追求收购价格最大化？传统民法并不能完全提供问题的答案。意思自治、契约自由导致法律成了强者的代言人，以风险自负、责任自担为前提的侵权法和合同法丧失了对伤害的警惕、对弱者的怜悯，也减弱了与忠诚、正直等人类美德的天然联系。被誉为帝王原则的诚实信用原则，也只限于解决默示担保责任、由于错误和欺诈订立的合同效力等问题，而且请求方要负担举证责任、达到较高的证明标准——这在证券、医疗、金融衍生交易等行业几乎是不可能达到的。21 世纪的社会需要有效、清晰、富于效率的制度约束权力、调停不平等、克服利益冲突引发的机会主义行为，从而实现具体情形而非形式上的正义。

起源于衡平法的受信制度（fiduciary duty doctrine）或许能成为解决我国现有社会问题的一把钥匙。对“fiduciary duty”，有的学者翻译为“被信任者义务”以区别于信托中受托人的受托义务[①]，也有学者译为“诚信义务”[②]，但较为普遍的用法为“信义义务”，如高富平教授1997年发表在《比较法研究》中的《代理概念及其立法的比较研究》[③]、何美欢教授1997年出版的著作《香港代理法》，均将“fiduciary”译作“信义”。这一译法或许是受到传统信义观的影响。不过，fiduciary中确实以“信”为核心，却不含有“义”的因素。[④]本书使用受信这个概念，意在强调受信关系中一方托付信任、授予权力，而另一方受有信任、行使权力的双方结构。同时，本书使用受信人指代受有信任、行使权力的人（fiduciary），并使用委托人指代交托权力、托付信任的人。而且，为表述简便起见，下文以委托人概括指代委托人与信托中的受益人。[⑤]此处委托人的概念区别于代理中的被代理人（principal），更强调托付与授权财产与事务的概念（entrustor），从而与受信人直接相对。

用益制度最早在12—13世纪的英国产生，信托则在14—17世纪逐渐成熟。商事合伙在16世纪出现，后来发展为合股公司和股份公司。与此同时，仆人得到解放，主人—佣工关系发展成为代理关系。“受信”作为一个古老的概念，以极大的弹性包容并回应了社会发展的需求。受信关系的本质是一方处于依赖另一方的易受损害地位，需要以衡平法要求对方根据良心行事的办法来保障自己。受信制度一面与悯弱、忠诚等人类美德具有天然联系，一面又因通过复合标准事后个案校正具体情形中的不正义而富有活力，工业革命后在英美法国家对商事组织和金融交易中人们行为的引导与规范中得到充分的适用。

受信制度的关注点是处于特定法律关系中的一方当事人在多大程度上应承认并尊重对方的利益，其关键在于防止权力的滥用，通过叠加、复合的

---

① 参见沈达明：《衡平法初论》，对外经济贸易大学出版社1997年版，第225页。

② 参见邓峰：《普通公司法》，中国人民大学出版社2009年版，第438页。

③ 参见高富平：《代理概念及其立法的比较研究》，载《比较法研究》1997年第2期。

④ 详见本书第五章第一节。

⑤ 在信托关系中，委托人可能是为了受益人利益转移财产给受托人并要求受托人为受益人利益妥善管理和处分该财产，受托人负有为受益人利益最大化的义务。

标准校正具体情形中的不正义。在美国,以 Tamar Frankel 为首的学者针对社会产生的新问题提出突破已有的合同、侵权和财产制度,建立独立的受信法(fiduciary law)这一主张在 2009 年金融危机后引起了学界的重视。受信制度对实践中产生的新问题,如非公司企业中的受信义务、专业服务领域提供服务一方的地位界定、对官员职权行为的约束等命题,也均具有一定解释力和回应力。

反观我国,商事领域中的制度缺失正成为商业生活场域问题频发的重要原因。在商事组织中,董事、高管滥用职权损害公司利益,但公司法的立法与裁判仍未清晰意识到组织利益、利益冲突与公司程式的重要性。证监会、证券交易所对董事、高管的受信义务规则进行了有益的细化和探索,但有关经验只限于上市公司。在专业服务领域,尤其是金融服务领域,专业人员的地位、法律义务和行为守则依然多有缺漏、混乱或歧误,体系不清且往往不具有可执行性。[①] 资产管理的分业监管格局难以打破,持不同牌照的金融机构从事本质相同的资产管理业务,却由不同的监管部门依照不同法律规则予以监管。受信制度不是一项孤立的法律技术,它有着深刻的历史和文化内涵,并迎合了现代社会专业分工、社会协作的内在需要,能将良心与衡平等根本价值追求转变为实践中可操作、可预见的规则。充分发挥我国的后发优势、研究受信制度的本土化,有助于实现社会公平与意思自治的平衡、法律安定与个别正义的平衡,在均衡相互冲突的利益与需求中实现正义。

第二节　文献综述

英美法系有关受信的文献可谓汗牛充栋。在英美法中,受信制度是一个独立的法律部门,违反受信义务的责任、违反合同的责任和侵权责任并列为三种民事不法行为(wrongs)[②],故有独立的法律理念、原则、规则与救济

---

① 例如,“阜兴系”爆雷后,对基金托管人应否承担信义义务,银行业协会与基金业协会各执一词,参见《阜兴系旗下私募跑路,中基协、中银协互撕》,载新浪财经,http://finance.sina.com.cn/zt_d/zjxzyx/,最后访问日期:2020 年 8 月 11 日。

② Peter Birks, The Content of Fiduciary Obligation, Israel Law Review, Vol. 34, No. 1, 2000, pp. 3-38.

机制。概述一个独立法律部门的有关文献将远远超过导论所允许的有限篇幅,笔者在此仅回顾英美法学界对受信制度较为系统的论争,具体规则的讨论与争议则留待书中有关章节详述。一言以蔽之,美国法学界注重采用经济学工具从法律外部评析受信义务的制度效果,英联邦国家则更立足衡平法的传统对受信制度进行体系梳理。方法不同只是表象,英美法学界对受信制度的正当性、受信关系的定义、受信义务的内容和标准等基本问题,均未达成一致。

一、受信关系的构成要件与范围

受信制度的最大问题在于其模糊性和不确定性,而其模糊性与不确定性源于两处:受信关系范围的不确定性与受信义务内容和程度的不确定性。从"受信"(fiduciary)作为一个概念出现在英国法的判决至今,三百余年来司法界和学界对什么是"fiduciary"从未达成过共识,但司法判决中认定的受信关系(fiduciary relationship)的范畴却仍在不断扩大。澳大利亚高等法院法官 Paul Finn 认为,定义受信关系并无必要,因为受信义务先于受信关系存在。"受信人并不因为受信关系的存在而负有受信义务,而因为负有受信义务成为受信人。"[①]然而,Finn 的这一观点并未获得司法实践的支持,也并不符合私法原理,权利与义务不可能脱离法律关系而存在。受信关系赋予了受信义务以正当性,对受信关系本质与范围的界定无疑应先于受信义务内容与范围的认定。[②]

在受信概念统一的可行性与必要性上,英国著名私法学家 Peter Birks 质疑受信制度作为独立法律部门的必要性,并且尖锐批评实践中的受信制度是英国法上的"污点",是分类学的噩梦——若缺乏合理的分类,法律将失去其理性与尊严。[③] Birks 并不认为受信制度体系化是可能完成的任务。新西兰大法官 E. W. Thomas 与 Birks 所持观点则正好相反,他主张受信制度的问题不在于其本身,而在于法官、律师和学者都试图在其中找寻任何法律

---

① Paul Finn, Fiduciary Obligations, Carswell, 1977, p. 2.

② In Re Coomber, [1911] 1 Ch 723(Eng).

③ Peter Birks, Equity in the Modern Law: An Exercise in Taxonomy, University of Western Australia Law Review, Vol. 26, No. 1, 1996, pp. 1-99.

制度都不可能赋予的准确性。[①]

事实上，从20个世纪后期起，英联邦国家的学者们就试图对受信关系作出界定。J. C. Shepherd 主张受信关系的本质在于受信权力（fiduciary power），而受信权力属于委托人的财产，从而得以解释受信人的忠实与注意义务。[②] Flannigan 认为受信义务的根源在于信任，具体可分为服从型信任与防备型信任。[③] Weinrib 强调受信关系中受信人享有的、足以影响委托人法律地位的实质自由裁量（substantive discretion）。[④] Miller 延续了 Weinrib 的观点，并对受信制度进行了更为系统的梳理，论述受信关系的本质在于授权，受信制度即是有关受信人如何行使其权力的规则。[⑤] Harding 则从哲学角度剖析了信任作为受信关系核心的命题，提出受信关系的建立并不以信任为充分条件，但维系信任为受信制度提供了正当性。[⑥]

与该问题在英国、加拿大和澳大利亚的热度相比，美国学者对此回应寥寥，更为注重受信规则在各个领域中的具体应用，而非寻找统一定义。DeMott 强调受信制度的内容是随着情境改变的（situation-specific），但她未指出受信关系定义变化是否存在规律。[⑦] Brudney 主张受信关系的要素在于受信人对委托人的代表（representative）地位。[⑧] Frankel 是美国第一个提出建立统一受信制度的学者，她认为受信关系包括以下特征：受信人提供服务，委托人出于信任委托财产或权力以获得该服务，这种授权置委托人于受

① E. W. Thomas, An Affirmation of the Fiduciary Principle, New Zealand Law Review, 1996, p. 405.

② J. C. Shepherd, The Law of Fiduciaries, Carswell, 1981, pp. 35-36.

③ Robert Flannigan, The Fiduciary Obligation, Oxford Journal of Legal Studies, Vol. 9, No. 3, 1989, pp. 286-287.

④ Ernst J. Weinrib, The Fiduciary Obligation, University of Toronto Law Journal, Vol. 25, No. 1, 1975, p. 1.

⑤ Paul B. Miller, the Fiduciary Relationship, in Andrew S. Gold and Paul B. Miller ed, Philosophical Foundations of Fiduciary Law, Oxford University Press, 2014.

⑥ Matthew Harding, Trust and Fiduciary Law, Oxford Journal of Legal Studies, Vol. 33, No. 1, 2013, pp. 81-102.

⑦ Deborah A. DeMott, Beyond Metaphor: An Analysis of Fiduciary Obligation, Duke Law Journal, Vol. 37, 1988, No. 5, 1988, pp. 879-924.

⑧ See Victor Brudney, Fiduciary Idelogy in Transactions Affecting Corporate Control, Michigan Law Review, Vol. 65, No. 2, 1966, pp. 259-300.

信人不值得信任的风险中。[①] Clark 对受信关系的特征描述性概括为受信人具有主动披露义务、开放性行动义务及基于其地位获得优势，并指出受信义务带有道德修辞（moral rhetoric）。[②] Ribstein 则认为受信关系产生于财产的所有与控制发生分离之时，其所定义的受信关系范畴显然较 Frankel 和 Clark 更为狭窄。

司法实践中，英国枢密院审理的各国最高法院上诉案件对英联邦国家有不同程度的约束力或影响力，应为受信关系定义明确化的最大推动力。加拿大最高法院致力于统一受信关系的界定标准，对其他英联邦国家的司法实践亦有影响，但其最近二十余年内屡次改变立场，从合理期待标准转变为弱势地位标准，后又转变为授权与允诺双重标准，可见受信关系界定争议之剧。美国联邦最高法院从功能主义的视角认为受信义务在于限制受信人的自由裁量权，但对受信关系并无清晰定义。

二、受信义务的本质与内容

第一个争议与受信关系的构成要件和范围密切相关，受信关系的成立是否以受信人为委托人/受益人利益行事的意思表示为前提，决定了受信义务的本质是法定义务还是合同义务。按照合同论之进路，受信规则是合同默示条款，若合同各方明示排除受信义务的适用，则免除适用。但法定论者主张，受信义务的适用具有法定性和强制性。争论集中于立法中是否应赋予当事人选择退出（opt out）受信义务条款的权利。

有关受信义务的第二个争议是，受信义务是否包括注意义务。英联邦国家一般认为，受信义务并不包括注意义务，因注意义务是人们在交易与生活中普遍具有的义务，并不是受信人所特有的。美国学者如 Ribstein 也支持这一观点。[③] 悉尼大学教授 Conaglen 认为受信义务仅指忠实义务，但其

---

① See Tamar Frankel, Fiduciary Law, California Law Review, Vol. 71, No. 3, 1983, pp. 795-836.

② Robert C. Clark, Agency Costs v. Fiduciary Duties, in Pratt & Zeckhauser ed., Principals and Agents: The Structure of Business, Principals and Agents: The Structure of Business, Harvard University Press, 1985, pp. 55-75.

③ Larry E. Ribstein, Are Partners Fiduciaries? University of Illinois Law Review, Vol. 2005, No. 1, 2005, pp. 209-252.

功能在于保护和提高非受信义务，主要是合同义务与注意义务的履行。换言之，忠实义务保障受信人得以采取合理注意，谨慎、勤勉地实现其对委托人/受益人的允诺。反对意见则认为这一划分并无理论与实践意义，因忠实义务自有其独立的正当性基础和严格品格，与是否更有利于合同履行，并无必然关系。[①]

有关受信义务的第三个争议是，受信义务是否可以概括为忠实义务和注意义务，以及受信义务的量度在不同受信关系中是否会有所变化。对于善意是否作为独立的受信义务，有不同观点。Paul Finn 在其 1971 年的著作 Fiduciary Obligations 中认为受信义务包括受信人应诚实地仅为受益人利益行事的义务和善意义务，Finn 对受信规则具体适用的认识无疑细致全面，但他对受信义务的类型化显然是互相重合并有失周延的。在他 1989 年的论文中，Finn 对其观点作出了修正，认为受信义务可以分为三个层次：不从事显失公平的行为（unconscionable act）、善意和忠实。[②] 美国特拉华州的司法实践曾试图将善意从忠实义务中独立出来，随后又放弃了这一尝试。另外，虽然不同受信关系之间本质相似，其差异也是显著的。"量"的差异决定了不同关系中受信人的行事标准的改变。[③] 但对受信义务的程度究竟应该如何变化，目前的探讨还较为粗浅。Frankel 对比了信托与代理关系，认为构成受信关系要件的性质和程度不同，将导致受信人义务的程度也不同，但并未作出类型化分析。[④]

三、受信制度的本质、目标与发展趋势

合同论者不主张受信义务的法定性，也并不承认受信制度的独立性。受信义务只是合同的缺省规则，法官在合同解释时以受信规则填补合同的缝隙。但法定论者主张，在调整两极委托人/受益人与受信人之间的法律关

---

① Rebacca Lee, In Search of the Nature and Function of Fiduciary Loyalty: Some Observations on Conaglen's Analysis, Oxford Journal of Legal Studies, Vol. 27, Issue 2, 2007, pp. 327-338.

② Paul Finn, The Fiduciary Relationship, in Youdan ed, Equity, Fiduciaries and Trusts, Carswell, 1989, pp. 6-30.

③ In Re Coomber, [1911] 1 Ch 723(Eng).

④ See Tamar Frankel, Fiduciary Law, Oxford University Press, 2010.

系之外,受信制度有其独立的制度目标。部分学者认为受信制度的正当性构筑于受信义务的道德性,以卡多佐法官著名的判例 Meinhard v. Salmon 为代表,受信义务被认为是比公平互换的市场道德更为严格的道德标准[①],与合同法自利的个人主义追求不同,受信制度的精神气质是利他主义。另有部分学者以工具论看待受信制度,主张其意义在于维系和促进对人类社会具有重大价值的制度,例如专家系统中的法律咨询、财务审计等[②];或者更为具体地强调受信制度的意义在于抑制为他人行事时的机会主义[③];以及维护社会中的信任[④]。

对受信关系本质的认识与受信制度的功能密切相关,道德论者同时也是法定论者,并支持受信制度的扩张。相反,合同论者主张限缩受信制度的适用。合同论的代表人物 Easterbrook 和 Fischel 认为,受信关系是否产生取决于合同的缝隙大小,即合同条款下各方行为的确定程度和互相之间的监督成本大小。[⑤] Ribstein 进一步指出,受信义务的作用在于减少交易成本,同时受信义务的执行本身有较高成本,若后者大于前者,则适用受信义务殊无必要。故而,受信义务是最后救济,只有在合同、声誉等机制均宣告失效时,受信义务方有用武之地。[⑥]

法定论者从受信制度的工具价值出发,力陈法院应当能动地适用受信规则,无论争议法律关系是否被既有判例认可为类属于受信关系,或者当事人有无排除设立受信关系的意思。另外,由于司法传统、政治体制等路径依赖因素的差异,对受信制度从传统商事领域的对外扩张,各国立法与司法也持不同态度。美国和加拿大对受信制度的扩张较为积极,而英国和澳大利亚、新西兰等国的判例总体上表现得更为保守。

---

① Mainhard v. Salmon, 164 N. E. 545 (1928) (U. S.), p. 546.

② Leonard I. Rotman, Fiduciary Law, Carswell, 2005, p. 759.

③ Robert Flannigan, The Boundaries of Fiduciary Accountability, New Zealand Law Review, Vol. 2004, No. 2, 2004, pp. 215-268.

④ See Tamar Frankel, Fiduciary Law, California Law Review, Vol. 71, No. 3, 1983, p. 829.

⑤ See Frank H. Easterbrook & Daniel R. Fischel, Contract and Fiduciary Duty, The Journal of Law and Economics, Vol. 36, No. 1, 1993, pp. 425-446.

⑥ Larry E. Ribstein, Are Partners Fiduciaries, University of Illinois Law Review, Vol. 2005, No. 1, 2005, pp. 209-252.

相应地，英国学者 Birks 主张，受信法的扩张可能是完全错误的，是对侵权法的无效复制[①]；Austin 认为受信义务关乎不适当收益和避免利益冲突，应该避免对受信人和其他人均适用的义务使用受信术语。[②] 加拿大学者 Rotman 则在其著作 Fiduciary Law 中提出一个被 Flannigan 批评为充满浪漫主义色彩的观点，即受信法的制度目的在于维系具有高度社会价值的人际关系，如此，受信法脱离了教义学与形式理性的窠臼，具有规制与公共政策的色彩，法官可以据此能动地扩张受信法的边界。

四、我国对受信制度的现有研究

梁慧星先生很早就从合同漏洞补充的视角论述诚实信用作为民法基本原则的作用。[③] 徐国栋教授对诚实信用原则的原理、历史、实务进行了深入且系统的探析[④]；刘俊海教授提出了诚实信用原则的三个层次[⑤]。他们都注意到在我国法律中确立诚信的要求和信任的激励与保障机制是必要的，但均停留在原则层面。在我国，学界对受信义务的理解正在不断深入中。在本书写作之前，法学界对受信义务的研究主要停留在公司法和合伙企业法层面。[⑥] 事实上，公司法、合伙企业法中的受信义务，不过是业已存在的法律

---

① Peter Birks, The Content of Fiduciary Obligation, Israel Law Review, Vol. 34, No. 1, 2000, pp. 3-38.

② Robert P. Austin, Moulding the Content of Fiduciary Duties, in Oakley ed., Trends in Contemporary Trust Law, Oxford University Press, 1996, p. 15. 转引自 Sarah Worthington, Fiduciaries, When is Self-Denial Obligatory, Cambridge Law Journal, Vol. 58, 1999, p. 500.

③ 参见梁慧星：《诚实信用原则与漏洞补充》，载《法学研究》1994 年第 2 期。

④ 参见徐国栋：《民法基本原则解释——以诚实信用原则的法理分析为中心》，中国政法大学出版社 2004 年版。

⑤ 刘俊海、宋一欣主编：《中国证券民事赔偿案件司法裁判文书汇编》，北京大学出版社 2013 年版，第 2 页。

⑥ 参见朱慈蕴：《资本多数决与控股股东诚信义务》，载《法学研究》2004 年第 4 期；郭富青：《公司收购中目标公司控股股东的诚信义务探析》，载《中国法学文档》2005 年第 2 期；朱慈蕴：《对股东诚信义务的再思考》，载《中国法律》2007 年第 4 期；朱羿锟、彭心倩：《论董事诚信义务的法律地位》，载《法学杂志》2007 年第 4 期；邓峰：《业务判断规则的进化和理性》，载《法学》2008 年第 2 期；邓峰：《公司利益缺失下的利益冲突规则——基于法律文本和实践的反思》，载《法学界》2009 年第 4 期；李新天、孙聪聪：《公司法上的受信义务研究》，载《河南省政法管理干部学院学报》2011 年第 6 期；赵万一：《公司收购中目标公司董事信义义务研究》，载《河南财经政法大学学报》2012 年第 2 期；朱圆：《论美国公司法中董事对债权人的信义义务》，载《法学》2011 年第 10 期。

义务随着市场关系内部化而发生的自然延伸。随着专业分工的深化与金融服务业的兴起,也有一些学者对金融服务业者的受信义务展开了讨论。① 上述研究,或者限于商事组织层面,或者限于商事交易中,没有将受信义务作为一种制度现象进行统合研究。当然,已有学者提出受信制度的概念,但研究还停留在较为粗疏的层面。沈达明先生 1997 年出版的《衡平法初论》花了九章阐述"被信任者法",是目前对受信制度最为详尽全面的介绍,不过主要是建立在英国法的案例与学者论著的总结与评述上。② 张路的《诚信法初论》主要是对 Tamar Frankel《受信法》一书的评论③;范世乾对英美法中如何界定受信关系的理论争议作了简要概括④。

第三节 研究构想

一、基本结构

冯友兰先生曾提到,学术研究有两种路径,一种是"照着前人已有的成果讲",一种是在"前人尚未完成的地方接着讲"。本书写作的目标,或者说"野心",是在前述研究的基础上"接着讲"。本书最核心的目的与内容是,在我国已在商事组织与证券监管立法中引入受信规则,受信制度的立法技术、实践适用与理论研究却远远不足的当下,回答如何界定受信关系、受信义务的具体内容、违信行为应负何责任等基础问题。具体又可分为三个层次:宏观层面,对我国社会商业领域出现的行为失范、制度缺位、信任崩盘的问题,提出受信制度为可能的解决方案,兼而挑战制度研究的重要困境——一个没有判例法的国家能否引入一套普通法色彩鲜明的制度;中观层面,以一个制度的后来者和外在观察者的角度,对英美法国家受信制度体系的梳理和

---

① 甘培忠、雷驰:《对金融创新的信义义务规制》,载《法学》2009 年第 10 期;陈雪娇、王继远:《论律师信义义务》,载《昆明理工大学学报社会科学版》2009 年第 12 期;段涛:《证券公司诚信义务:范围、责任和控制》,载《证券法苑》2012 年第 1 卷;董新义:《资产管理业者的信义义务:法律定位及制度架构》,载《求是学刊》2014 年第 4 期。

② 参见张路:《诚信法初论》,法律出版社 2013 年版。

③ 参见沈达明:《衡平法初论》,对外经济贸易大学出版社 1997 年版。

④ 范世乾:《信义义务的概念》,载《湖北大学学报(哲学社会科学版)》2012 年第 1 期。

重构作出自己的努力，因成文法国家如中国不可能重复英美法国家数百年中以判例积累建立受信制度的方式，而须直截了当地"拿来"、改造与吸收；微观层面，本书将着眼于商事组织、投资咨询、证券经纪等具体领域，探讨受信义务规则的"不同版本"，以求归纳受信义务演变的规律与影响因子。

要达到上述目标，本书将从以下几个方面展开。

（1）为什么需要受信制度？受信关系中，委托人/受益人不再负有自我保护的重任，受信制度保障委托人/受益人得以依赖受信人保护并执行其利益。本书第一章从受信制度的源头英国衡平法谈起，虽然衡平法最终衰落而受信制度在向商人法的扩张中获得了生机，但衡平法的个案调整与以良心行事的原则造就了受信制度的本质特征。法哲学基础与社会学、经济学角度对受信制度社会目的的探讨赋予受信制度的实质正当性。

（2）什么是受信制度？虽然对受信关系的定义争议很大，但毫无疑问，受信关系是开放式的，这是英美法学界和司法界的共识。然而，这样的共识对研究与继受该制度的后发国家殊无益处。系统地归纳和梳理英美法系中受信制度的概念、原则、规则与适用空间，是在没有衡平法传统的国家认识与了解受信制度的必经之路，亦是以一个外在的观察者角度回应英美法学界对受信关系判断标准和受信义务内容的理论纷争。

本书第二章和第三章分别探讨商事组织与专业服务关系中等不同情境中受信关系的界定，受信义务的内容、程度与范围，勾勒受信制度的轮廓与脉络。本书第四章是对受信规则体系化与统一化的尝试，通过论证受信关系的本质要件、结构特征、受信义务的变化规则与受信责任的严格秉性来建构受信制度的骨架，在何种情境下一个法律关系应被视作受信关系，以及受信人的权利义务。第四章并非仅仅筑造于对第二章和第三章内容的总结之上，因受信关系是开放性的，鉴于司法裁判中法的续造的存在，我们可能很难准确预测下一个受信关系会在何处产生，不完全归纳方法筑造的结论必定是脆弱的。但第四章立足受信制度的不确定性与衡平性，抓住受信制度扩张所采用的类比推理技术追寻其逻辑与脉络，探入受信关系的本质与结构伐骨洗髓，以此得出的结论并不是圈定边界，而是纲举目张。

（3）我国如何引入受信制度？本书第五章回到现实问题，即受信制度能否成为解决中国社会现有社会信任匮乏、职业伦理丧失问题的一把钥匙。本书前四章已经论述受信制度在其母国是可行的、经过检验令人满意的解决方法，第五章则对如何超越单纯的法律复制和传抄，结合我国本土状况搭建水土适宜的制度体系与规则框架提出建议。

不过，受信制度的边界一方面取决于受信关系的本质，另一方面，也取决于立法或司法机关为义务主体设定的行为标准的高低。后者主要是一个公共政策问题。我国应当采用一种较低标准的、广泛适用的受信制度，还是构建一种较高标准的、限制适用的受信制度，或者留给市场自由选择，是本书留待以后研究中进一步讨论的一个问题。

二、研究难点

如美国批判法学家 Duncan Kennedy 所言，大陆法系国家建成的法律制度体系均以古典合同制度为基石，以社会法为超结构（superstructure），但是在基石与超结构之间，有没有必要和可能存在调整地位不平等的个人之间、组织与个人之间关系的制度呢？这需要在传统法学的严谨体系大厦里寻找空间。由于语言限制，本书对其他大陆法系国家的立法与司法情况比照是非常有限的，比如德国、法国、日本等国如何控制受信关系中的机会主义行为。缺乏此类素材，就没法形成一个对受信制度必要性的完整论证，只能证明，受信制度是解决本书导论部分所提出问题的可能解决方案。当然，事实上，我国已经部分引入了该制度。此为难点之一。

和所有试图进行制度借鉴和比较的著作一样，本书也面临如何将精心描绘的制度图景变为现实的问题。特别的是，受信制度与我国，在文化和理念上有根本相通性，在现实的法律技术上却南辕北辙。在历史上，情理与判例并不陌生，只是在近代，文化与司法的传统却发生了骤然断裂。基于以上现实，如何以本土资源建立一个与英美法系受信制度功能相似的制度，成为一个耐人思索的问题。此为难点之二。

受信义务是英美法上最难捉摸的概念之一。作者拟探讨的主题，虽在英美法系有悠久历史和被普遍适用，但理论体系尚未建立。对“什么是受信关系”“受信关系的法理基础”“受信义务的范围和内容”等基础性问题，英美法学界仍然争议不休。作者的视野不局限在英国和美国，还包括加拿大和澳大利亚等主要英联邦国家，因此材料收集和制度梳理上工作量很大、难度极高。另一个与此相关的问题是，由于受信关系在多个领域中存在，研究须建立在对每一个领域的学术成果和司法实践的总结上，但过于牵涉技术和细节可能失却大局，因此对论证结构设计和行文布局也提出了很高要求。此为难点之三。

三、研究创新点

Duncan Kennedy 曾经撰文指出，美国在全球化进程中的政治和经济支配导致美国制度的全球扩张，许多后发国家的制度设计都有“唯美化”倾向。[①] 然而，随着 2008 年金融危机爆发以及美国社会存在的问题被人们所认识，对抄袭、移植美国法的反思也开始成为学者们的研究主题。在受信法律制度领域，我国学者目前的著述中美国法特别是特拉华州公司法的烙印很深，但其实“美国式”受信制度并不是唯一参照物。在发源地英国、主要英联邦国家如加拿大、澳大利亚、新加坡等国，受信制度的创造、发展、改良和修正，都与美国路径差异很大，且有值得借鉴之处。对英联邦国家材料的收集与使用，是本书在材料来源上的创新点。

本书采用经济学与社会学分析方法展现受信制度的目的与功能，以经济学上的“委托—代理”理论为核心展开对组织中与交易中受信关系如何进行权利义务分配得以实现最佳实施效果的探讨，并以社会学的“信任”概念为核心，指出受信制度的功能在于提供信任的制度担保，为本书在研究方法上的创新点。

本书内容上的主要创新点，在于提出以授权作为一般要件理解受信关系与受信义务的本质，以委托人/受益人的弱势地位作为特殊要件辅助受信关系类型化，指出善意、忠实义务与注意义务作为受信义务内容的层次、特征与变化规律。对受信关系的范围和受信义务的内容进行统合梳理，这是现有我国文献均未完成的任务，也是本书想要达到的主要理论贡献。

本书第一章指出受信制度发展的肇始建立于受信关系与信托之间的本质相似性，如图 0.1 所示，信托到受信关系之间映射的桥梁是类比推理技术，法官在逐个案例的审查中所使用的类比推理决定了受信这个集合所包含的范围，是一种从局部到整体的思维。由于类比推理并无明确规则和范

① Duncan Kennedy, Three Globalizations of Law and Legal Thought: 1850-2000, in Trubek & Santos ed., The New Law and Economic Development: A Critical Appraisal, Cambridge University Press, 2006, pp. 19-73.

围作限制，法官对先例的解读存在较大自由裁量，当下类比推理的适用反而使得追踪和理解法律制度的变化发生困难。但受信制度历经数百年的演进后，以后来者和外在观察者的角度，从整体图景俯瞰各个局部，或可以识别出判断一个法律关系是否属于受信关系这一集合的统一区分术以及其运作。因为，若未形成有关如何看待相关同一性的规则，法官无法宣称 A 与 B 是否在法律上类似。以一个观点或主张为标准，将不同法律关系按照受信规则类似处理，前提是形成判断受信关系相似性的标准。“正是法律上相似、平等、相同与类似本身意味着，A 与 B 在按照既定的规定性规则处理时，具有相同的规定性。”①本书的主要创新点之一，即在于寻找与归纳这一相似性的判断标准。

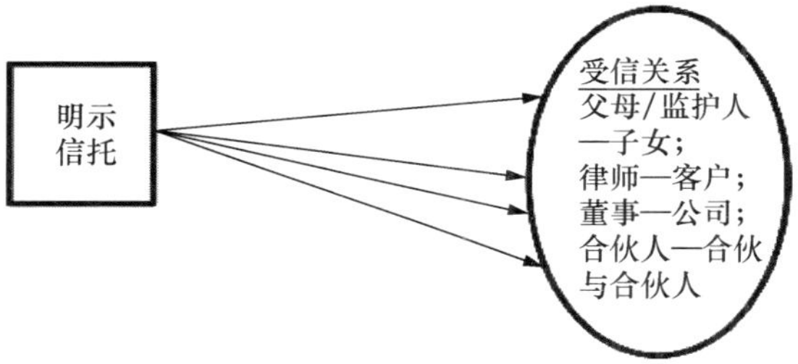

图 0.1 受信的起点：从信托关系到受信关系

通过对以模糊性著称的受信制度进行梳理，本书指出受信关系的核心要素是委托和授予权力，委托人的弱势地位作为授权的次生因素产生法律干预的正当性与受信制度扩张的主要动力。根据该核心要素，可以将受信关系分为完全受信关系、不完全受信关系、特定情形下的受信关系。忠实义务作为禁止性规范，其内容是确定的；注意义务则是情境义务，受信人的行为标准应逐案定制。受信义务的内容和强度根据不同受信关系中授权的程度、专业知识差异化分配程度和其他抑制机会主义行为替代机制的可获得性，以及特定受信关系的社会功能与政策目标等因素而变化。

---

① Scott Brewer, Exemplary Reasoning: Semantics, Pragmatics, and The Rational Force of Legal Argument by Analogy, Harvard Law Review, Vol. 109, No. 5, 1996, pp. 959-960.

四、主要研究方法

本书对受信制度的梳理和阐释将运用规范分析、文献分析等方法，并在第五章使用实证分析方法解读我国法院是否具备对商事交易进行事后审查的能力。此外，本书还运用了如下方法：

（1）法律的经济分析方法。经济学是研究人类理性选择的思维方法，受信关系的经济分析根本上揭开了修辞学的帷幕，把握了制度背后的价值命题，即在社会分工和合作的大背景下，如何克服人的有限理性和机会主义行为，确立处在特定关系中各方的行为预期，从而推进资本流动和专业分工。本书将以不完全合同理论、关系型契约理论、委托代理理论作为工具，分析普遍和特殊的受信关系中各方的动机和行为，研究受信义务的正当性，探讨在不同领域的受信关系中如何确定受信人义务的内容、标准和范围更为合理。

（2）社会学分析方法。围绕着信任这一概念展开，社会学为我们分析受信制度的制度理性提供了一种有效工具。在完全没有制度保障的情况下，维系受信关系需要相对厚信任。虽然现实生活中受信关系的建立不需以信任为前提，但大多数受信关系中均有不同程度的信任存在。信任本身的价值促使法律通过维系健康受信关系而鼓励人们更敢于地依赖他人，将熟人间的传统信任转变为对系统与制度的新型信任。

（3）历史的分析方法。任何人想要了解法的当下情况，必须同时考量它的历史演进以及它对未来的开放性。① 制度形成的逻辑，并不是后来人所构建的共时性的，而更多的是历时性的，是在时间流逝中完成的，在无数人的历史活动中形成的。也正因为如此，考察一种制度为何形成、如何发展，常因头绪纷杂让后来人有无能为力之感。受信制度也概莫能外，作为衡平法的组成部分，其演变不仅受衡平法整体兴衰的影响，更深深地嵌入在英美法国家的历史传统、政治体制、经济状况和法律文化等多元因素中，对任何一个具体概念或规则的讨论都无可避免地“拔出萝卜带出泥”。从制度借鉴的角度，能否使这一古老的制度脱离羁绊而焕发新的活力，关键就在于理清其发展史的脉络，甄别形成今日情态的必然因素和偶然因素。

---

① 〔德〕卡尔·拉伦茨：《法学方法论》，陈爱娥译，商务印书馆 2003 年版，第 73 页。

(4) 比较法研究方法。法律制度的形成,主要路径为二:本土原有制度框架、文化、习惯等的固化和延伸,或者某些国家既有制度在全球范围内的移植、扩张、复制和变异。

虽然在传统文化和司法中有类似信条和制度的存在,但从规范层面来讲,受信制度对我国来说是全新的。对受信制度的接受和建设,是一个模仿、学习的过程,也是对现存规则的取代和接轨的过程。但是这不等同于生搬硬套,而是立足本土社会的实际需要和本土资源,借鉴和创设功能相似、手段可异的制度。正如 Duncan Kennedy 教授所言:"三次全球化都是西方中心话语在全球范围内的扩张,边缘地区的进步的政治精英应该勇于设计本国的进步策略,而不仅仅接受中心开出的药方。"[①]

① Duncan Kennedy, Three Globalizations of Law and Legal Thought: 1850-2000, in Trubek & Santos ed., The New Law and Economic Develop-ment, Cambridge University Press, 2006, pp. 19-73.

第一章　受信制度正当性探源

受信制度是英美私法学界的恒言题目，其呈现的也是与传统民法截然不同的面貌。与买者自负、风险自担、合同各方各自照看自身利益不同，受信关系中委托人与受信人权利义务的配置，乍看是不均衡的。委托人/受益人不再负有自我保护的重任，受信制度保障委托人/受益人得以依赖受信人保护并执行其利益。法律如此设置的正当性何在？“今天正当性最普遍的形式，便是对合法性的信仰，也就是服从形式正确的以一般方式通过的成文规定。”[①]然而，基于合法性的正当性仅能解释法律形式上的合理性，而非实质上的正当性。对实质正当性的解释必然涉及功能主义和目的论的探讨，法律的目的是服务于人类的需要[②]，在社会分工和合作的大背景下，如何克服人的有限理性和机会主义行为，确立处在特定关系中各方的行为预期，从而推进资本流动和专业分工，是法律学者必须共同思索的命题。

本章将首先从受信之源衡平法的产生、发展与衰落为线索，解释受信制度与生俱来的个性，即衡平性与以良心作为根本原则；继而通过对传统民法的批判性分析对比受信制度的制度特性，探讨受信制度的哲学意义与规范预设。最后，本章将不可免俗地进入经济学与社会学领域，从外在的、独立于法律的角度审察受信制度的正当理由，或者说社会目的。“在本来不认识的人之间建立相互之间的信任关系是交易范围扩大和经济发展的关键，而制度作为博弈的规则，是建立和维持人们之间信任的关键。”[③]具体而言，人

---

① 〔德〕韦伯：《社会学的基本概念》，顾忠华译，广西师范大学出版社 2005 年版，第 68 页。

② Guido Calabresi, Concerning Cause and the Law of Torts: An Essay for Harry Kalven Jr., University of Chicago Law Review, Vol. 43, No. 1, 1975, pp. 69-108.

③ 〔日〕青木昌彦：《比较制度分析》，周黎安译，上海远东出版社 2001 年版，第 15 页。

们需要建立受信关系来实现和追求自身利益，但同时需要面对以下两个可能：其一，委托人/受益人无法保护自己免受受信关系带来的风险；其二，市场无法保护委托人/受益人免受该风险。法律认同受信关系的社会价值和人与人之间互相依赖的必要性，因而对受信人提出系列行为要求，以减少委托人的风险和防范成本和代理人的担保成本，从而鼓励更多的信任与依赖。至此，虽然我们还很难说受信制度是逻辑自洽的、连贯的、理性的规范实践，但把握了制度背后的价值命题，已经迈出了探索受信制度的第一步。

第一节　受信概念与衡平之源与流

“历史对象和历史问题的样式取决于法律如今被看待和构想的方式。现在被强加于过去。……过去，便失去了自己的深度，失去了它特定的想象方式，以及它排列主题、提出和解决问题的方式。”[①]受信制度源于衡平法。在不同语境中，衡平的含义不同，其意义约有三个层次：第一层次，衡平代表合道德性、自然正义、诚实以及公道(uprightness)；第二层次，衡平代表自然正义的原则，以中和既定法的不足之处；第三层次，衡平代表英格兰法律中与普通法、议会法所并行的一系列特定的规则。[②] 对第三层次的“衡平”，也可从机构的角度，更具体为“如果没有(将普通法法院与衡平法法院相合并的)司法组织条例，应由我们所知的衡平法庭来实施的规则”。本书主要是在两个语义层面使用“衡平”这一语词。第一个层面的“衡平”是指公正(fairness)或正义(justice)，第二个层面的“衡平”，是指源于英国衡平法院的一组特定的法律规范。在第二个层面上，“衡平”往往被人们称为“衡平法”，为了与衡平观念相区分，本书也如是使用。但是严格来说，衡平是与法律(在很长一段时间，直到1875年普通法法院被《法院法》废除以前，法律均等同于普通法)相对的。与之相应的是，普通法也具有不同层次的含义，最狭义的意义是指中世纪后的普通法法院审判所依据的法律规范；在更广泛的

---

① 〔葡〕叶士朋：《欧洲法学史导论》，吕平义、苏健译，中国政法大学出版社1998年版，第5页。

② Muhammad Anwar Ghuman, Principles of Equity, Manzoor Law Book House, 2003, p. 1.

层面上，普通法的含义近似于判例法（case law），可以包括衡平法，而与制定法（statutory law）相对立。普通法从最广泛的语义上可以指代英国法的全体，包括继受英国法的美国、英联邦国家等国家的法律，与大陆法（civil law）相对立。本章仅在最狭义的层面使用普通法这一语词。

一、普通法的不正义与衡平法的起源

有关衡平法的起源，比较法学界已经有大量的研究。[①] 简言之，衡平法是在普通法日益僵化、无法适应社会环境变化的情况下兴起的。追本溯源，衡平法的起源须从诺曼征服以后说起。这一时期英国王室并未建立司法权集中行使的统一体系，英格兰地区存在盎格鲁—撒克逊习惯法、教会法和诺曼法。争议案件主要由地方法庭、封建法庭和教会法庭等审理。在王室进行诉讼的案件，多由国王亲自处理，并以令状的形式向地方发布如何处理的行政指令。12 世纪后期，亨利二世建立了稳定的中央法庭，并建立了巡回审判制度，从而使王室具备了较为健全的司法机构；令状亦从国王指示如何分配权利义务的实体指令转变为要求当事人在王室法庭接受审判，由王室法官决定其诉讼结果的程序性文件。王室可以为某类案件无限地颁发固定形式的令状，使得获取令状得以成为常规的程序。

令状作为到王室法庭进行诉讼的前提[②]，同时也充当了王室法庭开拓其管辖权范围的工具。通过一系列令状的发布，王室法庭的管辖权由最初审理地方法庭、封建法庭和教会法庭所不审理的案件或者涉及自身利益的案件，扩张到包括土地、契约、侵权等领域。当事人在普通法院提起诉讼，必须履行严格的诉讼程序，须按照规定格式誊交书面诉状、缴纳诉讼费并取得大法官颁发的起始令状。没有令状的，王室法庭概不受理，即“有令状方有救济”。

---

① 如沈宗灵：《论普通法和衡平法的历史发展和现状》，载《北京大学学报（哲学社会科学版）》1986 年第 3 期；高桐：《论英国衡平法的产生及其早期的发展》，载《比较法研究》1987 年第 2 期；胡桥：《衡平法的道路——以英美法律思想演变为线索》，华东政法大学 2009 年博士学位论文；冷霞：《英国早期衡平法概论：以大法官法院为中心》，商务印书馆 2010 年版；李红海：《自足的普通法与不自足的衡平法——论英国普通法与衡平法的关系》，载《清华法学》2011 年第 4 期。

② 李红海：《亨利二世改革与英国普通法》，载《中外法学》1996 年第 6 期。

后人称普通法具有严格的程序性，主要是因为诉讼的提起必须符合既有的诉讼形式或者格式，否则无法获得普通法救济。每一种诉讼程式均具有特定的诉讼程序，每一种诉讼请求均需要一个适当的令状发起，每一个令状都为一种特别的侵害创设。除"无令状无救济"外，当事人和律师还必须选择最有利的令状、在各个诉讼阶段正确地进行与诉讼形式相应的诉请和答辩，否则极可能因为形式不符而败诉。从产生的根源来看，普通法对程序的要求无可厚非。普通法部分来自罗马天主教会的教会法，部分基于对习惯法的提炼和固化，作为王权的产物，在神权与王权逐渐分离后，世俗法律的神圣性需要通过形式的严格性加以延续和巩固。但同时，令状制度由于完全是人为的制度，亦与政治权力的分配密切相关，本身具有严重缺陷。令状是王室向地方和教会争夺司法权的工具，由行政机构——国王的文书大臣颁发，其数量和内容必然受到多重政治力量的限制。1258 年，通过签发新令状扩张王室法院管辖权的做法引发了封建贵族的不满，国王被迫于《牛津条例》中同意不再签发新的令状。当令状的数量远远落后于王室法院实际吸收的案件数量，王室法院对新类型的案件又无法相应地创设新的令状时，严格即转变为了僵化。虽然 1285 年《威斯敏斯特二条例》确立了相对宽泛和灵活的普通法令状制度，即授权衡平法院采用"法律拟制"技术来对与已有诉讼形式具有类似诉因或类似情形的类似案件签发令状。但是，由于令状制度造成的普通法僵化势头仍没有得到遏制。此外，普通法救济方式具有很强的局限性，15 世纪后期普通法院又日益腐败，陪审团被一方当事人威胁或收买的情形时有发生。越来越多的案件，由于缺乏令状、普通法院无权裁判或者虽有令状但出于特别原因无法通过普通法院实现正义，由当事人直接向国王提起。

衡平法院并非自始为独立的司法机构。其前身为文秘署，作为国王的秘书机构肩负草拟文书、加盖印玺等行政职能，其中就包括签发普通法法庭诉讼起始令状。衡平法院之所以能从纯粹的行政机构转变为司法机构，是因其为御前会议（King's Council）的一个组成部分。御前会议及其非正式常设机构咨议会为国王与王室要员、亲信大臣商议国是之地，行使立法、司法和行政诸职能。虽然在王室法院与咨议会相分离后，国王丧失了对司法权的具体行使进行干涉的权力，但在奉行"国王是一切正义的源泉"的英格兰，国王可以通过增加新的司法救济手段来行使其保留的、高于一切的王权。当现行法律的本身缺陷导致某些个案的当事人不能获得充分救济时，国王得以行使其保留的司法权，实现个案的正义。鉴于国王精力有限，向国王递交请愿书寻求救济的私人争讼主要由咨议会处理。而大法官作为御前大臣和咨议会的非正式代表，自然主导了有关诉讼的处理。大法官是能够控制12位民事大法官的法官；他是内阁的必然成员、是国王最主要和最常用的法律顾问；他是两个最高立法机构的永久领袖；他是教会委任权的绝对拥有者；他是几乎所有法律官员的竞争者；他还是国玺的执掌者。① 一方面，大法官在英国行政和司法体系中的超然地位，决定了他在普通法体系以外司法权行使中的绝对主导。而另一方面，大法官又是"国王良心的守护人"，是"英王作为基督之子履行其义务的工具"②，其神职人员的身份，使得对僵硬的普通法进行补充和调整有了神权作为重要支撑和正当性来源。逐渐地，在向国王提起、由咨议会处理的诉讼案件数量激增后，大法官署成了专门处理这类案件的机关，即为衡平法院(the Court of Chancery)。

当然，大法官对国王保留的司法权的行使，并不天然创设衡平法。一开始，衡平法院应对的是现有法律体系对弱势或贫困群体因遭强势群体压制而救济不足的案件，比如原告向衡平法院提起一项普通法的侵权诉讼，是因被告利用其在当地的影响力使得原告无法在普通法体系中获得公正的救济。③ 易言之，这是衡平法院代表国王通过其王权弥补司法权在特定案件中的执行缺陷，这种个别弥补并不是当事人享有的一项应有的权利，而是王权的恩赐。正如梅特兰所言，14世纪时大法官们并无意实施有别于当时通行法律的任何实体性规则，他们只是处理那些被当时通行的法院体系遗漏的案件。④

二、用益、信托与受托义务

除却提供普通法所不能提供的救济方式外，衡平法所发展的最重要制

① William Holdsworth, A History of English Law, Vol 1, Sweet and Maxwell, 1956, p. 397.

② 〔英〕斯坦、香德：《西方社会的法律价值》，王献平译，中国法制出版社2004年版，第143页。

③ John Baker, An Introduction to English Legal History, Butterworths, 2003, p. 104.

④ Frederic William Maitland, Equity: A Course of Lectures, Cambridge University Press, 1936, p. 5.

度是信托。[1] 根据梅特兰的观点，在衡平法院与普通法法庭就管辖权的争夺中，衡平法院无权处理可以进入普通法法庭的案件；而由于其相较于普通法法庭无法比拟的优势，衡平法院得以管辖用益（uses）和信托（trusts）。

从词源上讲，用益来源于拉丁语的 *opus*，即“为他人”（on his behalf）。用益是土地保有人为他人的利益而实际占有土地，在 13—15 世纪被广泛用于逃避对国王的封建义务和严苛的封建土地与继承制度。诺曼征服后，征服者威廉一世建立了完备的土地分封制度，英王是全国土地的最高所有者，虽然土地被层层向下分封，但所有封建土地的保有者都是国王的封臣，所谓“率土之滨，莫非王臣”。根据封建法，所有的封建土地继承人继承封地时，必须向领主缴纳一大笔继承税；若继承人未成年，领主对该封地享有先占等重要权利[2]；若没有继承人，领主得以无条件收回土地。同时，普通法严禁封地的自由遗赠，固守长子继承制（非婚生子也不得继承）。因此，无论大小领主，均广泛使用用益，即将土地转让于数个受托人（feoffees），由其将收益交由委托人或委托人指定的受益人（cestui que use）。这一设计，如同后世流行的“避税”设计，避开了普通法所禁止的遗嘱赠予不动产，实现了自由处分地产、规避封建税赋和继承制度的目的，是为信托的雏形。早期，用益往往通过口头创设，完全是基于委托人对受托人建立于亲情、友情之上的信任，受托人了解其得以占有土地是为了将地产收益并在特定情形将地产本身交予受益人。但正因没有严格的文本格式——虽然在现代合同法中，这无疑是一个有效的、双方达成合意的合同——在 13、14 世纪的普通法体系中，受托人的这一允诺并不具有可执行性。加之普通法并不承认地产的自由遗赠，是以，在受托人违背其义务，拒绝将土地的利益交予受益人或者交予受益人以外的第三人的情形，普通法院并不会保护受益人的利益，受托人是实在的普通法上的权利人。[3] 此外，正如梅特兰所言，普通法法院处理用益有关问题是有天然劣势的，在普通法法院诉讼，被告不能提交证据、所有有关

---

① 〔德〕茨威格特·克茨：《比较法总论》，潘汉典等译，法律出版社 2003 年版，第 345—347 页。

② 马克垚：《英国封建社会研究》，北京大学出版社 1992 年版，第 137—141 页。

③ John Baker, An Introduction to English Legal History, Butterworths, 2003, p. 254.

事实的争议都需要提交陪审团认定。[①] 借用克茨教授的评论，“英国法律实践者的思维方式具有典型的保守性，他们试图尽可能借助于传统的技术资源来解决生活中日益涌现的新问题”[②]。普通法法院对用益制度的日渐盛行反应较为滞后，使得受益人的利益得不到保护，受托人背弃信任和允诺的行为也得不到制裁。

相反，法律史学家发现了教会法院在1375年对受损害的受益人提供救济的记录，在记录中，教会法院要求受托人履行其所承诺的义务。15世纪中期，教会法院有关该类案件的记录消失了，因为衡平法院接过了保护用益人的接力棒。[③] 大法官作为教士，与教会法院的立场一脉相承，长久以来致力于通过接受忏悔和施以谴责等方式惩罚那些违背他人信任的人。所以，当权利被损害的受益人趋向衡平法院求助时，大法官也自然地，运用衡平法的对人性，强制受托人履行其承诺，因为无视和违背承诺显然是不诚信的。如法谚所云，“欺诈、意外和违背信心给予良心法院立足之地”[④]。

正值用益如火如荼之际，英国最大的封建领主——英王亨利八世发现用益的盛行极大地影响了王室的收入，于1535年颁布了《用益法》，规定若A为B占有地产，而B实际收取地产的利益，那么B为法律上的土地所有者[⑤]，试图通过“釜底抽薪”的方法消灭用益制度。但是《用益法》只适用于仅要求受托人为受益人占有地产的用益，并不适用于要求受托人为受益人承担积极义务的用益，积极义务包括要求受托人收取租金和利润并交予受益人。由于用益受到法律的严格限制，衡平法院开始将用益和信托相区分，信托制度诞生了。[⑥]

---

① Frederic William Maitland, Equity: A Course of Lectures, Cambridge University Press, 1936, p. 7.

② 〔德〕海因·克茨：《信托——典型的英美法系制度》，邓建中译，载《比较法研究》2009年第4期。

③ See R. H. Helmholz, The Early Enforcement of Uses, Columbia Law Review, Vol. 79, No. 8, 1979, pp. 1503-1513.

④ Frederic William Maitland, Equity: A Course of Lectures, Cambridge University Press, 1936, p. 7.

⑤ Id., p. 35.

⑥ 《用益法》规定的是“to the use, confidence or trust of another”，梅特兰认为立法者是在同样的语义上使用“use”“confidence”和“trust”这三个词语的。

三、衡平之衰落与受信之涅槃

衡平，在古希腊语为 *epieikeia*，罗马人称之为 *aequitas*。柏拉图在《论法律》中将之与“仁慈”一词并列，意指对严格法律的矫正。对衡平更为详细的解释来自亚里士多德，这也被后来学者公认为我们所说的衡平法之“衡平”的意义由来。亚里士多德在《尼各马可伦理学》一书阐述道：“衡平与正义并无二致，不过为非据法律之正义而已。衡平为对法律正义之矫正。”[①]具体来讲，“衡平之产生，是因法律乃对一般情况之规定，其对某些情形之规定必不可能准确。立法者对此法律不可能准确适用所有情形亦有认识。……故此，对某一情形，一般规定无从适用时，衡平作为法律之修订则为必须”[②]。衡平是超越成文法的正义，在亚里士多德看来，衡平是正义统领下的一种德性，其社会功能在于对法律普遍性可能造成的具体情形不正义的校正。亚里士多德并不区分法律与正义，他认为，“正义等于合法与公平，不正义是指不合法与不公平”。衡平与法律并不冲突，衡平只是对法律不完备性的修正。亚里士多德所论述的衡平，与法官在具体适用法律时的自由裁量权是两个概念。衡平只在法律规定未能覆盖或者现有规定不合适的情形发挥作用，“在这样的情形中，立法者本人也会如此裁决，并且如果他在立法时知道，也会如是规定”[③]。中世纪神学家、哲学家阿奎那发展了亚里士多德对衡平的界定，他认为：“在这些及类似的案件中，遵循法律是不对的，而将法律的字面意义放在一边，并且遵循正义以及普遍的善的指示原则则是对的。”[④]阿奎那认为衡平是“超级正义”。[⑤]

衡平法院所实施的规则，与“衡平”概念相联系，很大一部分是与German 在其重要的 Doctor and Student 一书中，称衡平法院是在实施亚里士多德的“衡平”观念有关。18 世纪衡平法院的 Hardwicke 大法官写给

---

① Aristotle, Aristotle's Nicomachean Ethics, translated by Bartlett and Collins, Chicago University Press, 2011, p. 112.

② Ibid.

③ Ibid.

④ 转引自陈颐：《衡平法、用益与信托：英国信托法的早期史概说》，载《南京大学法律评论》2011 年秋季卷。

⑤ María José Falcón Y. Tella, Equity and Law, Martinus Nijhoff Publishers, 2008, p. 39.

Kaims 爵士的信清晰地表明了对亚里士多德“衡平”观念的继承，“目前衡平不是法律的部分，而是一种德性，来限制、柔化和改造法律的苛刻和严厉；衡平是普遍的真理。衡平辅助法律，在其有缺陷的、脆弱的部分，防止那些为逃避或欺瞒普通法而设计、发明的新技巧人为地规避和愚弄法律，并致使确实无疑的权利无从救济。衡平法院支持并保护普通法，避免社会变化或人为设计使其脱离法律的正义。衡平并不摧毁法律，也不创造法律，而是辅助法律”①。或言之，衡平法正是对普通法在具体情形中的不正义的校正。然而，这种校正因赋予法官极大自由裁量权而广受诟病，并受到普通法法院、法律实证主义者的围攻。19 世纪后半叶，英国进行司法改革，撤销了衡平法院，所有英国法庭从此都有权同时实施普通法和衡平法。衡平法作为独立司法体系被取消了，虽然作为规则被保留了下来，但随着与普通法的不断冲击、融合，其作用也有所消融。在美国，甚至有相当多的州彻底撤销了衡平法。因此庞德认为，衡平法式微了。

然而，作为衡平法最伟大的发明，受信制度不但没有衰微反而更为壮大。在脱离了封建制度的英国，信托制度依然茁壮发展，改变了规避不合理继承制度的初衷，而作为一种财富管理模式发扬光大。19 世纪 70 年代，信托作为独立于合同和侵权的私法类型被逐渐认可②，19 世纪大法官的司法裁判致力于廓清信托与其他业已存在的私法概念的区别，大法官们开始认可受益人对信托权益的处分权，倾向于同化信托与财产法规则；同时，大法官们也通过一系列的判例确立了信托构成的三要素，即信托财产、受托人与受益人，并确立了信托权力的特殊性，从而奠定了信托与其他法律形式的边界。虽然学者认为大法官为了确保个人主义契约义务的优势地位，防止非契约的思维方式侵蚀既有的法律体系，通过明晰信托构成要素的方式将信托限制在 19 世纪英美私法范畴结构中一个孤立、边缘的角落③，但无疑这些界分工作勾勒出了信托法内在一致的规则体系，为信托在现代商事组织法与金融服务法中的奠基式作用打下了基础。

在信托被作为为他人利益而移转财产法律上的所有权这种财产管理方

---

① A Letter from Lord Hardwicke to Lord Kaims, June 30, 1759.

② Gregory S. Alexander, The Transformation of Trusts as a Legal Category: 1800-1914, Law & History Review, Vol. 5, No. 2, 1987, pp. 303-338.

③ Ibid.

式被严格使用的同时,19世纪70年代,受信(fiduciary)开始独立地、一致地作为判决理由,被用于定义严格意义上的"信托"与其他与信托相类似的关系。

有趣的是,虽然信托被英国学者称为是英国人自己的发明,但"受信"(fiduciary)这个词语来源于罗马法。"*fiducia*"制度与信托制度有相似之处,徐国栋教授概括其为"受托人保证被移转的要式转移物的所有权在一定的条件成就后得返还于信托人"的简约。[①] 14世纪,罗马法注释法学家Baldus称"fiduciary"为担负使命的人,自己不能从中获得任何个人利益。[②]也有英国学者认为,受信(fiduciary)在词源上以*confidentia*为根,而信赖(confidence)一词也出于此。[③] 因而,无论词源为何,fiduciary都与信任(trust)、可信(trustworthness)、诚实(honesty)等词语紧密联系。在信托的特定含义之外,受信特指一方有权期待另一方会为其利益或者为双方的共同利益,而非仅仅为自己利益行事时的双方关系。例如,公司董事、发起人与公司之间的关系,即被称为受信关系(fiduciary relationship)。

18世纪末的英国法案例York Buildings Co. v. MacKenzie已经初步勾勒出受信义务的核心,被托付以他人利益的人,不得将该业务作为追求自己利益的手段;因为人性的弱点决定拥有权力者太容易被从中为自身谋利的诱惑所俘虏,即便不以委托人的利益为代价。[④] 1854年,衡平法院在有关合股公司的案例中宣称,董事负有促进公司利益的义务,不得从事任何持有或者可能持有个人利益或者可能与他有义务保护的利益相冲突的行为。[⑤]在其后的发展中,受信规则的内容逐渐脱离与超越了信托的情境,融入普通法的有关代理与侵权的规则;适用范围也不断扩张,远远超出了典型的信托、代理和监护三种类型,而包括了合伙、董事—公司、发起人—公司、清算人—出资人、事务律师—客户、医生—病人等。

---

① 徐国栋:《民法基本原则解释——诚信原则的历史、实务、法理研究》,北京大学出版社2013年版,第129页。

② Maurizio Lupoi, Trust and Confidence, Law Quarterly Review, Vol. 125, 2009, p. 253.

③ Id., p. 261.

④ York Buildings Co. v. MacKenzie, 3 E. R. 432 (1795)(Eng).

⑤ Aberdeen Rail Co. v Blaikie Brothers, 1 Macq 461 (1854)(Eng).

至此，本书已经在三个不同的层次上使用“受信”这个概念：(1) 传统的受信关系；(2) 在案件特定事实中产生的具体受信义务；(3) 为完全拟制的受信关系提供的救济。在传统民事信托之外，对新类型受信关系的承认及相应救济的赋予，成了英美法司法体系私法义务中最重要的教义创新和变革之一。除了传统的无报酬规则和不冲突义务外，违反忠实义务的行为范围已经扩展到了“不胜任”这一更为宽泛和开放的范畴。容纳撤销权、推定信托和归入救济等救济方式的受信救济，其范畴也比普通法上的救济更为复杂。在受信制度的发展过程中，通过法律拟制等技术，普通法的概念与规则，又不断延伸入受信制度中，“受信义务已经成为普通法和衡平观念的一种奇特组合”①。

第二节　受信制度法哲学基础探析

一、良心作为衡平原则

良心(conscience)构成了衡平法院行使管辖权的基础，“在中世纪，大法官的裁量权是抽象而无定义的……大法官介入的基础在于从良心原则上看是必要的”②。以良心为裁判原则，衡平法院逐渐建立了有别于普通法的体系。大法官并无特殊的方法或洞察力来了解事实、洞察当事人的思想，如何得出大法官所宣布的结果(这一结果一般是有别于普通法法官所裁决的)是“更好的”“更公平的”，或者至少是为民众所信服的——否则衡平之存在就殊无必要了。作为国王良心的守护者和高级教士，大法官干预的正当性来源在于良心。③ 那么，何谓良心？良心是与道德有关的概念，良心知悉并判断个人行为在道德上的对与错。但与现代意义相区别，在中世纪，良心并非个人主观的观念、信念或者认识，而是建立于知识和训练基础上的客观概

---

① J. D. McCamus, The Evolving Role of Fiduciary Obligation, in 1998-1999 Meredith Lectures, Faculty of Law, McGill University, pp. 209-210. 转引自 Leonard I. Rotman, Fiduciary Law, Carswell, 2005, p. 36.

② Hanbury & Martin, Modern Equity, 17th ed., Sweet & Maxwell, 2007, p. 8.

③ 〔法〕达维德：《当代主要法律体系》，漆竹生译，上海译文出版社 1984 年版，第 323 页。

念,是对人类行为正确或错误的一种超越个人意识的共识。这与基督教义中良心一词的含义有关。基督教本身就包含强烈的道德性,“耶稣所要求的不但是清白的双手,并且是清白的心境”。[①] 良心则是上帝的旨意、是上帝的指示浇灌入人心,“上帝之法进入人心,激起良心,形成人类之法”[②]。人们通过良心感知上帝的意愿,个人凭借其自身的理性来参与由上帝的理性所形成的恒定法。[③] 圣杰罗姆(Saint Jerome)则进一步将良心与古希腊的良知联系起来,认为良知高于柏拉图所言形成人类灵魂的三要素,即理性、精神和需要。[④] 阿奎那在其神学大全中将良知定义为习知自然道德律的自然理性,是对伦理秩序第一原理的习惯性知识,良心则是将良知所体悟到的自然道德律,或说上帝的旨意适用到具体情境和行为中。衡平法的先驱圣杰曼(St. Germain)在其重要著作 Doctor and Student 一书中,延续了圣杰罗姆的观点,称颂良知是灵魂的自然力量,在灵魂的最高处驱动灵魂趋善避恶。良知是上帝赐予人类的,所以良知也被称为“理性之法”,因为他代表了理性之法的原则,是每个人天然拥有的,只要他是一个理性的创造物。[⑤] 可见,在衡平法院对普通法司法进行干预的初期,其所秉承的良心标准与基督教义是一脉相承的,也与自然法学密切相关。

衡平法区别于普通法之处在于它建立于理性与良心之上。正是基于良心的力量,衡平法得以广泛地给予救济。“须借助良心法院的有三:欺诈、意外事故和有关信心的事项。”依据良心的指引,衡平法院对三类无法在普通法法庭获得救济的案件确立了管辖:“对那些不了解如何利用法律权利的人,应给予衡平救济;建立于信心基础上的交易必须被保护;纵然不符合惯常格式,当事人在契约中的承诺应当履行。”[⑥]例如,在 1467 年的一个案例中,被告律师 Genney 主张,原告失于谨慎而没有遵守合约中规定的有关规

---

① 〔英〕斯坦、香德:《西方社会的法律价值》,王献平译,中国法制出版社 2004 年版,第 5 页。

② Eric D' Arey, Conscience and Its Right to Freedom, Sheed and Ward, 1961, p. 15.

③ Paul Vinogradoff, Reason and Conscience in Sixteen-Century Jurisprudence, Law Quarterly Review, Vol. 24, No. 4, 1908, pp. 373-384.

④ Eric D' Arey, Conscience and Its Right to Freedom, Sheed and Ward, 1961, p. 17.

⑤ St Germain, Doctor and Student, Richardson & Lintot, 1761, p. 39.

⑥ Paul Vinogradoff, Reason and Conscience in Sixteen-Century Jurisprudence, Law Quarterly Review, Vol. 24, No. 4, 1908, pp. 373-384.

则，其所遭受的损失是其自身的愚蠢所致。同时还担任主教的大法官 Stillington 引用了一句带有鲜明中世纪教权主义色彩的经典格言，“上帝为愚蠢者担任律师”，仍然授予原告传票以传唤被告。同时，该法谚还为衡平法院深入各种表面公平交易的内在实质打开了道路，从而纠正那些富有技巧的“恶棍”所从事的利用他人智力上的弱势、知识上的不足或者偶尔的疏忽来获取利益的不正当行为。① 这一案例充分反映了大法官是如何利用处在宗教和行政中枢的双重地位、在良心的指引下运用教会法的有关规则裁判案件。相反，良心并不是普通法法官裁量的内容，“在普通法法庭作出判决时，我们只需且必须依照所请求的和所被证明的，衡平法院才是检查良心之所在。”②既然良心是上帝的旨意，源于理性对自然道德律的自然习知，具有普通法规则所不具备的超然性和先验性，其约束力自然高于人定法，衡平法是以能“矫正”普通法。

如前所述，“良心法院”之“良心”，并不是因人而异的主观观念与感知。大法官必须要遵循的良心是建立在神法、理性法，以及不与上述神法及理性法相冲突的本王国法律基础上的良心。“律法不是别的，正是上帝旨意的宣示……所有善和正义的律法皆源自上帝本人……是良心的指示，正如它是上帝本人置于人大脑和心中的一个明确指示一样，教导人们什么是应当做的，什么是应当避免的。良心是人的知悉、判断和理性。”③可见，良心是具有客观性的。大法官作为高级教士、国王良心的看护者，具有阐释良心的权威，良心既为大法官的裁决依据，其裁决也就当然地对民众的行为具有了约束力。具体来说，大法官的判决来自于他们之前所受的神学和教会法有关“良心”的训练，同时他们也反求诸自己的良心。此外，他们还常常求助于自然法或者当时的忏悔手册。④ 然而，良心作为裁判原则，或言之，作为一种实体性原则，是有着本质缺陷的。从概念上讲，带有直觉性的良心，是与现代

① Paul Vinogradoff, Reason and Conscience in Sixteen-Century Jurisprudence, Law Quarterly Review, Vol. 24, No. 4, 1908, p. 380.

② MaCNair, Equity and Conscience, Oxford Journal of Legal Studies, Vol. 27, No. 4, 2007, p. 672.

③ 转引自侣化强：《合宪性推定与违宪审查的神学起源——15 至 18 世纪基督教良心的双重义务为视角》，载《清华法学》2012 年第 3 期。

④ John Baker, An Introduction to English Legal History, Butterworths, 2003, p. 106.

意义的法治背道而驰的，它首先就无法满足法的确定性与统一性。[①] 在英格兰，大法官的良心原则受到具有普通法背景的法官与律师的激烈批判，被称为是个人专制的产物。1529 年 More 成为第一位受过普通法教育的大法官后，神职人员出身的大法官所依赖的上帝的旨意概念逐渐向人定法的公正和正义概念靠拢。1550 年王室法院开始宣称："良心等于正确和公正（*eaquum et bonum*），是所有法律的基础。"[②]

衡平法院在 16 世纪逐渐形成从良心的守护者到衡平法院的转变，衡平法体系终于确立。[③] 其后衡平法裁判虽然也会提到良心，但已经转变为法庭的公民良心。这与法律别无二致，双方的良心已经不再成为判决的考量。在确定性与正义、法律与道德之间的对话在实践中已经消失了，取而代之的是两个系统的确定性、两个系统的法律。衡平逐渐成为普通法之外的一个法律体系，而不再是法律体系之外的个别正义，"良心"被制度化了。到 18 世纪来临时，先例制度已经广泛地取代良心作为实践中衡平裁判的基础。[④] "从 Eldon 大法官起，衡平体系对善与恶的区分就已经非常精准，衡平法只在众所周知的原则指引下运行。"[⑤]1878 年，在国家基金担保公司一案中，大法官甚至正式宣称，"（衡平法院）不是良心的法庭，而是法律的法庭。"[⑥]但毫无疑问的是，良心构成了受信制度最内在的思想渊源。

这构成了衡平法官最早维护受益人利益的起点。梅特兰曾经提出一个一针见血的问题：既然用益会最终影响王室的收入和国王的统治，为何大法官会支持受益人？他认为："也许我们可以设想一件丑闻式的案件，大法官未经慎重考虑就对该案件进行干预，是因为该案件震撼了公共道德……如

---

① Roscoe Pound, The Decadence of Equity, Columbia Law Review, Vol. 5, No. 1, 1905, pp. 20-35.

② John Baker, An Introduction to English Legal History, Butterworths, 2003, p. 107.

③ Frederic William Maitland, Equity: A Course of Lectures, Cambridge University Press, 1936, p. 9.

④ W. H. D. Winder, Precedent in Equity, Law Quarterly Review, Vol. 57, No. 2, 1941, pp. 245-279.

⑤ Campbell Discount Co. Ltd. v. Bridge, AC 600 (1962)(Eng).

⑥ Re National Funds Assurance Co, 10 ChD 118 (1878)(Eng), p. 128.

果不动产管理人无视信任，那么这显然是一种具有丑闻性质的欺诈。”[①]在土地的用益案件中，请求权的基础是所托付的信赖、信用及诚信义务，而该诚信向来都是日耳曼式权义的标志，也是教会和后来的衡平法院行使管辖权的根源[②]，背信是违反良心的，承诺必须信守。不应当背弃他人托付的信任，这也是良心与受信制度最深的关联。所以，澳大利亚联邦高等法院法官、著名的受信制度专家 Paul Finn 认为受信义务最核心的内容是不得从事有悖良心、显失公平的行为。[③]

二、法律与道德之分离与合一

受信义务作为私法中利他要求最高的义务，反映了法律与道德的交汇与融合。按照庞德有关已然成熟法律体系所经历的法律发展的四阶段划分，受信义务正是在第三阶段，即衡平法与自然法阶段产生并发展起来的。[④]在这一阶段，庞德描述为“纯粹道德理念从外部大量地涌入了法律”[⑤]。确实，衡平建立在自然正义的基础上，在于诚实和公正，依据公允良善原则。[⑥]早期衡平法法官和律师清楚认识到，衡平是有其局限性的，很大一部分自然法上的衡平是不能被法律强制力执行的，而必须仰仗于每个个人的良心。这种良心正是社会中占优势的伦理价值、道德理想和天主教会的宗教信条形成的。从这个意义上讲，衡平法正是法律与道德的合一，或者说，衡平法表现了法律发展早期法律对道德的依附，道德高于法律，是先于法律的超验性存在。而作为衡平法重要组成部分的受信制度也概莫能外，“上帝面前允诺者应信守诺言”，教会法严厉惩戒“背信”[⑦]，这种具有神学属性的“善忠人

---

① Frederic William Maitland, Equity: A Course of Lectures, Cambridge University Press, 1936, p. 30.

② 吕富强:《论中世纪教会对普通法信托制度的起源和形成所发挥的作用》，载《暨南学报(哲学社会科学版)》2013 年第 12 期。

③ Paul Finn, The Fiduciary Relationship, in Youdan ed, Equity, Fiduciaries and Trusts, Carswell, 1989, pp. 6-30.

④ 参见〔美〕庞德:《法理学》，邓正来译，中国政法大学出版社 2004 年版，第 370 页。

⑤ 〔美〕庞德:《法律与道德》，陈林林译，中国政法大学出版社 2003 年版，第 43 页。

⑥ Edmund Henry, Turner Snell & John Richard Griffith, The Principles of Equity: Intended for the Use of Students and Profession, 12th ed., Stevens & Haynes, 1898, p. A.

⑦ Edw. Fry, Specific Performance and *Fidei Laesio*, Law Quarterly Review, Vol. 5, No. 3, 1889, pp. 235-241.

事”的概念，具有浓厚道德色彩。19 世纪末的大法官 Cairns 认为，受信制度中的禁止利益冲突规则“建立在最高和最纯粹道德原则之上”[①]。

法律与道德有一个共同的起源，但在发展的过程中分道扬镳了。[②] 按哈特的观点，自由主义权利观正是道德和法律分离的起点，而在英国，衡平法的衰落源于法律实证主义的进攻。19 世纪中期后，法律开始自立于道德，在高度条理化的法律体系中，用完全理性控制的司法手段和程序去推行符合逻辑的、互相一致的法律条款，对制定法的严格适用强调排除一切外在价值或外在因素的考量，以实现法的确定性和可预见性。一言以蔽之，法律成为形式理性的产物。衡平法也通过判例体系的建立逐渐法定化、形式化，直到与普通法融合，法律与道德并立融合的时期结束了。

然而，法律与道德又不可能完全分离，几乎在各个法域我们都会发现法律与道德之间的重合，受信制度即是重合的一种表现。法律与道德具有共同的基础，如为实现最低限度的自我保全和群体生活，必须禁止对他人或财物使用暴力，必须要求诚信、公平交易和信守承诺。“这是人性和万物的自明之理，是人类长久和乐相处所必需的。”[③]受信制度所主张的，根基于是但高于是。

私法所施诸人身的最基本义务是不伤害他人义务。生活于社会中的人，在商业和日常生活中必须“施以合理注意，以避免作出或者疏忽任何你可以合理预见到会伤害到你邻居的行为”[④]。这一义务意味着人必须合理地顾及他人，对自己的事务施加注意时应合理预见和避免对他人的伤害。更高层次是契约义务，在人们表示愿意促进他人利益时，法律要求人们履行对他人作出的承诺，承担自己自愿承担的责任。例如，司机为马路上晕倒的老人拨打 120 急救电话，医院接诊后派出救护车，但救护车发生不合理的延迟，医院应当对老人因此遭到的损害承担赔偿责任。[⑤] 当然，契约义务并不排除人们促进他人利益的动机和结果是为使自身从为他人行事中获得更大利益，例如，装修设计师为客户承包家装时推荐了其持有股份的或者家人开

① Parker v. McKenna, 10 Ch App 96(1875)(Eng).

② 参见〔美〕庞德：《法律与道德》，陈林林译，中国政法大学出版社 2003 年版，第 40 页。

③ 〔美〕哈特：《法律的概念》，许家馨、李冠宜译，法律出版社 2011 年版，第 162 页。

④ Donoghue v. Stevenson, [1932] AC 562 (Eng).

⑤ Griffins v. Kent, [2000] 2 All ER 474(Eng).

设的店铺购买家具。最高层次是受信义务,受信义务要求受信人应承认、尊重并实现对方的利益,并将对方利益置于自己利益之上。受信义务禁绝从为他人利益行事中利己的行为,而要求"无私"(unselfish)地促进受益人的利益。

因此,从法律构造上看,受信与侵权、合同等业已相当成熟的法律部门之间存在许多相似与重合之处,但其背后的精神"根骨"却是截然不同的。侵权制度旨在实现最低限度的自我保全和群体生活,与契约义务有关的法律规则背后则透着商业社会人与人交往的算计与冷漠,其基础在于原子化的独立个体在自我保护主义的指引下进行的臂距交易(arm-length transaction)。合同法的实质是个人主义的[①],至少是实现个人利益最大化的。但衡平法院所塑造的受信义务的精神信仰却是互助,受信义务的基础是利他主义。如 Gregory S. Alexander 所言,受信义务发轫于"呼吁增强受信人权力之保护功能的社会信念",在受信关系这个不寻常的世界里,人们有权持有特殊的期待——就好像人们在家庭生活中的期待高于在冷漠工作环境中的期待一样,受信关系中法律人认为受益人也有权期待受信人抛却自私自利。[②] 作为利他程度最高的法律义务,受信义务体现了法律与道德的交汇与融合。如 Rotman 教授主张,作为衡平观念的教义性提炼,受信正是法律将道德分解入不同类型之人类活动的一种方式。[③] 当然,违反受信义务不一定是不道德的,如怠于在利益冲突交易前向委托人披露有关交易的全部信息并不一定出于恶意,而可能是出于无知或者疏忽。道德更关注正当的意图与动机或者善意,这一道德要求构成了受信义务的强制性内核,即应当为委托人的最大利益行事,对此本书第四章将会详细论述。

三、实质正义观对形式理性的反叛

有民法学者认为,德国民法的法律行为理论用形式伦理抽空了中世纪

---

① P. S. Atiyah, The Rise and Fall of Freedom of Contract, Oxford University Press, 1979, p. 134.

② Gregory S. Alexander, The Transformation of Trusts as a Legal Category, 1800-1914, Law and History Review, Vol. 5, No. 2, 1987, pp. 303-350.

③ Leonard I. Rotman, Fiduciary Law, Carswell, 2005, p. 2.

以来亚里士多德道德理论中的实质伦理。[①] 或者说，近代民法并不认为公平、正义不重要，而是认为在平等主体的框架下，自愿这一形式就可以保证交换的公平。何谓交换的公平？“若一条线段被分成两个不等部分，法官要将较长线段的超过一半部分拿掉，将之加到较短的线段上去。当整条线段被分为两个相等部分，易言之，当双方均得到平等一份时，人们就说他们得到了自己的那一份。公平就是较多与较少的算术的中间。”[②]“所得和损失这两个词，是从自愿交往中借用的。一人所有多于自己所原有的，即为所得，他所有的比原有的少，就为损失……若没有增加，也没有减少，仍保持原有，就是应得……所以，正义就是在非自愿交往中的所得与损失的中庸，交往以前和交往以后所得相等。”[③]简言之，亚里士多德笔下的交换正义，其逻辑在于等价交换。但近代民法理论并不考察对价是否对等，而只问形式是否具备。所谓“等者等之、不等者不等之”(like treat alike)的正义理论，近代民法直接抽去了“不等”的实质，而只看到抽去之后普遍、抽象的“人”，追求程序和机会的平等。但这种形式主义正义观若主导法律对后工业社会的回应，将必然造成实质上的不正义。

> 由康德整理出的自由主义法律理论具有两种先决条件：法律须有正规性(即注重程序)，而不是强调实质性；法律与道德相分离，认为法律主要是具有程序性的见解，是随着作为一个独立范畴的资产阶级社会的出现而产生的……它在竞争者之间安置了一种基本的平等，并将干涉排除在外，因为干涉会破坏那种平等。当人们对自由和财产加以限制时，这些限制也只能是普遍而可以计算的，并且平等地适用于所有的人。从这种设想来看，法律的基础就是形式上的合理性。[④]

“作为近代民法理念的社会正义，只是形式正义……契约必须严守，王

---

① 参见徐涤宇：《原因行为理论》，中国政法大学出版社2005年版，第195页。

② Aristotle, Aristotle's Nicomachean Ethics, translated by Bartlett and Collins, Chicago University Press, 2011, p. 98.

③ Ibid.

④ 〔美〕丹尼尔·贝尔：《资本主义文化矛盾》，赵一凡等译，生活·读书·新知三联书店1989年版，第336页。

是体现了这种形式正义。”[①]近代民法所创造并追求的这一形式正义体系，完全建立在先验的哲学性假设基础上，根本上是康德与黑格尔哲学渗透入法学后产生的“意志论”理论架构的产物。[②] 然而，当依赖的分析框架已经无法符合社会实际，一味地恪守形式伦理，回避对当事人利益博弈的结果给出法律的实体性评价，便失去了法律应有的立场，即对现有社会复杂性的洞察和对人性的关切。举例而言，随着金融创新的不断深入，金融交易日趋复杂，为了降低交易成本，金融行业往往通过格式合同来向公众出售金融产品，但是普通投资者对于金融产品风险、金融行业规则可能并不知晓，根本无法预测签订合同、购买产品的可能后果。如果此时法律还坚信“个人是其自己利益的最佳判断者”，或者不问理财经理在销售过程中是否如实告知风险，径行认定投资者基于自愿和明确的意思表示购买该产品、应当承担其行为的后果，奉行“买者当心”，显然有失公平。不合理分配风险的结果将是消费者在下一次博弈中不再信任金融从业人员的建议，当行业整体遭遇投资者的冷待，将离萎缩不远，失去资金融通血脉的实体经济，也将大受影响。

与意志论相并立的还有权利至上观念，二者共同构成了近代法律中所倡导的形式正义观。个人被抹去一切差异，抽象为先验的、孤立的“原子”，同时也被赋予一小块其可以“为所欲为”的区域。正如桑德尔指出的，从康德的道义论到罗尔斯的政治自由主义都认为权利优先于善。正义不反映任何特别价值的优位，而着眼于人们决定其价值所通过的程序，对人类而言，最为根本的并非我们所选择的目的，而是我们选择目的的能力。[③] 在权利至上者看来，正义并非来自于我们选择的结果，而来自于如何作出选择的过程。这一正义观必然是以程序为中心的。因为，一旦涉及结果的评价，就必然意味着对价值的评价，意味着法律必须融合进社会政策。而这正是前述法哲学家，包括萨维尼，所竭力避免的。但权利至上者并没有指明，当权利相冲突时，或者契约双方的社会地位与经济实力不同时，处于强势的一方在自由行使自己的选择权时是否应当考虑其给弱势方的自由选择权所带来的约束甚而损害。昂格尔也对这一正义观提出了批评：“在那些人们之间存在

---

① 梁慧星：《从近代民法到现代民法》，中国法制出版社 2000 年版，第 171 页。

② 参见薛军：《民法的两种伦理正当性的模式》，载《比较法研究》2007 年第 3 期。

③ 参见〔美〕桑德尔：《自由主义与正义的局限》，万俊人等译，译林出版社 2011 年版，第 32 页。

更高的相互脆弱性与责任的领域，缺乏能够建立公共生活的法律原则和权利。”[①]“权利是一把已经上膛的枪，在权利所有人自己的那个角落里，他可以随心所欲地射击，而在这个角落以外，其他获得许可的人可以对他射击。但是公共生活及其特殊需要及个人决定对他人产生的实际影响，都与这种权利观念殊无共通之处。”[②]

形式主义正义观所依赖的社会经济现实在后工业社会中已经不复存在了。近代民法建立在两个基本判断之上，即民事主体的平等性和互换性。互换性是指民事主体在市场交易中，可以频繁地互换自己处于买方或者卖方的位置。[③] 互换性实现了平等性，正是基于互换性的存在，市场主体之间可能存在的经济实力不平等会在“风水轮流转”中被弥补。但这一判断的基础为 19 世纪的经济生活现实，彼时的市场交易还主要是在农民、手工业者、作坊之间进行，主体之间并不存在显著的经济实力和谈判地位的差异，微小的差异也可以通过交易地位的频繁互换而消弭。但时至今日，随着社会分工的不断细化与固化，个人深深地嵌入在业已形成的行业结构中，互换的可能与频率被大大减弱了。例如，财力雄厚的上市公司与分散的小股东之间根本不存在互换，从而无法站在形式平等的舞台上博弈，小股东制约公司的方式，无非是“用脚投票”和“用手投票”。

组织与权力的出现也根本动摇了民事主体平等性的判断。近代民法形式主义正义观与主体理论密切相关。18 世纪市民阶层的形成，使得“人”的概念脱离了浓厚的政治和身份特征。“人”具有充分的认知能力，能充分认识行为及行为的后果，并在利弊权衡后以对自己最有利的方式达致自己的利益。人处在理性计算与利益衡量之中，是自己利益最好的处分者。康德哲学认为在社会历史领域，理性主体是具有自由意志的行为主体，应当对自身的基于自由选择的行为后果负责。理性是主体的标志，而权利是理性和自由意志的外在表现，因此人可以被抽象为权利能力和行为能力，二者足以代表主体人格。在这样的抽象概念体系中，民法典所反映的市民社会中的“理性人”，毋庸考虑其伦理、政治或情感因素，而是一个个抽象的、自己决

---

① Roberto Mangabeira Unger, The Critical Legal Studies Movement, in Allan C. Hutchinson ed., Critical Legal Studies, Rowman & Littlefield Publishers, 1989, pp. 339-340.

② Ibid.

③ 参见梁慧星:《从近代民法到现代民法》，中国法制出版社 2000 年版，第 170 页。

定、自己负责的理性的人，是“强有力的智者”。同时，康德强调意志的自主性以及其作为普遍价值创造者的角色，并且将意志作为道德人格的支柱。[①]“当我们认为我们自己是自由时，我们就使我们自己成为理智世界的成员，并认识到意志的自律。”[②]如是产生了民法上的“人格平等”和“意志独立”[③]。“在法律面前，一个法律上的人格与另外一个人格不应有区别，他们的地位一律平等。……其结果必然是，每个人都应当独立自主。智力与经济来源的不平等，尽管为人所注意，但从法律角度看，却无关紧要。”[④]

然而，后工业社会的现实是，人不是理性的，不一定有能力独立创设一种有利于自己的权利义务关系，而必须借助具有专业知识和经验的他人的帮助。人不是自由的，个人决断和行为受到其行业、职位、身份的约束，还取决于其在社会中的“分层”，人需要听命于其他人。人更不是平等的，社会中随处可见消费者、小股东、控股股东、大企业、专业群体等多元化的不平等分层。交易结构也发生了变化，交易不再是简单的、一次性的瞬时交易，合同法作为交易之法无法应对调整长期关系中的“绑定”“敲竹杠”等博弈行为。如果说商品交易的发展催生或者说成就了合同法，那么工业革命、专业化和社会分工则使得古老的受信制度焕发了生机。受信法回应社会中“权力”的存在，即在一方具有影响他方选择权的权力时，要求善意、忠实和审慎。“受信制度的核心在于保持信任，为了受益人的合理期待而限制受信人的自由，一旦有违反承诺的行为发生，法律定向受屈那方倾斜，受信人的自由，消弭于他所承担的义务的本质。”[⑤]受信制度认为，在一些情形下维持社会中信任与互相依赖的关系，是个人在社会生活中实现个人能力或者说实现其独立人格的潜力的最好的激励方式。由此，在调整特定关系中个人行为对他人的实际影响时，受信制度实质上融合了公共政策。

---

① 参见〔葡〕叶士朋：《欧洲法学史导论》，吕平义、苏健译，中国政法大学出版社 1998 年版，第 174—175 页。

② Immanuel Kant, Groundwork of Metaphysics of Morals, translated by Allan Wood, Yale University Press, 2002, p. 70.

③ 尹田：《论民法基本原则之立法表达》，载《河南省政法管理干部学院学报》2008 年第 1 期。

④ 〔美〕艾伦·沃森：《民法法系的演变及形成》，李静冰、姚新华译，中国政法大学出版社 1992 年版，第 30 页。

⑤ Canson Enterprise Ltd v. Broughton & Co, 85 DLR (4th) 129(1991)(CA).

第三节 信任、代理与社会分工

受信关系的内核是信任与信赖(trust and confidence)。从受信这一概念发端起,信任就成为受信关系区别于其他法律关系的天然底色。受信人是担当使命的人,使命源自他人的信赖与托付。在法律经济学的视域中,受信法律规范改变了当事人的成本与收益,使一方赋予信任与另一方忠于信任成为双方的理性选择。在社会学理论中,不负他人的信任而非自我利益的追求是受信关系的核心。本节采用功能主义的视角,勾勒信任本身的工具价值和内在价值,受信制度的价值目标正是在于鼓励人们信任并依赖他人行事、促进并维系受信关系中的系统信任。

一、委托合同的空白填补

法律经济学中的委托代理关系发生在一方(委托人)委托另一方(代理人)从事某些事务之时。[①] 委托代理关系包括:董事与公司、共同经营企业共负盈亏的合伙人、医生与病人、作者与定期供稿的杂志社、设计软件与网站的公司与外包该业务的客户等,其含义比法学中的委托合同概念宽泛很多,后者更强调委托人对代理人的控制,不承认委托人无权单方解除委托关系或未同意被代表时委托关系的存在。[②]

委托人委托他人处理自身事务,他人处理事务的后果又归于委托人本身。委托人与代理人之间存在天然的利益不一致和信息不对称,代理问题由此产生。代理问题主要包括逆向选择(adverse selection)与道德风险(moral hazard)两个类型,由此产生的委托人对代理人的监督成本与代理人对委托人的保证成本,称为代理成本。逆向选择意为代理人的能力和偏好是属于代理人的私人信息,在信息不对称下委托人面临代理人不实陈述的风险。即便委托人能够观测到代理人的成果,也不了解代理人的个人努力

① Kathleen M. Eisenhardt, Agency Theory: An Assessment and Review, Academy of Management Review, Vol. 14, No. 1, 1989, p. 58.

② American Restatement of the Law (Second) of Agency (2001), p. 1.

成本。例如,专业服务关系中存在事前逆向选择风险,因委托人不知以何种标准评价专业人士表现、制约专业人士行为,甚而并不了解为实现合同目的应具体采用的专业服务内容及程序,以至于很难拟订合同,而只能接受格式条款。道德风险是指委托人无法观测到代理人在处理事务时的行动和处理成果,因此委托人的主要策略是设计一个激励合同以诱使代理人在既定状态和自身利益的驱使下选择对委托人最为有利的行动。与之相应,经济学对代理人行为的约束主要是合同激励与法律惩罚两个维度。

然而,合同激励对降低代理成本的作用是有限的。首先,交易成本太高导致合同不可能完备规定各种情形下代理人应如何行事。当事人的有限理性使得其不能预见到所有的或然状态;即使预见到,也很难用准确的、当事人均认可的语言写为合同。既然协商与订立合同的成本如此之高,对未来小概率的可能事件,预见、谈判和订约的成本很可能高于对该事件加以事先约定的收益。对复杂的商业环境和商业交易,特别是长期交易,这样的小概率可能事件太多。即便写入合同,委托人也很难观察到有关条款履行的信息,即便委托人观察到了并且采取合同所约定的措施,一旦代理人对委托人的判断提出异议,还需要引入第三方进行裁判和执行。正如 Easterbrook 和 Fischel 所言,当一个人雇佣另一人的知识和专业技能时,很少有什么能够形成书面的协议。[①] 若真能事无巨细地加以事前约定,则委托人的理性与信息未必劣于代理人,委托本身就成为一个没有存在必要的“悖论”了。其次,委托人对代理人的监督机制可能失灵。委托人不可能将代理人时刻置于监控下,因而缺乏对代理人违约行为的信息。委托人也缺乏足够的能力、经验与专业知识,难以判断最终绩效低于约定值或者预期值,是因为代理人的不当行为还是基于其他代理人所无法控制的客观原因。商事领域中,委托人之所以授予他人以管理自身事务的权力,既可能出于不愿,还有很大可能是出于不能——即欠缺从事特定事务的能力。

当交易成本达到一定程度时,人们开始称呼一些合同关系为“受信关系”。[②] 换言之,在分工和监督成本高乎寻常的不完全合同中,有可能产生受

① See Frank H. Easterbrook & Daniel R. Fischel, Contract and Fiduciary Duty, The Journal of Law and Economics, Vol. 36, No. 1, Part 2, 1993, pp. 425-446.

② Id., p. 438.

信义务。Kraakman 和 Hansmann 在《公司法剖析》一书中详细列举了保护委托人的不同策略,如表 1.1 所示。委托代理关系中需要实体性规则来缓和委托人与代理人之间的利益冲突,或者限制代理人作出损害委托人利益的决策或行为。但如前所述,信息的不对称性、商业环境的复杂性和人类理性的有限性导致细致的合同规定或者额外监督是不可行的,因此人们引入了替代方案,即对代理人提出具有开放性的、较为宽泛的行为标准,并且引入中立的外部裁判者在事后对代理人行为是否合乎标准进行裁决。[①] 受信义务要求代理人不得将自身利益凌驾于委托人利益之上,应以委托人最佳利益为自身目的,并具体确定了不同情形下的行为标准及其边界。如此,当事人无须在事前对未来每一个可能事件达成权力与责任分配的合意,受信义务对合同的不完备起到了空白填补作用,也降低了谈判与订约成本。

与事前确立的、要求或禁止行为人实施某种行为的规则不同,受信义务授权裁判者事后就代理人行为作出评价,因而不可避免地带有"一事一议"的特点。但受信义务也应当具备一定程度的确定性,否则难以在事前对当事人行为起到明确的指向作用,也将大幅增加司法机关的决策成本。[②]

表 1.1 保护委托人的策略[③]

	规制型策略		治理型策略		
	代理人约束	从属策略	任免权	决策权	代理人激励
事前	规制	准入	选任	提案	委托
事后	标准	退出	罢免	否决	奖励

简言之,法经济学家认为受信规则是合同填补机制,得以在双方未有明确约定的情形下激励与约束代理人为委托人利益行事,降低代理成本。代表性观点如波斯纳,认为受信制度是对当事人之间信息成本不平等的法律回应,降低了委托人自我保护的成本。法经济学家还认为,如果合同没有约

① 〔美〕伊斯特布鲁克、费希尔:《公司法的经济结构》,张建伟、罗培新译,北京大学出版社 2005 年版,第 103 页。

② 参见 Louis Kaplow, Rules Versus Standards: An Economic Analysis, Duke Law Journal, Vol. 42, No. 3, 1992, pp. 557-629.

③ Reinier Kraakman & Henry B. Hansmann et al., Anatomy of Corporate Law, Oxford University Press, 2009, p. 39.

定，那么法院应当推断在零交易成本和无限预见性情形中双方当事人可能协商达成的合同条款(hypothetic bargain)并加以适用。受信义务，就是一个“零交易”从而得出是否适用受信义务的结论。当然，审判实践并非如此。只要当事人没有明确地选择退出受信义务，法官即适用不经裁剪的、完整的受信义务规则，而不会像“假想谈判”所喻示的一样，结合具体案例情境与合同语境去探讨合同各方在此情形下可能接受或采取的受信义务规则的内容与程度。也就是说，若法官认定某一关系属于受信关系范畴，则并不实际寻找合同中的“空白”①，也不追溯“假设的当事人意思”，只要当事人没有明确且无歧义的意思表示，法官将自动适用受信义务的一系列默认规则。在适用受信义务时不存在合同解释通常的“假想谈判”进路，只有当事人经过事实谈判的明确意思表示才更改其适用，美国有限合伙纠纷中有关法院的态度清晰地表明了这一点，第二章第二节会作详细阐述。

二、受信为信任之制度担保

社会学中对代理关系的认知更为宽泛，劳动分工产生了结构式代理，拥有专门技术或获得专业知识产生内容式代理；或者为了产生规模经济、实现效率或者防范风险而集聚资金或人力，产生集合式代理，如保险、养老基金等。② 抑或只是为了沟通物理上、社会关系上的距离，产生代理的必要，如经纪或中介。在社会学家看来，代理其实不是一个问题，而是“从古至今为实现目的而获取并维持控制”的一种解决方式，是一种社会通道。③ 不过，无论广义代理还是狭义代理，对代理人行为的激励与约束是不同学科的共同命题，区别在于对激励与约束的来源或作用机制认识不同。

经济学家对激励来源的理解有失狭隘。事实上，合同约定、社会规范、法律义务和市场标准同时作为委托代理关系中激励的来源。合同中关于权利义务的约定，特别是有关报酬的约定，固然构成了代理人忠于其事的事前

---

① 笔者认为我国法学界对 Gap Filling 一词的通用翻译“空白填补”容易引人误解为仅讨论合同未有约定的情形，事实上，“空白填补”是漏洞填补，也包括合同约定不明的情形。

② Barry M. Mintick, Agency Problems and Political Institutions, at http://papers.ssrn.com/sol3/papers.cfm? abstract_id=2338579，最后访问日期：2020 年 12 月 25 日。

③ Harrison C. White, Agency as Control, in Pratt & Zeckhauser eds., Principals and Agents: The Structure of Business, Harvard University Press, 1985, p. 188.

动机。但社会规范的作用也是多方面的，商业社会必须依靠比道德谴责更有效的手段去抑制由于人类的贪欲而发生的、不道德的商业行为，包括通过社会压力改变代理人的行为激励。受信制度规定代理人忠实、服务和遵从于委托人的义务，并提供委托人以事后救济，从而为代理人忠于其事提供隐性的事后激励。市场标准则为特定市场交易提供更为详细的行为规范，其对代理人的行为惩罚通过将背信的行为人排除出市场交易网络进行。表1.2列示了委托—代理关系中代理人行为的显性与隐性激励来源，诸来源既相互契合又互相替代。当合同规定与市场标准的作用相对较弱时，如民事信托关系中，受信制度则至为重要。因此，这也能部分解释为何传统信托法中受托人的行为标准非常严格。

表 1.2 代理中的显性与隐性激励[①]

来源	合同履行的显性和隐性激励	信任	交易成本
合同约定	合同激励，基于绩效的奖励和处罚	假设缺乏信任，须严格依合同文本行事	极高，起草与监督完全合同
社会规范	社会压力、违反社会规范影响社会地位和良心	信任建立于社会压力和个人道德	社会规范降低交易成本；不完全合同
法律义务	法律救济、违反义务与信任的惩罚	代理人是受信人；法律界定信任关系	代理法降低交易成本
市场标准	市场救济，基于信誉、未来交易和进入市场交易网络的惩罚	信任建立于信誉和非正式的市场网络	市场标准降低交易成本，隐性合同

法经济学也很难否认"诚实、守信和爱能降低交易成本"[②]。"就算信奉道德准则有时会减少社会的财富……但基于各方面的考虑，信奉普遍公认的道德准则所增加的社会财富要比其减损的少，尤其在对准则作出适当确认时，无私、可靠和其他品性就会对两者处于冲突状态的社会福利而非个人福利有帮助。"[③]信任同时具有工具价值和内在价值。信任是交换的润滑剂。若无信任，人们在交易前需要花很大力气去了解对方交易主体的诚信与资

① Ramon Casadesus-Masaneil, Daniel F. Spulber, Trust and Incentives in Agency, Southern California Interdisciplinary Law Journal, Vol. 15, No. 1, 2005, pp. 45-104. 对表中词汇的有关翻译参考了邓峰：《普通公司法》，中国人民大学出版社 2009 年版，第 44 页。

② 〔美〕波斯纳：《法律的经济分析》，蒋兆康译，法律出版社 2012 年版，第 383 页。

③ 同上。

产状况、甄别对方的诚意与信任度，谨慎寻求背信可能较低的交易对手方或合作方；同时在订立合同时也须审慎谈判、摸清底牌，在合同中约定各种可能情况及双方权利义务。信任得以使交易各方支付更低的甄别成本、更少地依赖于书面合同、面临更低的诉讼频率和更低的由于合同不完备性带来的风险。福山认为，新古典经济理论错误地忽略了信任在经济发展中的作用，信任构成社会资本，高信任度的社会如美国和日本，企业规模更大，经济发展水平更高。① 另外，信任促进合作，合作本身就是一种德性。道德生活实际渗透进了所有能够促进协作产生的关系之中。② 人类的互动本身蕴含着最低限度的信任，否则将如霍布斯的《利维坦》所描述的一般，成为“所有人对所有人的战争”。信任是人类道德生活的真谛之一。

何谓信任？何为受信关系中的信任？信任是个人相信他人行为或社会秩序符合自身期待的一种主观倾向。信任的给予与兑现之间具有不确定性和时间上的不对称性。信任一般是主动施予的，如果说 A 诱导并约请 B 相信 A，或者 A 对 B 作了承诺并且 B 信任 A 会履行承诺，且 A 履行了承诺，那么是承诺作为了义务的基础，而非信任。受信关系中的信任通常为受信人表现出值得信赖的特征或品质，委托人相信受信人能为其利益行事，则受信人按照值得信赖的标准行使委托人授予的权力。信任（或曰托付）与赠与不同，赠与人移转财产或利益给受赠与人，是带有放弃自身某种法律权利和与之相关的利益的意图，也必然伴随着法律所认可的、足以造成放弃自身某种权利法律后果的特定行为，如签署赠与合同。信任是给予受信人以自由裁量权，让其以特定方式来决定如何实现授予信任者的最佳利益，其行为也不具有要式要求。从委托人的角度，信任是愿意暂时延迟计算，看受信人如何提升授予信任者的利益。而从受信人的角度，信任要求其为保护和提升委托人所关切的事项而思虑如何行动并切实有所行动。③ 易言之，受信人须关照（care for）授予信任者所关切（care about）的事务或利益。是以，受信关

① See Francis Fukuyama, Trust, The Social Virtues and the Creation of Prosperity, Free Press, 1992, pp. 13-21.

② 参见〔法〕涂尔干：《社会分工论》，渠东译，生活·读书·新知三联书店 2013 年版，第 237 页。

③ See Matthew Harding, Trust and Fiduciary Law, Oxford, Journal of Legal Studies, Vol. 33, No. 1, 2013, pp. 81-102.

系中,信任在委托人与受信人的互动中催发流转,受信关系的必然后果是依赖,依赖也可能促进守信。当然,须言明在先的是,虽然笔者认为受信关系以信任为核心,但并不以是否存在事实上的信任作为受信义务存在的充分条件。有关受信关系的要件,本书第四章将详加讨论。

受信关系中的信任,是一种相对厚信任。[①] 笔者试举一例:“A 期待邻居 B 代为看顾其子女。”这一期待可能会产生以下三种情形:(1) A 相信 B 会在 A 出差期间接送其子女上下学,因 B 出差时 A 也为其接送子女;(2) A 相信 B 会在 A 外出期间照顾其子女起居;(3) A 临终前嘱托其数十年的老邻居、亦其至交好友 B 抚养其子女成人。第一种情形是薄信任,因 A 对 B 的期待内容与指向非常明确,B 只需执行该期待并将获得确定回报,A 与 B 的关系属于熟人间典型的互惠关系。第三种情形是厚信任,“抚养成人”包括不确定时间内 B 的无数个开放性行为,A 须相信在这无数行为中 B 均作出有利于其子女的选择——此信任的厚度基于数十年交往和对 B 的深刻了解。委托人对受信人的信任——虽然在不同类型的受信关系中,信任的具体厚度不同——大体更类似于其中第二种情形,即相对厚信任。受信人被授权处理一些与委托人或受益人利益相关的事项,这些事项是开放性的,受信人对具体处分有自由裁量权,该自由裁量权的行使将直接影响委托人的利益。这种信任包含了一种判断,即“由于本人授予他人对本人某些利益问题的自由决定权,也就意味着本人将承担他人潜在不良行为所造成的损害”。一旦赋予了信任,人们就要承担潜在伤害所带来的一定程度的风险,以换取受信关系的好处。[②]

是以,受信制度的建立,在于使受信人忠于委托人的利益或目的成为可执行的法律义务,使委托人对受信人的信任和依赖成为受法律保护的权益,换言之,作为法律制度起到担保作用,削薄委托人对受信人有所托付所须依据的具体信任的厚度。即便在交易的空间和时间维度不同一或者委托人并不充分了解受信人时,也使交易双方获得对方将履约的安全感,提升受信人的可信度,使得委托人不再对是否依赖受信人和是否参与交易犹豫不决。

---

① See Matthew Harding, Trust and Fiduciary Law, Oxford Journal of Legal Studies, Vol. 33, No. 1, 2013, pp. 81-102.

② Mark E. Warren, Democracy and Trust, Cambridge University Press, 1999, p. 1.

受信制度鼓励人们建立、维持和发展以信任和信赖为核心的法律关系，同时鼓励人们信任他人，或者哪怕不涉及事实上的信任，也鼓励人们勇于依赖他人促进或实现自身利益。

三、分工、系统信任与信任进化

分工和专业化是近代人类社会所发生的最深刻的结构变化。受信关系的产生源于对法律的规避，但促其发展的动力根源毫无疑问在社会分工。分工是人类互通有无、物物交换所缓慢造成的结果，同时，任何社会都需要分工来获取生存下去的资源。分工合作的必要性和人类群体生活对互助、合作的永恒需求，决定了人不可能生活在民法私权划定的圈子里“自给自足”，而必须依赖他人甚至将自身托付他人而活。正如涂尔干所言，“严格说来，任何个人都不能自给自足，……因此，他对自己维系于社会的状态更是有着强烈的感觉。他已经习惯于……把自己看作是整体的一部分，看作是有机体的一个器官。这种感情不但会启发人们作出日常的牺牲，以保证日常社会生活的稳定发展，而且有时候会带来义无反顾的克己献身之举”[①]。信任是在市场（或价格）与等级制度（或权威）之外的另一种确保合作得以实现的机制。

“分工的蔓延和科学的发展是传统社会覆灭的两大根源。”[②]从熟人社会走向陌生人社会并不意味着信任的消解，相反，后工业化社会的专业分工不断细化，协作的重要性日益凸显，对信任的需求与日俱增。哪里有信任，哪里就有不断增加的经验和行为的可能性，哪里就有社会系统复杂性的增加，也就有能与结构相调和的许多可能性的增加，信任构成了复杂性简化的有效形式。否则，社会可能陷入缺乏可预测性、“麦克白式”的缺乏合作性、霍布斯笔下的无秩序。[③] 高度分化的社会比简单社会需要更多的信任使其复杂性简化，它们也必须随时准备好相应多样的创立和稳定信任的机制。同时，高度分工的社会还需要防止不信任占上风的机制，防止由于“一报还一报”的过程不断增强背信行为，使不信任变成了一种破坏性的力量。社会整

---

① 〔法〕涂尔干：《社会分工论》，渠东译，生活·读书·新知三联书店2013年版，第185页。

② 郑也夫：《信任论》，中国广播电视出版社2001年版，第216页。

③ Jon Elster, The Cement of Society: A Survey of Social Order, Cambridge University Press, 1989, p. 1.

体的信任创建与子系统中是不同的,社会需要把专门的功能分配给子系统和各种机制,从而比较准确地界定那些信任或不信任的行为、处境和角色,在本身享有成员信任的专门系统的边界内确立一般的行为规则和行为动机。在整个社会范畴内,统一规范的作用则至关重要。在社会分化与复杂化的缓慢演进中,风险与信任同时个体化,信任与社会规范逐渐分离,在具体个体关系中,信任或许减少监督与惩罚的成本,但在系统结构中,社会规范,特别是法律规范通过限制被背弃的风险而滋养信任。

人格信任是对具体人物的信任,系统信任是对匿名者组成的制度系统的信任。在简单的熟人社会中,信任建立在对他人能力和品格等特征的熟识或者他人与自身的亲族联系等基础上。因为社会成员彼此熟悉和联系,信任受到尊重和期待,此时,信任取代了缔约和法律,违背信任将违背集体生活的共同规则而构成对该社会系统的冒犯。但在高度复杂的社会中,因了解或亲族关系而形成的信任基础被削弱了,信任的奖惩也须依赖外部执行机制,如法律和市场规范。在欧洲中世纪的用益和信托中,受信无不是建立在人格信任基础上,受托人多为家族成员、值得信赖的朋友或者某一受益人自身。但在现代社会受信关系中,越来越多的信任并非基于对受信人的熟悉,相反,即便在受信关系确立和延续过程中,委托人可能对受信人的人格和能力都仅是泛泛的了解。受信关系的基础由人格信任转变为对某一专业化的行业、对科学和知识作为一种行动系统的系统信任。委托人托付公共受托人管理家庭的信托财产,依据的是对立法与政府规制对公共受托人行为提供有力约束的信任,是为系统信任。例如,股东会投票赞成董事会提名的董事候选人,不一定是因为了解其专业能力和素养,而是信任职业经理人市场的筛选机制、授权董事会提名的运作机制和董事会决策责任的追究机制。概言之,人格信任以人情为担保,系统信任则以制度为担保。但由人格信任转变为系统信任,并不能改变信任作为人主观心态本质上的脆弱性。信任的产生无须客观依据,信任的消亡也无须客观理由。即便是系统信任,也会崩毁于专业或行动系统的利益冲突之中。由信任而至不信任如飞流直下,由不信任而入信任则如逆水行舟。

人类的有限理性、破坏本性与人类对自我缺陷的洞见将使得信任更为困难。20世纪50年代以前,人们倾向于传统的道义论思维,即要求受信人努力抵制诱惑、正直行事。但现代认知心理学中的“决策偏见”研究表明,即便最忠诚正直的受信人，努力纠正自身不受冲突的利益所影响，保持决策的公正与客观，也不可能完全摆脱偏见。甚至在很多情形中，受信人甚至不曾意识到其判断被覆上冲突的利益而带来的偏见。一般认为事先披露是回应利益冲突的最有效机制。但认知心理学研究表明，专业服务中客户往往无法识别专业人士披露的利益冲突来对服务进行重新定价，同时，专业人士也会认为事先披露为自己从事利益冲突提供了正当性，反而可能提供更具偏见的意见。[①] 在委托人本身并没有能力控制这种信任的情形下，对信任的维系需要借助系统以外的系统机制。例如，对职业经理人在财务报表的制作和披露上是否值得信任这一问题，股东没有能力作出哪怕是粗略的检验，而只能依赖于专业的会计师和审计师。换句话说，对这种系统信任的控制，只有通过某些职业才能进行。其他每个人必须依赖介入这种控制的专业人士，因而不得不处在系统的边缘。高度复杂的社会本身给个人带来焦虑感，在分工日益精细化的今日，个人不得不给予他人信任，否则将寸步难行，但个人本身又无法控制施予的信任；同时，高度分工导致领域之间的依存更为密切，单个领域无力管理和驾驭风险。是以，笔者认为，系统信任只有建立在这样一个事实之上才可能抵御风险、战胜脆弱：其他人也付出信任并被信任，而且大家都有意识地认识到这种对信任的共同拥有。通过制度设计使得人们得以信任自己的信任，并且信任他人对于自己的信任，减少人们对于“无法控制”的恐惧感。而这就是受信制度的题中之义。

福山指出，面对面的群体内部的信任程度在所有社会中是相同的，但是“信任的半径范围”(radius of trust)在各种文化之间是存在广泛差异的。[②] 社会规范学派认为，群体之间共享的价值观念、规范对信任的形成有重要作用。环境的结构，特别是社会秩序的结构，最直接地影响信任是否确实可行的问题，以及如果可行又以什么形式可行的问题。[③] 本书所描述的理想的信

---

① Daylian M. Cain, George Loewenstein, Don A. Moore, Coming Clean but Playing Dirtier: The Shortcomings of Disclosure as a Solution to Conflicts of Interest, in Moore et al. ed., Conflicts of Interest: Challenges and Solutions in Business, Law, Medicine, and Public Policy, Cambridge University Press, 2005, pp. 104-125.

② Francis Fukuyama, Trust, The Social Virtues and the Creation of Prosperity, Free Press, 1992, Chapter 9.

③ 参见〔德〕卢曼：《信任：一个社会复杂性的简化机制》，瞿铁鹏、李强译，上海人民出版社 2005 年版，第 40 页。

任进化模式，是从单纯依赖熟人间的信任转变为同时依赖熟人间的信任与陌生环境中的系统信任，用福山的话说，即人际信任向规模逐渐扩大的客观制度延伸。这一进化，奠基于社会中厚实的人际信任基础，也成就于文化、习俗、正式制度的成熟与完备。一个地带越是传统信任资源深厚，越善于接受新的信任机制。但是在传统信任已被摧毁的地带建立新的信任机制，已近乎无中生有，是最为艰难的。① 在传统信任被摧毁与蚕食之后，系统信任的建立绝非一日之功。本书第五章将对断裂的传统与秩序的新生作更为系统的阐述。

从规范意义上，信任作为人的主观心态，并不能作为受信关系成立的充分要件或必要要件。但不可否认，受信制度以信为核心，委托人将对个人财产或事务的处分权授予受信人，期待受信人以符合其利益的方式行事。受信法律制度的主要目标之一在于使人们得以形成、维持和发展基于信任和信赖建立的关系，鼓励人们转变陌生人关系(detached relationship)为信任关系，从单纯依赖人格信任转变为同时依赖人格信任与制度信任，实现信任的进化。纵使A对B并不具有“信赖”的主观心理状态，但受信制度赋予双方就法律上的、可执行的承诺进行协商的权利，通过法律所设计的机制监督B，以保证该受托人以特定的方式行使其裁量权。受信制度是机会主义的控制阀，保护了A对B以其利益行事的合理期待，也通过明确的义务确定了B可能承担责任的范围，从而促进了社会分工和合作中的系统信任。我们所处的这个纷乱而危险的后工业化社会，常迫使我们在没有充分知识的情况下行动并主动地使自己卷入其中，上一刻我还依赖他人而活，下一刻却对我所依赖者对面不识，驱散我对茫然的恐惧与担忧、支撑我对他人和未来的期待的，是制度。背信失信者将受惩戒，受信制度以此教人以信。

小　结

受信制度是英国衡平法的遗产。衡平法最终衰落，受信制度却在向商人法的扩张中获得了源源不断的生机。衡平法在个案中调整普通法的不正

---

① 参见郑也夫：《信任论》，中国广播电视出版社2001年版，第73页。

义与以良心为裁判原则的特征孕育了受信制度与生俱来的个性。受信制度建立于理性与良心之上,与道德和社会规范密不可分。受信制度也是众多法官为了解决受信人行为约束问题通过个案裁判形成的层层积累。本章通过与传统民法进行批判性对比展现受信制度的制度特性,揭示了受信制度的哲学意义与规范预设。受信制度对人的设定与传统民法不同,要求受信人在受信事项范围内克己为人,并且强调弱势的一方有权依赖另一方依良心行事。该制度与传统民法意思自治、买者当心的原则不同,对工业革命后出现组织化和专业化特征的社会有更强的回应力。具体而言,受信制度调整一方委托他人处理事务和财产产生的信息不对称,作为委托代理合同的空白填补机制抑制受信人的机会主义行为,降低被代理人的监督成本和代理人的保证成本;同时,受信关系的建立往往伴随着信任,受信制度作为信任的制度担保,削薄对他人托付事务或财产所需的信任厚度,促使人格信任进化为制度信任。受信制度的价值在于降低交易成本、推动社会分工进一步深化。

第二章　商事组织中的受信关系

如第一章所述，受信制度的重要功能是降低委托人与代理人利益不一致引起的代理成本，填补委托代理关系中由于有限理性造成的合同不完备。正是基于人的知识、技能、远见与时间都是有限的，组织成为人的有用工具。[①] 在有限理性条件下，组织的目的在于更经济地使用稀缺资源，并通过抵制机会主义风险来维护交易行为。[②] 却也正是因为人的有限理性和机会主义、环境的复杂性和不确定性以及资产专用性，所以需要借助单一契约以外的机制来节约交易费用、更有效率地运转组织。是以，邓峰教授非常精到地总结道，受信义务是组织内的一种信任和激励的需要，是组织之所以成为组织，合作之所以在自利的基础上成为可能，信任之所以制度化产生的必要条件。[③]

商事组织可能由众多委托代理关系组成，由于所有权结构与组织形式不同，控制权的分配也有所差异，不同形式的商事组织中，受信规则的面貌也有所不同。笔者试以一个简单的案例说明受信义务在不同形式的商事组织中所发挥的降低交易费用的作用，但同时，组织构造又可能反过来形塑受信规则。

第一，张三擅长包粽子，打算在闹市区开一家以粽子为主的早餐铺，奈何本金不够。张三本人投资 5 万，说服李四投资 15 万，张三全权负责早餐铺的经营，年末利润与李四五五分成，如有损失亦平摊。

---

① 转引自 Oliver E. Williamson, The Logic of Economic Organization, in The Nature of the Firm: Origins, Evolution, and Development, Oliver E. Williamson and Sidney G. Winter ed., Oxford University Press, 1993, p. 93.

② Oliver E. Williamson, Revisiting Legal Realism: The Law, Economics, and Organization Perspective, Industrial and Corporate Change, Vol. 5, Issue 2, 1996, pp. 383-420.

③ 参见邓峰：《普通公司法》，中国人民大学出版社 2009 年版，第 443 页。

第二,"张三粽子"食客如云,张三决定自筹资金在另一区开第二家店,但分身乏术,决定雇佣王五负责经营打理分店。

第三,"张三粽子"生意兴隆,张三决定注册公司,打造知名品牌,并在邻市开设连锁店。公司注册资本 120 万,张三出资 50 万,担任董事长和总经理;李四要求继续参股,出资 50 万,担任董事和副总经理;王五成为企业骨干,被张三赠以 3%出资份额,担任副总经理,负责公司日常运营。此外吸收若干张三家族投资共 16.4 万。

第四,"张三粽子"最终发展成为著名企业,涉足餐饮、食品加工与房地产开发等产业,获得公司股票在某证券交易所上市交易的机会。"张三粽子"改制并更名为"明光实业",经屡次增发股本达到 5000 万,首次公开募股(IPO)后张三及其家族持有 35%股份,李四持有 10%股份,王五等管理层持有 10%股份,社会公众投资者持有 45%股份。

上文所勾勒的正是在日新月异的商业社会中,一个简单的作坊式餐馆发展为一个公开公司的过程。以创始人张三一人的能力与资金,显然无法实现。在张三创业的起步阶段,若无李四的投资,张三只能经营一个窄小的流动早点车,而不可能拥有自己的铺面;若不雇佣王五,张三在两个店铺之间也会分身乏术。但问题也随之而来,如何与李四合作愉快、如何确保王五老实勤快?随着生意做大,张三的铺子经历了多种商事组织形式的转换,也创设了形形色色的法律关系,皆围绕一个核心命题,即如何最大限度地利用其投入的资本创造最大的价值。

新古典主义经济学眼中的企业,无论张三是与李四合营,还是雇佣王五自营,均为一系列可行的生产计划。经理人,无论其是否对企业有所有权,均被假设为无私的合作者。制度经济学则指出张三在前述第一、二、三、四阶段,所需思虑、谈判、签约的问题均不同,并将之命名为交易成本。以张三雇佣王五管理其 2 号店为例。王五可买低报高、以次充好,将价差纳入囊中;或偷懒、常开小差;或将张三的原料配方与制法秘密售与他人——张三与王五皆要追求自身利益,张三的目标在店铺利润最大化,而王五则不然——若薪资固定,王五的最佳利益在于努力最小化——但王五的行为又切实影响张三能否实现其目的。张三无法以一纸合同要求王五忠实且勤劳地实现店铺利润最大化——这样的合同无法应对未来不确定的情形,张三也很难观测王五是否履行了合同。

以上四种情形中，包含着多种委托关系：李四将投资悉数交予张三管理使用，自己作为被动投资人；张三雇佣王五经营管理店铺，自己作为所有人；张三、李四、王五等股东委托董事等管理人员经营公司，公司董事又须委托经理人负责具体运营。第一、二种情形中的代理问题或许较容易克服，如下文三种控制机制：(1) 从产出端加以控制。观察经理人的产出，包括财产产生的利润和收益，如果产出低于一定数额就解聘经理人或者降低经理人的报酬。李四一定担心张三会隐瞒利润，或者将精力全部放在第二家店上，或者隐形补贴、输出资金，因为第二家店所得全为张三个人所有，因而李四势必要求张三保证开新店后老店利润不下滑。(2) 从投入端加以控制。例如，李四可以不定期地检查张三是否在店中、张三也可以抽查王五有无勤奋工作；张三可以要求王五事前提交计划或者给王五制订详细的工作指标。(3) 在经理人的行为与其自身利益之间设置纽带。如允诺王五年底若净利润达到 5 万则予其 5%提成，若达到 10 万，则予其 10%提成。

在第一、二种情形中，鉴于上述机制的存在，委托人与代理人可以通过契约的修订或补充来缓解代理问题，并不需要付出太高成本。谈判与缔约只在地位几乎相当的人之间进行，张三作为老板熟悉业务，可以制订详细的工作指南要求王五执行。委托人的监督成本也不高，李四只要抽出几天时间观察生意或者参与粽子店的经营就可以判断，粽子店的利润下降并不是张三所声称的街面改造导致人流减少造成的。粽子店的成本是基本固定、非常容易测算的，通过查看采购账目，李四就可以判断张三是否私下将老店采购的原料送往新店，或者将新店的支出计在老店账上。

然而，当委托代理关系的结构，或者所从事的商事交易进一步复杂，前文所列的克服委托代理问题的机制就可能失灵，如第一章所述，此时受信义务规则将充当空白填补的作用。从第一种情形和第二种情形到第三种情形和第四种情形，单个长期契约转变为多个长期契约形成一束契约从事生产和经营，利益相关者也不断增多。科斯指出，交易费用高昂导致市场这一组织劳动分工的方式被企业所取代。① 由于市场的扩大、相互之间协作要求的增加、运输成本的降低，合约关系不断内化成为了企业组织，而张三与李四、

① R. H. Coase, The Nature of the Firm, Economica, Vol. 4, Issue 16, 1937, pp. 386-405.

张三与王五之间委托代理关系中代理人的义务，也延伸进入企业，继续充当不完全合同中空白填补（Gap Filling）的作用。

当然，在组织中，受信义务也不是唯一可行的降低代理成本策略。实际上，任免权（退出权）、决策权和代理人激励策略均能起到促使代理人不损害委托人利益、或者为委托人实现较大利益的作用。那么，受信义务与其他治理型策略之间是否具有功能上的可替代性？如有，这种功能上的可替代性是否具备数值特征，即完备的治理型策略可以在多大程度上替代受信义务？又根据组织形式的不同而发生何种变化？当张三与王五之间的关系从第二种情形的企业主与雇员，发展到第四种情形的董事长与副总经理兼大股东与小股东之间的关系，受信义务随着组织的复杂化也更为复杂。从第一种情形到第四种情形，企业的变化不仅在于资产与规模的增加，还在于资本投入者的人数和种类增多、公共性增强，更重要的是内部决策的分层。现代大型公司的内部已经形成科层制的指挥控制系统，企业内部复杂的管理职位连接成一个"上传下达"、有效协调多方行动的层级组织，责任（accountability）与权力（authority）配置成为组织运转的关键。公共性的增强、可替代性治理策略的存在以及组织中权力配置的差异是否会改变受信规则的内容和强度，造成不同组织中受托人的受信义务不同，是本章所试图解释的问题。

第一节　信托与代理作为基础受信关系

一、信托与专一利益原则

信托是指委托人将财产转移给受托人，使受托人为了信托目的或受益人的利益管理或处分财产。英国人想要通过遗嘱来将自己的土地遗留给后人，"为自己罪恶的灵魂得到幸福做准备"，"还想要安顿好自己的女儿和较年轻的儿子"。这就是信托制度的根源。[①] 早期的信托主要是一种土地所有权转移的方法，受托人的义务和责任就是从委托人（settlor）处受让财产，为

---

① 参见〔英〕梅特兰：《国家、信托与法人》，樊安译，北京大学出版社 2008 年版，第 107 页。

受益人占有财产、收取地租、获取收益，并在指定的时间将土地转让给受益人。梅特兰明确指出，信托之所以成为“信托”，是因当时普通法体系中合同法较为落后，无法调整这一类法律关系，“若14世纪的合同法具备现代的形式，我想法院一定会得出信托与第三人受益的合同没有区别的结论。”①

在信托的构造下，受托人享有财产的所有权，受益人完全失去了对信托财产的控制权，信托目的和受益人的利益能否实现，完全取决于受托人能否忠实与勤勉地行事。为防止受托人的机会主义行为，衡平法院在裁判中逐渐确立了受托人必须专一地为受益人的利益行事的原则。

1726年的Keech v. Sandford案被认为最早确立了受托人的忠实义务。受托人为受益人持有Rumford市场的一项租约，租约到期后，受托人请求以用益的形式为受益人续约，但被出租人以该要求缺乏适当法律基础而拒绝。鉴于租约的实际所有人，即受益人为一名幼儿，在法律上不具有签订合同的行为能力，受托人只得作为本人与出租人续签租赁合约。衡平法院判决受托人以推定信托的方式持有该租约，租约的所有利益归受益人所有。大法官King认为，虽然在此案中不存在欺诈，但是受托人宁可让租约自然到期，也不能自己成为承租人——受托人是这个世界上唯一无权获得这个租约的人。到1795年，York Building Company v. Mackenzie案中，Keech v. Sandford案中所确立的严格“禁止获利”（no profit）原则被再次确认。该案中，被告在作为代理人为法庭出售一块破产者的地产时，自己购买了该地产。大法官在判决中的立场极为强硬，“一个人不可能同时作为法官和当事人。一个仆人也不能服务于两个主人。被他人以自己的利益相托者，不得使该事业成为获取自身利益的目标。因为（利益冲突）这一脆弱的交易本质，会使具备权力的人，太容易被诱惑于利用该机会，而以托付者的利益为代价来促成自己的利益。”②简言之，受托人不得从信托中获得个人利益，也不允许接受报酬。未经同意，受托人基于其受托职位而获得的所有利润包括其孳息均归受益人所有。

---

① Frederic William Maitland, Equity: A Course of Lectures, Cambridge University Press, 1936, pp. 29-30.

② 转引自Joshua Getzler, Rumford Market and the Genesis of Fiduciary Obligations, in A Burrows and A Rodger eds., Mapping the Law: Essays in Memory of Peter Birks, Oxford University Press, 2006, pp. 577-598.

受托人义务的核心是不冲突义务。严格不冲突义务的基础为“专一利益”原则，即受托人管理受托事务与受托财产时，仅能为受益人的利益行事，防止其个人利益与受托人所负受托职责相冲突。此处冲突并不一定已经实际产生，只要个人利益的存在可能诱使受托人偏离仅为受益人利益行事的目标，即构成利益冲突。易言之，法院并不考虑受益人利益是否实际受损，或者受托人是否存在无视或损害受益人利益的主观意图。即便在促进受益人利益的同时附带促进了自身利益，也构成利益冲突。信托法中发展出“无须进一步问询”(No further inquiry)规则，受托人的自我交易行为为可撤销性行为，一旦受益人得证明利益冲突的存在，法院即可撤销受托人所为的交易。

专一利益原则、不冲突义务和无私利规则等反映出来的信托法的刚性品格，不仅是英国社会文化和具体时代的产物，也受到英国法官的宗教信仰与社会观念影响。不独社会公众尊重荣誉性的、礼尚往来式的、以亲情或友情为基础的信托关系，衡平法院也将信托视为“具有荣誉性质的，是获得信任者的荣誉和良知的负担，而非出于经济利益考量接受的义务”[①]。因而，受托人接受这一义务不应以经济回报为目的，而应当全心服务于受益人的幸福与安全。早期的衡平法在某种程度上持有家长主义立场，唯恐受益人被受托人盘剥或者坑害，因而对受托人的行为保持高度警惕，不允许受托人偏离法院所期待的“无私”范式。部分是因为衡平法院认为毫无例外的原则能够更好地遏制受托人的机会主义行为，另一部分也是因为当时司法技术有限、证据规则不足，法院很难判断受托人的真实动机，担心错勘奸善，一律禁止显然是更为安全的选择。专一利益原则就是建立在衡平法院对不公正的担忧，对受托人会欺诈受益人且欺诈很可能无法被法官察觉的假定之上。梅特兰因而调侃衡平法院的这种家长主义，“受益人是被英国法理学宠坏了的小东西，一直备受偏爱，一些本应该受到严肃对待的法律原则和特征都因为他而遭到违背。”[②]但如果结合梅特兰的另一个表述，“在19世纪末期，几乎每一个富裕的人(well-to-do man)都是一个无偿的受托人”[③]，那么严格的

---

① Ayliffe v. Murray, 2 Atk. 58 (1740)(Eng).

② 〔英〕梅特兰:《国家、信托与法人》，樊安译，北京大学出版社2008年版，第122页。

③ 同上书，第107页。

受托人义务在效果上是一种"你好我好大家好"的共益义务。

自19世纪中期始,商业观念主导了英国社会。繁荣昌盛的制造业面临着国内外市场前所未有的需求,并建立起了一个巨大的消费者市场,海外贸易和国内贸易都迅速增长,金融服务也不断完善,社会经济的变化带来了彻底的观念与制度变化。金钱、公司股票与企业债券取代土地成为人们主要的投资方式,使得受托人的活动范围从地产的经营转向更为广泛和专业的领域,信托财产管理日益复杂化,受托人也逐渐从社会贤达向专业机构受托人转变,至少,受托人须聘请专业顾问或代理人。对受托人的严格责任要求逐渐与时代发展脱节。

在受托人报酬方面,传统的信托法规则也逐渐被变化了的社会修正。从信托的前身用益开始,信托就是无偿的,是家庭内部持有和移转不动产的一种工具,受托人常为家庭成员或者委托人的知己朋友。衡平法院视受托持有和转让财产为受托人为其信用和良心所自愿背负的义务,而非利益驱使下的选择。[①] 在这种情况下,受托人不得接受报酬的规则无可厚非,因在中世纪用益和信托中,受托人本质上是将自己的名字借用给委托人,在形式上代为持有土地并交付收益,并不需要经营管理财产的专业技能。但进入20世纪,一旦商事信托兴起,并成为积极的金融投资管理工具,受托人必须为专业人士,报酬支付也就不可避免。

所以,进入20世纪后,现代信托法对传统的严格标准不约而同地出现了放松,英国法院开始允许受托人通过信托契约修改不冲突规则的适用。[②] 在美国法学会的信托法重述中,作为受信义务核心的忠实义务,也可以被委托人修改。[③] 全盘规定受信义务可能对特定信托来说是个负担,因而允许委托人出于更好实现信托目的的考虑限制受信义务,但不得完全免除受信义务。

---

① Francis Williams Sanders, An Essay on the Nature and Laws of Uses and Trusts, London, 1791, p. 256.

② Law Commission of United Kingdom: Fiduciary Duties and Regulatory Rules, Consultation Paper No. 124, 1992, p. 79.

③ Restatement (Second) of Trusts § 170(1) cmt. t (1959).

二、代理与最佳执行义务

代理是最为基础的受信关系之一。[①] 梅特兰认为，代理最早是从用益产生的[②]，与信托具有同源性。信托是为人持有和转移财产，代理是为他人处理事务。事实上的代理则在英王约翰时期就已存在。英王约翰发送信用证(letters of credits)给其代理人，赋予其以英王的名义向他人借款并承诺还款的权力。因此，个人通过契书聘请他人以其自身名义行事的行为在英格兰慢慢开始兴起。[③] 13 世纪用益盛行时，“代理人”这一概念还没有出现，人们还是使用“用益”来指代代为管理和收取收益的受托人。

由于修道士“在法律上的死亡”，修道院必须集中由院长或者通过代理人从事交易；专门为他人进行法庭诉讼的人，即现代意义上的律师，也促进了代理的发展。在 14 世纪和 15 世纪发展起来的从事贸易的公司，不可能不通过自然人，如雇工、货物经纪人、运输经纪人等行事。[④] 法律确认被代理人对于其代理人购买或取得的货物具有支付价款的责任，因为被代理人已经取得了该货物及其收益。17 世纪后，英国的商品经济蓬勃发展，海外贸易、贸易公司日益兴盛，代理规则逐渐成熟和完善。[⑤] 反观欧洲大陆，虽然奴隶与家庭成员经常要代表家长从事交易，后期罗马法也对代理有所规定，但是罗马法中始终没有形成近代意义上的代理制度。法学界普遍认为，阻碍代理制度产生的因素有两个，一是商品经济不发达在契约法上的反映——商品经济交换过程中的严格形式主义；二是以小商品生产为经济基础的古罗马家长制。[⑥]

---

① 我国法上，代理包括法定代理和意定代理(委托代理)。此处使用英美法“代理”概念，专指意定代理，故下文的“代理关系”等同于委托关系。

② Frederic William Maitland & Sir Frederick Pollock, The History of English Law up to the Time of Edward Ⅰ, Vol. 2, 2nd ed., Cambridge University Press, 1968, pp. 228-230.

③ Id., p. 228.

④ J. Dennis Hynes & Mark J. Loewenstein, Agency, Partnership, and the LLC, The Law of Unincorporated Business Enterprises, Cases, Materials, Problems, LexisNexis, 2007, p. 73.

⑤ Fridman's the Law of Agency, LexisNexis Butterworths, 1996, pp. 5-6.

⑥ 参见王萍:《大陆法代理制度与英美法信托制度的比较》，载《甘肃政法学院学报》1998 年第 3 期。

虽然普通法中代理关系的基础规则早在中世纪末就已经初步形成，最早确认代理人对被代理人负有受信义务的案例却出现于18世纪初期。[①] 从18世纪到19世纪，衡平法院审理了大量被代理人对代理人授以信赖，而代理人却滥用其信赖的案例，大法官对之适用了原本适用于信托关系的部分原则，因而现代代理法中代理人的诸多义务和行为禁区均为衡平法院适用信托规则的产物。例如，大法官们认为："为被代理人经手财产或钱款的代理人，虽然在严格的技术层面上不能成为受托人，但应当被视为准受托人(quasi-trustee)。"[②]因而为被代理人经手钱物的代理人，必须将其与属于代理人自己或他人的钱物隔离保管，否则，被代理人可以诉请区分，即便代理人已经向第三人处分该财物，被代理人也有权追回。因此，现代法学家认为，代理所携带的信托基因，是当代理人以自己的名义为被代理人购买财产时，代理人与被代理人之间被视为存在信托关系，该财产为信托财产。[③] 也有法学家认为，代理与信托融合成为受信制度的基础，使得其在衡平传统之外被融入普通法的色彩。

进入20世纪，对代理法的理解已不需要借用信托类比。代理制度被定义为："两个自然人之间的受信关系，一方明示或默示表示同意另一方代表他行为以影响其与第三人之间的关系，另一方相应明示或暗示表示其同意这样行为或实际进行了这样的行为。……在被代理人同意代理人从事行为的范围内，代理人有从事该行为的权限。该代理权限产生影响被代理人与第三人法律关系的权力。"[④]

不过，笔者认为，代理关系并不天然创设代理人的受信义务。从代理关系的内部构造上来讲，代理人允诺为被代理人的利益行事，为受信法的介入提供了可能。代理人有权通过和第三人订立合同或者处分被代理人的财产来影响被代理人的法律地位，被代理人的利益依赖于代理人的行为。而代理人的行为，正如本章开头所述，不能由被代理人事先事无巨细地规定、也

---

① Burdett v. Willett, 2 Vern. 628 (1708). See F. E. Dowrick, The Relationship of Principal and Agent, The Modern Law Review, Vol. 17, No. 1, 1954, p. 28.

② Foley v. Hill 2 H. L. C. 28(1848) (Eng), pp. 35-36.

③ L. S. Sealy & RJA Hooly, Commercial Law, Cases and Materials, 2nd ed., Butterworths, 1999, p. 192.

④ American Restatement (Third) of Agency (2006) § 1.01.

很难在事中如影随形地监督。代理人在授权范围内,得以被代理人的名义从事不受被代理人完全控制的行为,且该行为对被代理人具有约束力,此为代理关系的核心特征,也为法律通过制定代理人行为标准保护被代理人的授权不被滥用提供了基础。但反过来,若代理人并不具有开放性的授权,而只是按照被代理人非常明确地指示从事某项不具有自由裁量余地的行为,例如被代理人委托代理人在公司会议上对某一决议事项投赞成票,代理人并不是受信法上的受信人。

具体来讲,代理人的受信义务如下列示:

其一,执行被代理人的指示。即便被代理人的指示非常愚蠢,代理人仍然有义务遵循该指示,这一义务系属合同义务。但是代理关系的受信特征又决定了专业代理人在该情形下有义务提醒被代理人其指示所蕴含的风险并给出建议。① 当然,如果被代理人拒绝接受或者漠视代理人的建议,代理人仍然应当遵循被代理人的指示。②

其二,注意义务。代理人有义务合理运用其技能,谨慎并勤勉地为被代理人的利益处理事务。代理人应遵循合同中对其行为及绩效的要求,如合同约定不明确,应适用行业惯例或者交易习惯。不过,即便合同并无明确约定,代理人依然负有注意义务,这是由代理关系的本质所决定的。传统普通法认为这一义务也源于侵权法,因代理人的行为存在给被代理人造成损害的风险,且代理人应该预见到被代理人对其的依赖与这种风险的存在,因此其有义务小心行事。所以,代理人的忠实义务来自于衡平法上受托人义务的类推,注意义务则为普通法中侵权法规则的延伸。注意义务是过程义务,而非结果义务,若代理人尽到合理注意,即便未实现被代理人预想的结果,也不承担责任。商事特别法可能对专业人士施以更具体的注意义务,例如金融监管法对证券经纪人施以最佳执行义务。另外,代理人应当在授权范围内行事,越权行为给被代理人造成损害的,应当承担赔偿责任。有关代理事项的信息,代理人应当尽到及时、合理的告知义务。

其三,财物的记账与保全义务。如前所述,当代理人依授权为被代理人

① L. S. Sealy & RJA Hooly, Commercial Law, Cases and Materials, 2nd ed., Butterworths, 1999, p. 177.

② R. H. Deacon & Co. Ltd. v. Varga, 1 N. R. 80 (1972)(CA).

经手财物或者资金，必须将之单独保管，并且随时依据被代理人的要求将包括账目在内的一切交付于被代理人。19世纪英国衡平法官曾以代理人为准受托人，其财物保全义务正是受托人财物保全义务的翻版。不过进入20世纪后，法院表明，代理人的这一义务只指向被代理人所有或至少具有利益的财产，而不包括可能与代理事务相关的财产，否则将对职业代理人的商业行为造成很大负担。

其四，未经被代理人充分知悉的同意，不得与被代理人交易或者为他人与被代理人交易，此为代理人的不冲突义务。

在被代理人授权代理人为其购买某物时，代理人不得将自己所有物出售给被代理人。但在英国法上，视代理人取得该物所有权的时间与代理关系成立时间的先后，法律后果会有所不同。若该物在代理关系成立前便已为被代理人所有，则代理人可以保留其自出售中所获的利润，但须补偿被代理人因此遭受的损失。[①] 若代理人在代理关系成立后方取得该物所有权，则代理人从中获得的所有利润均归被代理人所有。这一区分是因为在后一种情形中，代理人负有为被代理人取得该物的义务，也反映了衡平法裁判者对人性的洞悉和对商业道德的适度把握，若代理人知悉被代理人需要某物后取得该物，则很可能是为自己谋利，否则，无须多此一举。相反，在代理人知悉被代理人需要某物前便拥有该物，法律也不强求代理人自己吃亏来实现被代理人的最大利益，只需价格符合市场价格、公平合理，即可实现"双赢"。[②]

在代理人与被代理人交易的情形中，以市场价格购买或出售，抑或代理人此举并非出于恶意，均无甚紧要；关键的是法律绝不允许代理人将自己置于一个正常人均会被诱惑从而以个人自身利益，而非被代理人的最佳利益为目的的情境中。[③] 因此，在被代理人授权代理人为其出售某物时，未经被

---

① F. M. B. Reynolds, Bowstead and Reynolds on Agency, Sweet & Maxwell, 2006, para. 6-68.

② Regier v. Campbell-Stuart, 1 Ch. 766 (1939) (Eng).

③ Aberdeen Rail Co v. Blaikie Brothers, 1 Macq 461 (1854) (Eng).

代理人同意，代理人不得以自己或他人的名义购买该物。[1] 否则，被代理人可以选择撤销合同，如果不存在阻碍合同撤销的其他情形，如返还原物已不可能、存在善意第三人的合法权利等。或者，被代理人可以认可合同的效力，但要求归入所有代理人从合同中获得的利益。[2]

其五，未经被代理人充分知悉的同意，不得从代理中获取除报酬以外的私利。从 Keech v. Sandford 这个经典的自我交易案例中，法院发展出了受信人"无私利"，或曰"无未经授权的利益"义务。对代理人违反受信义务取得的私利，被代理人得主张归入权。此处个人利益也包括各种形式的商业贿赂、佣金和回扣，并且，若被代理人因代理人收受贿赂而受有损失，代理人与行贿人须对该损害负有连带责任。代理人利用因代理关系获得的保密信息取得的利益，也应归于被代理人所有。

其六，不得在代理范围内与被代理人相竞争，此义务为不冲突义务的延伸。这一义务延伸为合伙人对合伙与其他合伙人负有的、公司董事与高级管理人员负有的禁止竞争义务。

其七，保密义务。保密义务并不必然是受信义务，也可能是基于合同产生的附随义务。但代理人违反由受信关系产生的保密义务不以给信息所有人造成损害为前提，代理人负有的保密义务，要求代理人仅为被代理人的利益使用其从代理关系中获得的保密信息，禁止为自己或他人利益使用。这不是出于信任、信赖或者保密性的义务，而是根据支配性和依赖性产生的义务。[3] 在存续期间上，代理关系中的保密义务亦有其特殊性，即并不随代理关系的终止而结束。

---

① 参见 Oliver v. Court, 8 Price 127 (1820)(Eng)。某一地产的受托人雇佣测量员对土地进行估价，测量员之子及前合伙人参与了测量并且受托作为拍卖商出售土地，由于未有人竞标，拍卖商以低价自行购买了该土地。法院宣告该交易无效，并认为："受托人或者任何为被代理人雇佣行事的人，被推定不得将自己置于可能与最忠诚地履行自身职责不兼容的位置。""代理人、拍卖商或者其他处于类似地位的人，不得购买(该物)。"

② Bentley v. Craven 18 Beav 75 (1853)(Eng)，参见 L. S. Sealy & R. J. A. Hooley, Commercial Law, Cases and Matters, 2nd ed., Butterworths, 1999, p. 185。

③ P. J. Millett, Equity's Place in the Law of Commerce, Law Quartly Review, Vol. 114, 1998, pp. 214-227.

三、信托与代理作为基础受信关系

虽然代理与信托之间存在高度的相似性与交叉性，但如前所述，代理人只能被视为准受托人。从制度渊源的视角，信托属于衡平法，代理则属于普通法，"若受信人悖诺或疏忽大意，对受益人的救济在衡平法中，对委托人的救济在普通法中"[①]。因此有学者认为，代理为受信制度融入了普通法色彩。从功能主义的视角，代理是为他人行事，信托是为他人持有财产，两种法律关系的社会功能不同，前者是为弥补被代理人的行为能力不足，后者是为规避对不动产处分的限制。

但代理与信托之间的根本区别在于被代理人（受益人）对代理人（受托人）的控制程度不同。在英美法上，信托必然发生所有权的移转，受托人在法律上享有信托财产的所有权，因而可以自行处分信托财产，受托人一般无须受受益人的控制，受益人要求受托人按照信托有关规定履行处置信托财产的义务除外。信托财产具有高度独立性，为信托目的而独立存在，受益人对受托人行为和信托财产的控制权均较小。被代理人对代理人的控制，首先表现在代理人对被代理人的服从义务，代理人必须遵从被代理人的指令。其次，被代理人得以随时变更或撤销对代理人的授权、终止代理关系，并对代理人施予具体限制。[②] 随着商业贸易的复杂化与专业化，被代理人渐渐难以对每一具体情形都传达指令，因而其任意终止代理关系的权利成为最有效的控制方式。相反，受托人并无义务服从受益人的指令，受托人或受益人在通常情形下均不得任意终止信托关系，信托关系也不随受托人或受益人的死亡而自然终止。无论从被代理人（受益人）的终止权还是具体情形中事实上施予代理人（受托人）的限制，被代理人对代理人的控制程度，远高于受益人对受托人的控制。

信托与代理关系中受托人（代理人）受信义务的差异与两种法律关系中控制权的构造区别是相呼应的。受托人的义务构造脱离了商业领域的互利理念，受托人也被迫放弃人性所共有的自利一面，必须无私地且专一地为受益人的利益行事。截至20世纪50年代，英国法院仍坚持民事信托受托人

---

① American Restatement (Second) of Torts (1979) § 874, cmt. b.

② American Restatement (Second) of Agency (2001) § 14 B, cmt. f.

须无偿服务、不得收取报酬。但代理人始终都不是无偿的，酬金(remuneration)或佣金(commission)是报酬的主要形式。受托人与受益人的关系，传统上主要是道德性的、义务性的、反商业化(commercial-adverse)的，而被代理人与代理人的关系却和商业与贸易紧密联结。受托人不能成为受托财产的所有人或者承租人，哪怕其是在受托财产拍卖中出价最高的竞价者，或者受托人已经从信托离职(如果离职可能与购买受托财产的意图有关)，也不得获得受托财产。受益人可向法院主张撤销受托人购买或租赁受托财产的交易，并可以此对抗恶意第三人。当然，以上规则也会有少数例外，如信托协议明确授权或者法官在适当情形下允许受托人从事上述该类交易。代理人的不冲突义务可以由被代理人事前同意或事后追认豁免，甚至对部分利益冲突交易只要代理人证明其并未滥用代理地位、结果对被代理人也并无不公，法院并不会否认交易效力。但在信托关系中，不冲突义务相当严苛，利益冲突交易是被严格禁止的。[①] 因而有学者总结为，信托关系中受托人的义务是仅仅为受益人利益服务，代理关系中代理人的义务是为委托人最佳利益服务(没有专一利益的要求)，代理人对委托人的指令负有最佳执行(best execution)义务。[②]

代理关系与信托关系，均为商事领域中最基本的受信关系形式。商事组织中受信关系均可以在一定程度上理解为代理关系或信托关系的变异，或者二者的叠加。如无特别约定，普通合伙人可以视为普通合伙或者普通合伙中其他合伙人的代理人，而司法裁判对封闭公司中控股股东与少数股东的关系亦是类比普通合伙中合伙人之间的关系加以构造。从公司诞生之日起董事便被视为准受托人。这种类比推理的法律适用方式，其核心价值也在于“同等情况、同等处理”[③]。

同等情况的要求在于核心特征的相似性。如合伙人的受信义务，若合伙法无特别规定，可直接适用代理法；公司高级管理人员的受信义务，亦可适用代理法，因高级管理人员系得到董事会的明示授权为公司行事。董事作为公司的准受托人也并不排斥其代理人地位。董事会作为一个整体是公

---

① 当然，现代信托法中受托人的不冲突义务也不再是刚性规定，由于篇幅有限，此处不作详述。

② Robert Flannigan, The Adulteration of Fiduciary Doctrine in Corporate Law, Law Quarterly Review, Vol. 122, 2006, pp. 449-468.

③ 王文宇：《商事契约的解释》，载《中外法学》2014年第5期。

司的代理人，董事取得章程和董事会的授权，也当然能以公司名义行事。至于董事会是否必须集体行使其职权，取决于各国公司法对公司代理制度的具体规定。

但在公司内部，股东会与董事会之间是否存在代理关系，则取决于对公司本质的认识。如承认公司是独立实体，认可董事会是法定的公司机关，其公司权力行使者的独立地位来自于公司法和章程，则董事会不是股东会的代理人。[①] 公司股东选举并有权罢免公司董事，但董事的权力来源于股东选举所自然产生的法律后果。公司法对公司一些重大的、基础性交易要求股东会决议，是因为公司内部的权力分配体系中，股东会享有更为基础的权力。如美国法认为，公司法将公司事务的经营管理权交予董事会，公司股东的指令对董事会不具有约束力。即便公司法可能出于特定目的称公司董事为公司的“代理人”，也不意味着公司董事因此与股东具有了普通法中的代理关系。[②] Clark 教授指出，董事不能简单定义为是公司的代理人，而是自成一类的(sui generis)；更不是股东的代理人。[③] 但是，如认为公司本质为股东间的合同，则董事会的权力来自股东会的直接授予，而非公司法。[④] 以此推之，股东会可就公司一切事项作出决定，包括指令改变董事会的决策。但是，必须要承认的是，股东会与董事会之间的分权构造与被代理人与代理人之间授权—指令的关系存在根本不同。如果从股东选任董事的角度认为董事会为全体股东的代理人，同样存在被代理人利益与股东利益是否等同、被代理人的意志与董事会的决策权如何认识的问题，更无法解释实践中法院允许董事会牺牲股东利益而赋利管理层、雇员或债权人，从而实现公司最大利益的做法。代理关系可以解读合伙企业合伙人与合伙、合伙人与其他合伙人之间的关系，但对公司、股东与董事不具有、或者至多只是部分具有解释力。

---

① Len Sealy & Sarah Worthington, Sealy and Worthington's Cases and Materials in Company Law, Oxford University Press, 2013, p. 178.

② American Restatement (Third) of Agency (2006), § 1.01, cmt. (f)(2).

③ Robert C. Clark, Agency Costs versus Fiduciary Duties, in John W. Pratt & Richard J. Zeckhausereds, Principals and Agents: The Structure of Business, Harvard Business School Press, 1985, p. 56.

④ Ernest v. Nicholls, (1857) 10 Eng. Rep. 1351, p. 1354.

第二节　人合性组织中的受信关系

一、“共享利润、共担风险”的受信关系

两个或两个以上自然人或者组织以共享利润、共担风险为目的相联合，投入资本、劳力或者技术共同从事交易的关系，称为合伙。[①] 美国 1997 年修订的《统一合伙法》规定，合伙是两个或两个以上的人为利润作为共同所有人从事营业的商事组织，但合伙的成立不以当事人选择合伙这一组织形式的意图为限。我国《民法通则》只规定了合伙经营积累的财产归合伙人共有，我国《民法典》第 967 条则明确了合伙的基本特征是合伙人为共同事业目的，共享利益，共担风险。

普通合伙的本质是人们为共同目的建立共同信任与信赖[②]，合伙人之间地位基本平等，共同经营、共担风险，形成“合作性受信关系”。合伙的历史可以追溯到《汉谟拉比法典》时期，古罗马《查士丁尼法典》中就对合伙有较为详细的分类规定。合伙应该是商事组织最初以及最基本的形式[③]，在 18 世纪后期公司崛起以前，合伙也一直是最主要的商事组织形式。[④]

合伙法的许多规则都来源于代理。[⑤] 单纯的共有关系并不产生代理。合伙人为合伙或其他合伙人的代理人，主要是因为合伙人有合伙事务的平等执行权，合伙人在合伙经营范围内的行为对合伙具有约束力，其他合伙人须对此承担个人责任。美国 1914 年《统一合伙法》第 9 条第 1 款即如是规定：“每一合伙人均为普通合伙的代理人，应为合伙利益行事，每一合伙人在

---

① Scott Rowley, Rowley on Partnership, 2nd ed., Bobbs-Merrill, 1960, p. 35.

② Thompson Trustee v. Heaton, 1 WLR 605 (1974)(Eng), p. 613.

③ Larry E. Ribstein, the Rise of Unincorporation, Oxford University Press, 2009, p. 36.

④ Lawrence M. Friedman, A History of American Law, Simon & Schuster, 1985, p. 190.

⑤ Deborah A. DeMott, Our Partners' Keepers? Agency Dimensions of Partnership Relationships, Law & Contemporary Problems, Vol. 58, No. 2, 1995, p. 109.

合伙经营范围内、以通常形式而为的行为均对合伙产生约束力。”[①]每一合伙人均为代理人，同时每一合伙人均为被代理人，应对其他合伙人的不当行为或者合伙所产生的债务承担个人责任。合伙人从事合伙事务的知识、经验、技术所产生的利益，也应归于合伙所有。自然而然的，合伙也被认为是受信关系之一种，“(合伙)在本质上是一种信任与信赖关系是如此地坚实，以至于我们无需为此论断再去寻找出处”[②]。在普通法进路中，法官与学者一度认为，“合伙人的受信义务是组织法里面最强的。”[③]“不会有比合伙更强的受信关系了，当一个人的财产与财产权在很大程度上受制于他人的控制与经营。”[④]

普通合伙中合伙人严苛的受信义务其实有其历史渊源，可以追溯到中世纪教会法。伯尔曼在《法律与革命》中描述到教会法对合伙与婚姻的观点具有相似性，二者均被认为是建立在双方意愿的基础上，且合伙人之间与婚姻双方互相之间均应负忠诚义务。[⑤] 在其信奉的互助观念指引下，教会法庭在裁判中倡导合伙人之间的如兄弟般的关系，这与商业社会对竞争的信仰恰好相反。在合伙人之间，任何使得某一方明显获利或者压制某一方经济机会的交易，都认为是对灵魂有损的行为而被教会法禁止。教会法所推崇的合伙形式，允许合伙人所订立的合同对其他合伙人产生约束，合伙人之间的这一纽带亦即形成实质上的受信关系。基于罗马天主教会对欧洲大陆国际贸易所享有的唯一普遍裁判权，教会的这一观念渗入各国商人法。在中世纪英国，合伙的有关争议是在商人法庭按照商人法裁决的。[⑥] 16 世纪，普通法逐渐吸纳商人法的管辖，但商人法的规则得以保留下来，其中包括合伙人对其他合伙人财产保全的义务与对合伙财产的审计权利，并成为受信义

① American Uniform Partnership Act (1914) § 9(1).

② Sorenson v. Nielson, 240 N. Y. S. 250 (1930)(U. S.)

③ Stephen M. Bainbridge, Agency, Partnership and LLCs, Foundation Press, 2004, p. 134.

④ Salhinger v. Salhinger, 105 P. 236 (1909)(U. S.).

⑤ Harold J. Berman, Law and Revolution: The Formation of the Western Legal Tradition, Harvard University Press, 1983, p. 229.

⑥ Leona Beane, The Fiduciary Relationship of a Parter, Journal of Corporation, Vol. 5, No. 3, 1980, pp. 483-516; Character and Legal Consequences, New York University Law Review, Vol. 66, No. 4, 1991, pp. 1045-1076.

务的主要执行手段。直到 19 世纪中期合伙的成文法规范出现,其实体性规则与商人法仍非常相似。[①] 1893 年,美国最高法院在 Latta v. Kilborn 案中列出了合伙人受信义务的清单:“合伙人不得直接或间接地为其自身利益利用合伙财产;在从事合伙业务时为自己私自牟利;为个人的利益从事合伙业务;从事与合伙相竞争的其他业务,同时不向其他合伙人告知其可能从中取得的利益,从而使合伙损失了本应由该合伙人的时间、技能和忠诚产生的利益;将本应有义务为合伙获得的利益据为己有;为自己获得可被合理地视为合伙财产的知识或者信息,而这些知识或信息本应被合伙用于自身营业。”[②] 毫无疑问,此处的合伙人受信义务与代理人义务近乎一致。20 世纪初美国制定《统一合伙法》时仍然继承了普通法“法定受信关系”的路径。但随着现代工业革命的展开,特别是第二次工业革命兴起后,合伙的强制性、道德性色彩不断淡化,契约性特征则日益浓重,到 20 世纪末,修订《统一合伙法》期间,美国法学界对合伙的本质产生了激烈的争议。

美国法学会 1914 年制定《统一合伙法》,被认为是合伙这一古老的商事组织形式现代化的标志。[③] 起草人抱着统一商法典的宏愿立法,追求该法的普遍适用性,故以一般性原则代替了细致规定,其中第 9 条第 1 款规定每一合伙人均为普通合伙的代理人,应为合伙利益行事,每一合伙人在合伙经营范围内、以通常形式而为的行为均对合伙产生约束力。其第 21 条“合伙人作为受信人的义务”规定了“每位合伙人应为合伙保全、并作为合伙的受托人持有,未经其他合伙人同意而获得的任何与合伙的成立、运营和清算有关的、或者源于其对合伙财产的使用的利益”[④]。依据体系解释方法,第 9 条第 1 款既规定合伙人作为合伙的代理人,第 21 条又明确合伙人是合伙财产的受托人,那么合伙人的受信义务,应当同时适用信托法和代理法的有关要求。从 1914 年后出现的司法案例可以看出,司法界对合伙人的受信义务延续了普通法的严格立场。卡多佐大法官著名的 Meinhard v. Salmon 判例

---

① Stephen M. Bainbridge, Agency, Partnership and LLCs, Foundation Press, 2004, p. 100.

② Latta v. Kilbourn, 150 U. S. 524 (1893) (U. S.), at 542.

③ See Dennis J. Callahan, Medieval Church Norms and Fiduciary Duties in Partnership, Cardozo Law Review, Vol. 26, No. 1, 2004, pp. 215-288.

④ American Uniform Partnewship Act(1914) §21.

即产生于1928年，卡多佐法官认为，合营企业(joint venture)的管理合伙人，负有向其不参与企业经营的合伙人披露其在合营存续期间经营合营中所遇到的商业机会的受信义务，后者有权获得参与、竞争该商业机会的平等机会。

1997年修订的《统一合伙法》，一改1914年《统一合伙法》的普通法进路，以排他性语言和列举式规定详细界定了合伙人的受信义务，窄化了1914年《统一合伙法》所包含的受信义务范围。其第404条第1款规定，普通合伙人对合伙与其他合伙人所负的“仅有的”受信义务只限于第2款与第3款所列举的忠实义务和注意义务。其中，第2款规定的三类忠实义务包括：“(1) 每位合伙人应向合伙说明、并作为合伙的受托人持有，任何该合伙人获得的与合伙的运营和清算有关的、或者源于其使用合伙财产产生的财产、利润或利益；(2) 不得在合伙的运营与清算中作为或者为与合伙利益相冲突的他人与合伙进行交易；(3) 不得在合伙解散前从事与合伙经营相竞争的业务。”同时，第3款规定注意义务仅限于合伙人对重大过失或不计后果行为、故意的不当行为或明知违反法律的行为承担个人责任。易言之，一般过失行为不视为违反注意义务。而传统上，对代理人注意义务适用的是“一般过失”标准。[①] 在合伙关系中，合伙人应当对合伙事务施以理性与谨慎的普通人在类似事务中应有的勤勉，除非具体案例另有特殊情况排除这一标准的适用。

通过排他性、限制性的明确规定，立法者非常清晰地表达了对合伙人“自我抑制”“以合伙与其他合伙人利益为先”这一道德要求的摒弃[②]，以及对普通法路径中法院扩张地、灵活地适用受信义务的反对，反映了受信义务法定化、标准化的追求。除明确限制受信义务的范围与标准外，1997年修订的《统一合伙法》还坚决表明受信义务不可完全免除的立场。其第103条规定，合伙协议不得免除合伙人的善意和公平交易义务，不得免除合伙人所负

---

① 参见 American Restatement (Second) of Agency (1958) § 379(1)，“除非另有约定，有酬代理人负有以其所从事行为所需一般的注意与技能，以及施以其所有的任何其他特别技能为被代理人行事的义务。”

② 参见 Meinhard v. Salmon, 164 N.E. 545 (1928)(U.S.), at 548。卡多佐法官宣称：“哪怕自我克制再难，(Salmon)也应当舍弃对自我的考虑。”但实际上，这句话的后面还有一段补充说明“舍弃自我利益”的适用情形，即“Salmon不仅仅是一个合营人，他是管理合营人。对于他和像他这样的人，不可分割的忠实是不折不扣的、最优位的”。

的第 404 条第 2 款下的忠实义务，不能不合理地减弱合伙人所负的第 404 条第 3 款下的义务（即降低注意义务的标准）。简言之，虽然限制了受信义务的内容与范围，但立法者显然认为，受信义务的基础性内核应被强制性保留。

美国 1997 年修订的《统一合伙法》的改革引起了法学界的激烈批评。无论主张合伙为信义关系的法定论者，还是主张合伙的本质为契约的合同论者，均对改革方案不甚满意。法定论者与合同论者之争的核心在于合伙人是否可以通过合伙协议实质性更改、限制甚而免除受信义务，亦即受信义务有关条款应为默认条款还是强制条款。法定论者认为，基于合伙的特殊构造（共同所有权与无限责任），受信义务是内生于合伙关系的，允许协议修改受信义务可能导致公共政策的倒退。人的理性是有限的，当事人不可能有效评估一个不断变动的长远关系中未来的风险、成本和收益，特别是知识与经验欠缺、又不可能聘请专业人士起草合伙协议的小商人，其对风险的预见性非常有限，若一方利用其信息优势或谈判地位建立实质不公平的协议，法律有责任有所防范和回应。可以说，法定论者以有限理性为由坚守受信义务的道义传统，而合同论者则以效率为圭臬，认为经过充分谈判所缔结的合约比法律的强制性规定更有效率，受信义务只是法律用以填补当事人之间合意空白的缺省性规则——当事人若明确约定放弃，则应尊重。若受信义务强制，为了规避受信义务所造成的交易成本，包括高额的诉讼成本，合伙人则可能被迫放弃风险较高的投资，从而引起效率的损失。合同论者的代表人物 Ribstein 认为，合伙人之间的义务，比如不得滥用合伙财产、不得抢夺合伙机会，其正当性建立在合伙人对合伙财产的共同所有基础上，其本质是对他人财产权的尊重，而非受信义务。在平分管理权的情形下，合伙人之间不存在授权这一信义关系的关键要素，根本不是互为受信人的关系，也不需要受信义务“画蛇添足”——受信义务不仅毫无必要，甚至会稀释掉合伙法中业已存在的、合伙人作为所有人得以对抗经理人或者其他共同所有人滥用权力的机制。受信义务要求每一个合伙人行使其权利时都必须“无私”，因而会妨碍或者抑制非管理合伙人使用其在合伙企业治理中所当然享有的权利，如投票权和退伙权，从而形成恶性循环。[①] 当合伙人行使其投票

① See Larry E. Ribstein, Are Partners Fiduciaries, University of Illinois Law Review, Vol. 2005, No. 1, 2005, pp. 209-252.

权或者要求退伙时，即便其可能存在机会主义行为，也不因此对其他合伙人负有受信义务。

美国1997年修订的《统一合伙法》所采取的立场是一方面允许对受信义务的实质性修改，一方面强调合伙协议必须保留受信义务的内核、不能全部免除，即承认受信义务具有部分强制性。立法者的折中立场其实不难理解。立法者按照“合伙人平等”假设，认为所有的合伙人拥有类似的经验与技能，除了极少数例外，合伙人均能通过谈判与协商处理合伙内部的关系[①]，允许合伙人通过一致同意实质性更改受信义务并不会产生某一位或几位合伙人“滥用优势地位”的担忧。由于合伙一般适用于家庭、亲友、小规模生产经营或者专业服务，这一假设基本上符合实际。从成本与收益的角度看，普通法进路下的受信义务作为极具扩张性与包容性的原则，可能给合伙人投资与经营行为带来不确定的风险，从而束缚合伙人的手脚，也会给合伙带来较高的诉讼风险与成本。

笔者认为，美国《统一合伙法》规定普通合伙中合伙人法定受信义务的路径是可取的，普通合伙之间合伙人的义务程度应低于信托中的受托人义务。典型的受信义务生长于信托模式，是指财产所有人将其财产的名义所有权和开放式管理权授予管理人，受益人仅保有对该财产的剩余所有权，与合伙人共担风险、共同管理的模式有较大不同，在普通合伙中完全适用信托规则殊无必要也于理不合。在传统信托模式中，受托人享有法律上的所有权，他们得以在不违反信托目的的前提下自由处分信托财产，受益人对信托财产使用与处分的控制权非常弱，受益人的权利甚至无法对抗善意第三人，信托财产的所有与控制几乎是彻底分离的。受托人所负担的严苛忠实义务，正与其享有的巨大自由裁量权相适应。反观之，“合伙以其全部财产对合伙债务承担责任，合伙人以其个人财产承担无限连带责任”“合伙人对执行合伙事务享有同等的权利”勾勒出了普通合伙中财产的所有与控制有限分离的情形。普通合伙的最关键特征是合伙人在合伙业务范围内代表其他成员签订合同的一般性权力，与无限责任相结合，意味着其他合伙人的行为得以影响合伙人个人财产的状态，从而使合伙人对其个人财产失去了一部

① Donald J. Weidner & John W. Larson, The Revised Uniform Partnership Act: The Reporters' Overview, Business Lawyer(ABA), Vol. 49, No. 1, 1993-1994, pp. 1-44.

分控制力。但另一方面，无限责任给予合伙人以密切监督合伙的经营管理和其他合伙人的行为的强烈动机，而普通合伙的平等管理权力结构又赋予了这种监督以现实可能。合伙人协议的订立与修订须由全体合伙人协商一致、表决时不以出资份额决定而是“一人一票”、重大事项的决策须经全体合伙人一致同意、合伙人享有要求分配与退伙的权利。因此，普通合伙中财产之所有与控制的分离是有限的。正如美国《统一合伙法》的立法者所阐述的，合伙人虽然是代理人与受信人，但同时也是共有人与被代理人，合伙法的有关规则均需平衡合伙人的这一身份双重性，例如，“合伙人的行为不因其实现了个人利益而被视为不适当。”[①]读者或许会以前文所述的经典案例 Meinhard v. Salmon 案中卡多佐法官的“哪怕自我克制再难，(Salmon)也应当舍弃对自我的考虑”为反驳。但实际上，这句话的后面还有一段补充说明“舍弃自我利益”的适用情形在于，“Salmon 不仅仅是一个合营人，他是管理合营人。对于他和像他这样的人，不可分割的忠实是不折不扣的、最优位的。”在 Meinhard v. Salmon 案中，Meinhard 是消极投资者，几乎不参与合营事务，其财产所有与控制的分离程度远大于普通合伙人。在某一合伙人作为管理合伙人掌握了集中的经营权，或者当某一合伙人作为其他合伙人的代理人行事时，该合伙人方应按照受信义务规则行事。否则，合伙人追求并实现自身利益并不当然影响合伙人所作决策或交易的效力。但是，Ribstein 教授所建议的完全合同进路，也是建立在对合伙本质的错误认识上。借用将婚姻与合伙类比的古老传统，财产共有是婚姻关系产生的后果，也可能是婚姻关系产生的动因，影响婚姻对象的选择，却不足以概括婚姻关系的全部本质。合伙是共同共有关系的一种，是一种财产关系，但合伙首先源于合伙人之间的高度信赖——全体合伙人以所有个人财产为任意一名成员以合伙名义而为的行为承担连带责任，几乎不可能产生于陌生人之间。

普通合伙到底是集合还是实体，也曾是美国法学界争论的问题。合伙一直被认为是合伙人的联合，因而不具有独立的财产和意志。[②] 但随着合伙从简单商品时代商品生产者之间的小规模联合转变为社会化大生产时代多

---

① American Revised Uniform Partnership Act (1997) § 404(e).

② Gary S. Rosin, The Entity-Aggregate Dispute: Conceptualism and Functionalism in Partnership Law, Arkansas Law Review, Vol. 42, No. 2, 1989, pp. 395-466.

行业、大规模甚至跨国家的商事组织，"人的联合"这一定位也无法追及合伙发展的角度。美国1997年修订的《统一合伙法》采纳实体进路，除明文宣示合伙财产的独立性外，还规定了公司关联交易的"安全港原则"，规定了在全面披露关键事实后，全部合伙人或者合伙协议所规定数量的合伙人授权或追认一项特定行为或交易，可以豁免合伙人违反忠实义务的责任。易言之，该合伙法承认合伙人表决得以产生独立于合伙的意志。

二、有限合伙受信关系的特殊性

有限合伙是由一个或一个以上负无限责任的合伙人与一个或一个以上负有限责任的合伙人共签协议、共同投资形成的合伙企业。[①] 其中，普通合伙人对有限合伙的债务承担无限连带责任，并完全控制有限合伙的经营管理；有限合伙人对企业的债务承担有限责任，整体上不参与有限合伙的经营管理。有限合伙并非普通合伙或者公司的异化，而是一种独立产生与发展的组织形式。早在12世纪，有限合伙的前身康孟达(Commenda)就已经在欧洲大陆萌芽，为航海等冒险营业吸收资金、分散风险，并在中世纪后期被法律所固定。但直到19世纪《法国民法典》颁布后，有限合伙才被引入美国[②]，1822年纽约州制定的《有限合伙法》引入这一企业形式后，其他各州纷纷效仿。20世纪初，英国也引入了有限合伙制度。

与普通合伙相似，有限合伙的基础亦为合伙契约。普通合伙人在合伙的经营范围内有广泛的签约权，并对整个合伙有约束力，普通合伙人应对合伙及其他合伙人负有受信义务。但相比普通合伙，有限合伙中有限合伙人几乎不参与经营管理、无权以合伙名义行事，财产所有与控制的分离程度更高，有限合伙人对普通合伙人的授权更为彻底，以此度之，有限合伙中的普通合伙人应当比普通合伙中的合伙人负担较为严苛的受信义务。其一，法律所设计的有限合伙架构，如同在公司中确立董事会为权力中心一样，径行确立决策管理权集中于普通合伙人，而没有像普通合伙一般给予合伙人就决策权分配的充分合同自由。其二，相反，有限合伙人为享受有限责任，须

① 参见甘培忠：《企业与公司法学》(第七版)，北京大学出版社2014年版，第83页。

② Larry D. Soderquist et al., Corporations and other Business Associations, 4th ed., Charlottesville, 1997, p. 122.

让渡几乎所有管理性权力作为对价；若他们涉入或参与合伙的经营与控制，就将被视同普通合伙人承担无限连带责任。① 从内部治理结构来看，有限合伙人对合伙经营与管理的控制，比公司股东似更有不足。公司的层级决策机制虽然使得股东鞭长莫及，但股东选举董事及董事会任命高级管理人员的决策链至少赋予了股东形式上一定的控制权，董事会换届改选便是股东行使这一控制权的方式。有学者认为，风险投资有限合伙中的“无过错离婚”机制起到了更换普通合伙人的控制作用，在“无过错离婚”条款下，不论普通合伙人有无重大过错，只要有限合伙人对合伙发展前景丧失信心，就有权通过决议（一般是特别决议）更换普通合伙人、停止缴付承诺资本甚至提前终止合伙运行。② 但是“无过错离婚”发挥作用的前提是获得一定比例有限合伙人的同意而被写入有限合伙协议，与公司股东法定的选任与罢免董事权不能相提并论。③ 其三，有限合伙人的退出也受到法定或合同限制。如美国 1985 年修订的《统一有限合伙法》规定，普通合伙人可以随时退伙，但是有限合伙人在合伙协议有效期间不得退伙，协议另有明确规定的除外。④ 当然，有限合伙人可以将其在合伙中的份额转让给第三人。基于上述事实，在 19 世纪，普通合伙人被视为有限合伙人的受托人⑤，有限合伙中普通合伙人比普通合伙中的合伙人承担更高受信义务的观点，也得到实际判例的支持。

与笔者的推论相反，在美国立法中，《统一有限合伙法》中规定有限合伙中普通合伙人并不承担比普通合伙中合伙人更高的受信义务；甚而，特拉华州有限合伙法允许有限合伙协议完全豁免普通合伙人的受信义务。值得注意的是，特拉华州公司法只允许公司章程豁免董事的部分注意义务，并不允

---

① Untied States Uniform Limited Partnership Act(1916), § 7.

② 参见李科珍：《风险投资有限合伙中普通合伙人行为约束研究》，北京大学 2012 年博士学位论文，第 26 页。

③ 事实上，有限合伙人很可能不赞成写入“无过错离婚”条款。首先，“无过错离婚”条款的实际后果是免除某个有限合伙人违反缴资义务的后果，可能引发有限合伙人内部对部分有限合伙人滥用该条款的担忧；其次，为了规避有限合伙人对投资丧失兴趣或者单纯改变主意而提出“无过错离婚”的风险，普通合伙人必然会要求更高比例的费用。

④ American Revised Uniform Limited Partnership Act (1985), § 602-603.

⑤ Francis J. Troubat, The Law of Commandatary and Limited Partnership in the United States, James Kay, Jun. & Brother, 1853, p. 235.

许对董事忠实义务的豁免。

美国 1985 年修订的《统一有限合伙法》第 403 条规定，有限合伙的普通合伙人拥有与普通合伙的合伙人同样的权利和权力，并承担同样的责任。2001 年修订的《统一有限合伙法》虽然形式上不再直接援引《统一合伙法》，但实际规定与普通合伙法并无二致。立法者认为，有限合伙的合伙人（无论普通合伙人抑或有限合伙人）与普通合伙的合伙人比较具有更为丰富的投资经验，有限合伙协议的签订过程充满了律师等专业人士的参与。[①] 因此，可以认为普通合伙人至少在协议订立过程中并不存在优势或者滥用优势的可能。而复制《统一合伙法》的规定，则包括了降低律师等专业人士学习成本的考虑。

特拉华州有限合伙法走得更为彻底，允许有限合伙协议完全免除普通合伙人的任何受信义务，但不得违反隐含的善意与公平交易原则。[②] 后者是合同解释的基本原则，指导法院在合同未有明确规定时如何通过合同解释维护合同双方业已谈判和协商的精神。[③] 以"合伙人平等"作为立法前提，有限合伙的经营协议（operation agreement）若明确限制或免除普通合伙人的受信义务，法院一般默认为合伙人已经就协议条款进行充分协商，或者有限合伙人在购买合伙份额时已经充分了解限制或免除受信义务对其权益的可能影响，从而尊重有关条款的效力。特拉华州法院理解立法意图为"买者自负"，事前豁免管理合伙人的责任意味着更高的投资风险，有限合伙人完全可以选择风险更低的其他投资方式或者其他有限合伙[④]，"事后反悔"不会得到支持。但在协议未就受信义务作出约定或未明确约定不适用时，受信义务将作为默认规则适用。若合伙协议意图对受信义务作出限制但语言较为模糊，虽然法院将尽量协调受信义务默认适用与合同意图的关系，但一般来说，法院要求选择退出受信义务的语言必须非常清晰、没有任何歧义（clearly and unambiguously）。因此，法官会按照善意与公平交易原则严格解释合同语言，因该类条款含义不够明确而判定应适用合伙法默认的受信义务

① See American Uniform Limited Partnership Act (2001) Prefatory Note (The Act's Overall Approach).

② 6 Del. Code Ann § 17-1101(d)-(f)(2011).

③ Fisk Ventures, LLC v. Segal, No. 3017-CC, 2008 WL 1961156(2008)(U.S.).

④ Miller v. Am. Real Estate Partners, 2001 WL 1045643(2001)(U.S.) at 8.

规则。

笔者认为，特拉华州以有限合伙人的经验解释“合同主义”进路，其正当性并不充分。即便在19世纪，有限合伙人也主要是富有的、有经验与优越社会关系的人，但法院对受信义务的适用仍坚持严格的法定立场。况且，根据美国国家税务局（Internal Revenue Service，IRS）公布的数据，有限合伙分布在农林牧渔业、采矿业、公用事业、建筑业、制造业、信息产业以及批发交易、零售贸易、仓储运输、金融保险、不动产经营、科学技术服务、公司管理、教育服务、医疗卫生、住宿餐饮等各个行业。据笔者计算，金融保险行业的有限合伙数量仅占所有有限合伙数量的0.90%，虽然贡献了接近45.5%的净收益。[①] 并无充分证据证明，有限合伙的有限合伙人多是具有丰富投资经验的人，更无充分证据证明，有限合伙协议的签订均经过普通合伙人与有限合伙人充分的协商谈判。事实上，在大型有限合伙中，购买有限合伙份额的人如公开公司的股东，基本不可能提出协议修改的要求。更何况，正如本章开篇所言，人的理性是有限的，无法预见到未来所有可能发生的情形并对此加以协商与确定，合同的不完备性不可避免。即便有限合伙人多为具有丰富经验的成熟投资者，也无法肯定投资者平等地、透彻地知悉排除受信义务适用的后果。受信义务的作用正是在合同未有约定或约定不明时填补漏洞。例如，在某对冲基金中，仅有的一名投资者因管理不善要求终止投资，但管理人依据合同对投资者撤回投资的限制性约定阻止投资者行使终止权，要求其必须保留一部分投资，法院裁决管理人对该约定的依赖完全是出于对自身利益的考虑，违反了其对投资者的受信义务，合同约定因此无效。[②]

不过，特拉华州法院要求合伙协议选择退出受信义务的条款必须非常明晰、准确、没有歧义，体现了司法机关对受信义务由法定转为完全约定的谨慎立场。在实际司法裁判中，法院对受信义务采取“未明确排除即全部适用”的司法技术，并不适用合同进路的“假想谈判”去探求合同双方当事人的真意和在当时情形下假设交易成本为零时应该会制定的合同条款，而是直

---

① 数据来源于 Internal Revenue Service of the United States，at https://www.irs.gov/statistics/soi-tax-stats-partnership-statistics-by-sector-or-industry，最后访问日期：2020年12月25日。

② Paige Capital Management，LLC v. Lerner Master Fund，LLC C. A. No. 5502-CS (Del. Ch. Aug. 8，2011)(U. S.).

接适用受信义务的通用规则。在联邦法院体系亦是如此，合同主义者的代表人物 Easterbrook 教授也在其裁判中称，“缺乏明示条款警示可能不存在通常受信义务的默示例外”，亦即，应适用受信义务的通用规则。[①]

受信义务在有限合伙中的弱化，与有限合伙其他治理机制能够较好抑制代理成本密切相关。公司需通过控制决策投入、程序和责任来监督管理人，但是在非公司商事组织，特别是有限合伙中，所有者决定退出企业、要求清算或者分配利润的权利，可以对抗管理人的机会主义行为。公开公司的股份分散且换手频繁，单个投资人退出一般不会引起股价的剧烈变动或市场对公司的负面评价，但非公司企业则不然，投资者要求赎回其份额可能导致合伙的解散清算，也会影响市场对负责经营管理合伙人的评价。合伙人定期和强制分配利润的权利使得管理人得以支配的资产大量减少，从而抑制了其机会主义行为的空间。

金融行业的有限合伙，特别是对冲基金、私募股权投资基金，在治理机制安排和受信义务设定上更具有显著特殊性。以私募股权投资基金为例，普通合伙人作为基金管理人取得“2 与 20”(即 2%管理费与 20%资本利得收益)的非对称利润分配结构激励管理人追求高额回报；强制清算和有限存续期限等规定将迫使普通合伙人反复进入资本市场募集资金，将单次博弈变为多次重复博弈，使隐形的声誉机制走到明处，约束普通合伙人的行为；强制利润分配减少普通合伙人得以支配的现金，约束其自由裁量的空间。以上机制均可在事先的有限合伙协议中充分约定，另有具体约束普通合伙人行为的限制性条款抑制普通合伙人对私人利益的追逐。有限合伙协议得以建立紧密联系、互相作用的治理网络来克服代理问题。同时，该类有限合伙的有限合伙人一般为投资经验较为丰富的成熟投资者，如美国的对冲基金往往为了规避证券法的注册要求，而只向《投资公司法》所规定的适格投资者，即富有的成熟投资者募集。实践中风险投资行业也确实缺乏通过诉讼解决纠纷的传统。在上述因素的共同作用下，金融行业的有限合伙中普通合伙人受信义务的必要性大为减弱，美国联邦与特拉华州的受信义务规则呈现高度弹性化与合同化也是可以理解的。

---

① Jordan v. Duff & Phelps, 815 F. 2d 429 (1987)(U. S.).

三、封闭公司中受信规则的误用

伯利与米恩斯在其巨著《现代公司与私有财产》中所描述的公开公司诞生以前19世纪企业的典型状况，正是在封闭公司(close corporation)中延续下来。公司"由个人或小团体拥有，由他们自己或者他们任命的人来经营，其规模的大小主要限于有控制权的个人所拥有的财富的多寡"[①]。封闭公司有如下四个主要特征：(1) 股东数量有限；(2) 没有交易公司股票的市场；(3) 股东实质参与公司的管理与运营；(4) 股份自由转让受到约束。美国法学会认为除上述特征外，封闭公司还具有以下特征：(1) 须调整公司治理结构，因公司规模太小而无法支撑遵循公司程式或聘请律师的成本；(2) 由于股东人数有限很可能发生僵局[②]，这些其实为封闭公司规模有限的衍生特征。其中，股票自由转让是否受到约束是大部分国家区分公开公司和非公开公司的唯一不同。[③] 没有成熟股权交易市场再加股份自由转让受到限制，导致股东兑现其投资价值需要负担较高的交易成本，加剧了在公司经营管理中处于弱势地位股东的易受损害性。于是产生了封闭公司治理的一个经典问题，即如何防止占有优势地位的股东利用该地位压迫和剥削其他股东。

控股股东是指通过出资额或所持股份所享有的表决权足以控制、或可对股东(大)会决议产生重大影响的股东。[④] 股东数量有限与股东实质参与公司的管理与运营导致公司的组织性不足，公司作为社团的独立意志与股

---

① 〔美〕阿道夫·A. 伯利、加德纳·C. 米恩斯：《现代公司与私有财产》，甘华鸣等译，商务印书馆2005年版，第4页。

② Committee on Corporate Laws, Managing Closely Held Corporations: A Guide Book, 2003, ABA Book Publishing.

③ 参见邓峰：《普通公司法》，中国人民大学出版社2009年版，第93页。

④ 控股股东并不一定实际持有公司多数股份，特别是在公开公司中，持有股份比例不足30%也可能实际控制公司行为。美国判例法中，公司控股股东并不局限于一人，多人联合足以实际控制公司行为的，该群体也被称为控股股东。控股股东也不固定为某人或某群体，法院将依据某一特定公司行为的控制权行使具体认定，特殊情形下，小股东也可能成为控制股东。这一定义是较为灵活合理的，例如假设某封闭公司有四个股东，各持有30%、30%、21%和19%的股份，在普通多数决决议中，不同组合的投票权行使都可能实际控制公司。Citron v. Fairchild Camera & Instrument Corp. 569 A.2d 53 (Del. 1989), p. 70。为简化讨论，这里不讨论控制权是通过双层股权和金字塔等杠杆化安排之后获得控制权的情形，事实上这一情形也多出现于公开公司中。

东意志很难区分,公司规模太小而无法撑起公司程式,控股股东可能利用或僭越公司决策机制,自己或由其代理人追逐自身利益。退出权是对合营者和管理者的一种有效监督手段,根据团队生产理论,资源一旦投入企业,就失去了管理者行使权力的市场限制。股东的退出难题会自然加剧易受损害性。

如前所述,在解决商事组织中的委托—代理问题时,合同进路是不完备的。在封闭公司的情形中,合同约定可能进一步复杂化。如果一方股东获得控制权,那么小股东面临谈判和经济实力的不平等,有可能受到毫无约束的侵害。[①] 首先,小股东必然会要求特定情形中的否决权,但这一小股东否决权也很可能形成扭曲的激励,造成小股东绑架控股股东现象。其次,处于相对弱势的股东一般还会要求退出权,在一定情形下要求公司回购或其他股东购买其股份;但控股股东可能并不愿意使用现金或市场价格购买,而是或压价购买或通过换股合并等方式将小股东挤出公司。如果各方的控制权几乎相当,那么破除僵局机制则就尤为必要。如果就上述问题无法达成一致、寻租行为得不到控制,各方将拒绝投入专用性资产。封闭公司治理的关键在于控股股东和小股东之间利益的平衡与协调,既要给予小股东一定程度的保护,又要防止过度保护致使小股东实际掌握大于其股份份额的权力。

赋予小股东向控股股东提起违反受信义务之诉的权利,正是通过超越当事人缔约的法院强制干预改变封闭公司中的力量分配格局。法院对控股股东受信义务范围的圈定,亦是圈定其干预封闭公司内部事务的范围。典型案例为美国马萨诸塞州法院在 1975 年审理的 Donahue v. Rodd Electrotype 案,法院认为封闭公司股东之间应负合伙人之间的受信义务,当控股股东获得以一定价格向公司出售股份的要约时,也应给予小股东相同价格的平等出售机会。[②] 然而,笔者认为这一判决的论理存在根本缺陷。将封闭公司视同合伙的观点在美国各州法院并不具有支配地位。[③] 理论上讲,通过封

① See J. A. C. Hetherington & Michael P. Dooley, Illiquidity and Exploitation: A Proposed Statutory Solution to the Remaining Close Corporation Problem, Viginia Law Review, Vol. 63, No. 1, 1977, pp. 1-76.

② Donahue v. Rodd Electrotype, 328 N. E. 2d 505 (1975)(U. S.).

③ Mary Siegel, Fiduciary Duty Myths in Close Corporate Law, Delaware Journal of Corporate Law, Vol. 29, No. 2, 2004, pp. 377-490.

闭公司与合伙的类比推理得出股东之间应负合伙人之间的受信义务，存在逻辑谬误，也完全建立在对封闭公司这种组织形式的错误理解上。

法院认为对封闭公司适用合伙规则的理由如下：(1) 基于封闭公司与合伙之间的重大相似性；(2) 基于与企业的规模与经营方式密切相关的股东间信任；(3) 基于封闭公司中小股东所面临的内在风险。诚然，封闭公司与合伙的形态相似性主要在于人合性，封闭公司成立的基础通常为公司股东互相之间的信任与依赖，股东不仅投入实物和货币资本，而且投入技术、劳动、经验等人力资本，并期待一定程度地亲自参与公司管理与决策；同时排斥陌生人加入。从股东结构上讲，封闭公司确实更接近合伙，有学者称封闭公司即为注册为公司的合伙。[①]

然而，封闭公司与合伙间质的不同使得法官的类比推理具有根本瑕疵。首先，股东与股东之间并非代理关系，并不具备合伙人互生受信义务的基础。普通合伙人之间应负受信义务，盖因每个合伙人都是合伙与其他合伙人的代理人，其行为对合伙具有约束力，而其他合伙人须以个人全部财产对该行为承担责任。但控股股东对小股东利益的支配与影响，是通过公司意思形成机制实现的。其次，合伙转变为公司，不仅仅是披上了有限责任的外衣，获取了法人资格，而且要接受公司法对公司治理机制的架构。合伙的默示规则是扁平的合伙人平等决策结构，公司的默示规则是股东会—董事会(执行董事)—经理人的等级决策机制。如图 2.1 所示，股东不得直接参与公司管理，控股股东对小股东利益的支配与影响，是通过公司意思形成机制实现的；对公司事务的安排，不再是通过股东协议进行，而是通过股东会决议、董事会决议的形式，上升为公司这一独立实体的意志。认为股东之间在一般情形下负有受信义务，无视了公司这一独立人格的存在。最后，公司是独立于其成员的实体，而合伙则不然。资产分割的后果是企业资产与管理者或投资者的个人财产相分离，投资者不得任意赎回或强迫清算企业。若封闭公司真的类同合伙，那么 Donahue 案中原告，即公司股东的遗孀，根本无权继承股份，按照美国合伙法的有关规定，合伙人死亡即为退伙。[②] 公司

① Larry E. Ribstein, the Uncorporation's Domain, Villanova Law Review, Vol. 55, Issue 1, 2010, pp. 125-146.

② American Revised Uniform Partnership Act (1997) § 601.

得以脱离于组成公司的人而长久存续，是为公司作为独立实体的特征之一，与合伙有别。

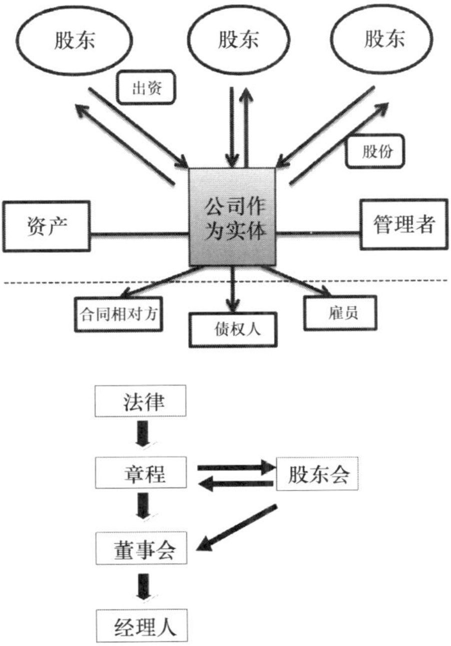

图 2.1 公司实体与治理决策等级①

更重要的是，控股股东对小股东与公司负有受信义务的观点，将产生一个必然的逻辑问题：受信规则要求受信人以实现受益人利益为目标行事，小股东利益与公司利益却并不必然一致。基于持股比例的不同，小股东利益与公司利益一致的可能性甚而要小于控股股东利益与公司利益一致的可能性。那么，当小股东利益与公司利益相冲突时，控股股东利益应何所从？有两种可能的进路可以解释法院的观点。其一，公司利益等于股东财产的加总，不损害小股东财产即不损害公司利益。换言之，不承认公司作为独立实体，有其独立利益。这是 19 世纪晚期公司加总理论（aggregate theory）的重现，认为公司是组成公司成员的联合，而非独立的实体，但该理论已经被证明是狭隘和落后的理论而被公司法实践与理论的发展推翻。其二，小股东

① 邓峰：《普通公司法》，中国人民大学出版社 2009 年版，第 126 页。

利益优先于公司利益，即任何促进公司利益的目的均不能通过减损小股东利益的方式实现，这也显然与公司法作为效率促进法而非弱者保护法的立法宗旨相违背。因而，无论哪种解释，都无法使法院的裁决周延。Donahue案的裁决，具有根本的逻辑谬误，其经典案例的地位，或许只是由于历史原因和语言精妙。[①]

控股股东与受信人之间也天然存在不对应性。控股股东的权力来源与董事不同，后者源于股东的选举，其地位近似于公司的代理人或受托人，但前者的权力直接来源于财产权，源于其支付对价方能获得的重大股份份额。控股股东对公司的控制，是行使其股权的自然结果。通过资本多数决这一基本原则，控股段东可以选举占董事会大多数席位的董事、继而决定公司的管理层从而控制公司经营管理，也可通过股东会表决对公司重要事项行使决定权。更直接实施控制的办法是，控股股东同时担任公司董事或经理人，此时，其自然为公司的受信人。但此外，公司法禁止任何股东超越公司程式直接管理公司，控股股东也并不必然因其控制权而对公司或其他股东负有受信义务。即便在控股股东负有受信义务的情形，其义务也有特殊性。在一般受信关系所有与控制相分离的构造下，受信人为他人利益行事，须以受益人利益最大化为目标，不得将自己置于与受益人利益相冲突的境地，若确实发生冲突，也须以受益人的利益为先。然而，控股股东就是所有者，要其在利益冲突时牺牲自身利益促进公司或小股东利益，于理不合。原则上讲，控股股东不因行使个人权利而负有受信义务，只有在行使公司管理权力时方有受信之说[②]，且该义务不要求其“舍己利人”，而只要求为共同利益行事，即促进公司利益、公平对待小股东利益。在司法裁判中，更为困难的问题是，当控股股东控制公司意思形成时，如何界分控股股东的利益与公司利

---

① Daniel S. Kleinberger, Donahue's Fils Aine: Reflections on Wilkes and the Legitimate Rights of Selfish Ownership, Western New England Law Review, Vol. 33, No. 2, 2011, pp. 405-432.

② 以股东身份和以董事身份作出决策是完全不同的，但应适用实质而非形式标准区分股东究竟以何身份行事。在以个人身份行事的情况之下，他完全可以按照自己的利益投票，而在以股东身份行事的情况之下，他的决策需要代表所有股东，并且不能利用其职位谋取私利。这种情况不仅仅出现在股东兼任公司的董事的情境之中，还出现在董事作为股东的代理人或者傀儡的情境之中，当控股股东告知董事应如何行事，它就接过了董事的受信义务。参见 Zahn v. Transamerica Corp, 162 F. 2d 36, (1946)(U. S.)。

益，如何界分控股股东行为与公司行为。

回顾美国法中近数十年的主要判例，笔者发现“封闭公司股东之间应负合伙人的受信义务”这一命题在实践中已被否定。马萨诸塞州与特拉华州曾经被认为形成判然有别的两派观点，前者以 Donahue 案为代表主张控股股东对公司和小股东负有类似普通合伙中合伙人的受信义务，后者则强调控股股东仅在使用公司权力等少数特定情形中负受信义务。但二者的区别渐渐弥合①，故而有学者认为，封闭公司中控股股东的受信义务已经死亡，其只在有意损害少数股东利益时承担侵权责任。②

引起争议的控股股东行为通常包括：(1) 利益冲突交易；(2) 不公平地分配利润；(3) 拒绝或解除小股东在公司中担任职务；(4) 选择性地对公司股份进行回购，或者以低价购买或回购小股东股份；(5) 通过实质变动挤出小股东。以上行为通常通过董事会决议实施，即控股股东通过担任或控制董事，而不得径以股东身份实行。行使股东个人权利的行为则包括出售控制权并获得溢价、行使股东投票权选举或罢免董事、决定公司基本事项等。

在特拉华州公司法中，控股股东处于交易另一方的交易被称为自我交易，为利益冲突交易的一种，特拉华州对自我交易的审查标准是完全公平原则，包括公平交易与公平价格。控股股东应如实披露与交易有关的全部关键信息，若被告控股股东或董事证明交易由独立并充分知悉信息的独立董事或者无利害股东多数表决通过，则须由原告股东证明交易的程序或价格不是内在公平的。值得一提的是特拉华州的董事独立性标准。若控股股东同时担任公司董事或高管，自当回避相关决策。但若董事同时是控股股东和在公司任职，或董事实际由控股股东选任的情形，标准商事公司法并不当然推定该董事在该交易中有个人利益而须回避表决。③ 特拉华州认为，董事对控股股东言听计从而失去独立判断、不进行独立调查，即为受控股股东“控制”，亦应排除于决策之外。相比不涉及控股股东的董事利益冲突交易，

① Donahue 案确立的、与 Meinhard v. Salmon 案一脉相承的平等机会规则实际追随者寥寥，甚至马萨诸塞州也在其后案例中放弃了该规则，适用至今的其实为 Donahue 案申明的股东之间应负有“最大善意”的原则，而后者只余宣示意义。

② 参见 Larence Mitchell, The Death of Fiduciary Duty in Close Corporations, University of Pennsylvania Law Review, Vol. 138, No. 6, 1990, pp. 1675-1732.

③ American Revised Model Business Corporation Act (MBCA)(2007), § 1.43.

法院对董事独立性标准审查更为严格，只因法院认识到董事通常很难独立于控股股东的意志行事。自我交易也不限于与公司签订协议的行为，既包括控股股东对小股东的股份要约收购再与公司简式合并(short-term merger)以挤出小股东，也包括不公平分配利润，如控股股东通过董事会任命自己为公司总裁、确定较低的股息支付政策、但利用实际利润与实际分配之间的差价获得高于市场价格的总裁薪酬。法院可以发布禁令、撤销未通过公平性审查的交易、命令控股股东将超出合理范围的薪酬归还公司或要求控股股东赔偿小股东遭受的损失。

小股东还可能受到的“不公平”待遇来源于被公司解聘。股东在公司中担任管理职务，并且作为其主要事业和重要收入来源，是封闭公司人合性的重要表现，解除小股东职务是大股东压榨的常用方式，也通常是挤出小股东的第一步。这可能涉及两个层面的问题。首当其冲的是法院可否对股东行使法定表决权罢免董事进行审查。对此，特拉华州认为股东行使表决权的行为不应受司法审查，但马萨诸塞州法院的观点相反。[①] 其次，法院将审查解除股东所担任公司职务的董事会决议，而非将其视为正常商业决策径行适用商业判断规则。Wilkes 案确立的“两步审查”标准，成为马萨诸塞州的普遍规则。被告须证明其解聘具有合法商业目的，若无法证明，则被告违反受信义务；若确有合法目的，则原告须证明实现其目的还有对少数股东造成更少伤害的办法。[②] 法院审查又糅合合理期待标准，须结合公司是否有股东在公司任职、以薪金代替股利的历史和惯例。[③]

特拉华州和马萨诸塞州分别回应了前文提出的，当控股股东控制公司意思形成时，如何界分控股股东的利益与公司利益、控股股东行为与公司行

---

① 例如，Leslie v. Boston Software Collaborative, Inc. et al., 14 Mass. L. Rep. 379 (2002)(U.S.)案，马萨诸塞州法院认为公司终止与持有公司 1/3 股份的少数股东的雇佣关系是合法的，但控股股东通过股东会选举的方式使小股东落选董事是不正当的，须将其重新选入董事会。不过法院适用 Donahue 案规则的主要原因在于股东原意为设立合伙，后注册为公司。

② Wilkes v. Springside Nursing Home, Inc., 353 N.E.2d 657 (1976)(U.S.).

③ 另外，合理期待标准的使用导致即便在股东行使个人权利的情形下也可能构成对受信义务的违反，在 Bodio v. Ellis 案中，马萨诸塞州法院认为原控股股东向公司外部人转让部分股份，旨在使其转让股份给两名小股东之一，改变公司股份分布的平衡状态，打破了小股东对股份平分的合理期待。

为的问题。特拉华州不愿代替公司进行利益考量，仅要求公司构造独立于控股股东的有权决策人区分控股股东利益与公司利益。[①] 马萨诸塞州法院则由法院对控股股东行为是否符合公司利益进行事后的实体判断，例如，在公司中控股股东和小股东已经形成僵局的情形下，法官认为三角并购使小股东现金出局符合公司利益，小股东无法证明其实际获得的每股对价少于控股股东，从而驳回小股东的诉求。[②]

控股股东对小股东负有一般的受信义务，只是美好的修辞，其义务的实质内容并不同于受信义务。事实上，马萨诸塞州继 Donahue 案 15 个月后产生的 Wilkes 案"正当目的＋最小伤害"两步审查标准，即意味着对股东之间受信义务立场的放弃——该标准的实质为控股股东没有必要与义务以实现和促进小股东利益作为目的，但在其行使权力时应避免对小股东利益造成不必要的损害。法院对控股股东义务的经典论述也可作为佐证："控股股东……对小股东和公司负有以公平、公正和衡平的方式行使其控制公司的能力。控股股东不得只为自身获利或对小股东有损的方式行使控制公司的权力。任何对公司或者其控制公司的权力的使用，都必须按比例地惠及所有股东，且不得与公司正常营业的适当行为相冲突。"[③]"在所有控制起关键作用的交易中，控股股东都负有对小股东善意和内在公平的义务。"[④]"公司董事可以善意决定什么对公司是最有利的，但须善意地与小股东相一致。"[⑤]其核心均为善意和公平——不得施加损害于小股东、利益应按比例地惠及所有股东。易言之，控股股东的义务介乎不伤害他人义务与履行允诺义务之间，但尚未达到私法中利他程度最高的受信义务。[⑥]

对小股东善意和公平交易(good faith and fair dealing)的义务并非受信义务。对善意的具体定义留待本书第四章具体展开。[⑦] 善意源于罗马法，即

---

① Singer v. Mangavox 380 A. 2d. 969 (1977)(U. S.); Weinberger v. UOP, Inc., 457 A. 2d 701 (1983)(U. S.);

② Horizon House-Microwave v. Bazzy, 486 N. E. 2d 70 (1985)(U. S.)。对对价平等的要求，说明此时马萨诸塞州仍未完全放弃控股股东与小股东平等对待的要求。

③ Horizon House-Microwave v. Bazzy, 486 N. E. 2d 70 (1985)(U. S.), at 109.

④ Jones v. H. F. Ahmanson & Co, 1 Cal. 3d 93(1969)(U. S.), at 112.

⑤ Comolli v. Comolli, 246 S. E. 2d. 278 (1978)(U. S.).

⑥ 具体参见本书第一章第二节有关分析。

⑦ 善意，在我国法上也翻译为"诚信"。

bona fides，成型于大陆法系，为合同订立和履行中的默示义务。[①] 在封闭公司的情境中，由于股东数量有限、退出受限，股东之间一般存在信任与信赖关系，善意义务意味着股东之间应该公平、诚实并公开地行事，股东应当忠实于共同建立公司的目的，不排除他方的合理期待。相较受信义务，善意标准是更为合理的，如果控股股东最终是为他人作嫁衣裳，为何要获取控制权？又为何要容忍小股东的存在？

英国法上乜并不存在股东间受信义务的概念。在行使公司权力的情形，英国法以影子董事（shadow director）来指称作出通常是董事应当作出的指示或者命令的人，董事受信义务得以适用。在行使股东权利的情形，则有不公平（unfair prejudice）和正当期待（legitimate expectation）规则保护小股东。[②]

美国法官使用受信义务来描述股东之间的善意与公平交易义务，在一定程度上反映了法官造法的恣意性。法官在使用类比推理技术扩张受信义务的适用范围时，并非按照既有概念与体系进行符合形式逻辑的推理，相反，是从结果反推手段，从救济反推规范。受信义务之诉具有程序便利性与救济多样性，通过控股股东对小股东负受信义务的构造，得以避免小股东起诉董事时须经的穷尽公司内部救济程序，衡平救济中禁令、归入、撤销交易等救济措施，也得以较低代价将小股东权利恢复至控股股东系争行为发生之前的状态。即便交易无法撤销，按行为未发生时的价格计算小股东股权价值，往往高于行使异议股东股权回购请求权所获的“公平价格”，小股东在受信义务之诉中能获取更高的退出补偿。

第三节 资合性企业中的受信关系

一、公开公司中董事的受信义务

公司这一组织形式的蓬勃发展，得益于工业革命。运河开发、铁路建设

① 参见梁慧星：《诚实信用原则与漏洞补充》，载《法学研究》1994 年第 2 期。

② United Kingdom Company Law，§ 210，§ 944.

以及后来的化工、钢铁、通讯产业的发展，以较少的资本集合大规模生产的需要促使特权色彩浓重的公司蜕变为了商业公司。[①] 公司的出现打断了商事组织从合伙到有限合伙、合股公司的连续发展态势。[②] 相比普通合伙、有限合伙等组织形式，公司制具有许多优势，如有限责任、永久存续、集中管理等。但集中决策和控制带来的代理问题也是公司制必须克服的问题。

现代公司法的一个原则是，公司的权力应由董事会行使或者在董事会的授权下行使。[③] 17 世纪英国的规制公司与合股公司均采用了董事会治理的方式[④]，并延续到今日。无论是慈善社团(charitable corporation)还是以贸易为主业的合股公司，委员会(董事会)均被认为是受托人。[⑤] 在商事公司得以自由设立之前，非特许设立的合股公司就是信托与合伙的混合体。英国法认为公司董事是公司财产的受托人，又是以公司名义从事的交易的代理人。[⑥] "法律将信托法受托人义务类比适用于公司董事，信托法的一个分支变成了法人法的增补部分。"[⑦]这种认知也延伸到北美殖民地，在美国早期公司法中，董事也被视为公司的受托人。[⑧]

早期，受托人义务几乎是无差别地适用于公司董事。19 世纪中期英国衡平法院在有关合股公司的一个判例中宣称，董事负有促进公司利益的义务，不得从事任何事实持有或者可能持有个人利益或者可能与他有义务保护的利益相冲突的行为。公司有权撤销任何董事从事的任何利益冲突交易。[⑨] 公司董事作为受托人的严苛义务与 1844 年英国《股份公司法》颁布以

---

① See Margaret M. Blair, Locking in Capital: What Corporate Law Achieved for Business Organizers in the Nineteenth Century, UCLA Law Review, Vol. 51, No. 2, 2003, pp. 387-456.

② Larry E. Ribstein, the Rise of Unincorporation, Oxford University Press, 2009, p. 36.

③ 8 Del. C. (2015) § 141 (a) and MBCA(2007) § 8.01(b).

④ See Franklin A. Gevurtz, The Historical and Political Origins of the Corporate Board of Directors, Hofstra Law Review, Vol. 33, No. 1, 2004, pp. 89-174.

⑤ Charitable Corporation v. Sutton, 2 Atk. 400 (1742)(Eng); Aberdeen Rail Co v Blaikie Brothers, 1 Macq 461 (1854)(Eng).

⑥ Great Eastern Railway Co v. Turner, LR 8 Ch App 149(1872)(Eng), at 152.

⑦ 〔英〕梅特兰:《国家、信托与法人》,樊安译,北京大学出版社 2008 年版,第 67 页。

⑧ Franklin A. Gevurtz, The Historical and Political Origins of the Corporate Board of Directors, Hofstra Law Review, Vol. 33, No. 1, 2004, p. 108.

⑨ Aberdeen Rail Co v Blaikie Brothers, 1 Macq 461 (1854)(Eng).

前，大量合股公司实际通过信托方式设立有关，与司法界和学界早期对公司的理解有关，也与19世纪整个社会公众对现代公司之风险、公司董事之角色的看法密切相关。Formoy在描述19世纪英国合股公司因设立不善而产生管理不善问题时引用特别委员会报告中的一段话："虽然目标是好的，但过错却常常在于董事自身。他们经常冷漠又粗心，把任务分给下属去做。而股东常常是冲着董事之名声来买股票。如此这般，一批人依赖另一批人，安全性就更加低了。"[①]合股公司的股票并不是"安全"的投资，法院对董事受信义务的强调也不是孤立的。在公司发展的早期，英国与美国均采用司法与行政的双重手段对股东加以保护，保障其参与权、部分决策权、对增资的专有权等。[②] 但随着公司章程契约自由的倡导与政府对公司章程干预的放松，极为广泛的权力被集中在董事会手中。董事会的权力被视为自始的和完整的(original and undelegated)[③]，对股东参与权的保障不断弱化至无，如伯利与米恩斯所观察到的那样，公司制度形成了几乎没有所有权的财富控制权和几乎没有控制权的财富所有权。[④]

董事在事实类型上类似于公司财产的受托人，但其义务内容与信托受托人的受信义务仍有实质不同。公司既是财产的集合，亦是人的集合，作为法律上独立的主体，其有独立人格和独立利益。对董事有无违反受信义务的判断，涉及对公司独立利益而非受益人集体利益的界定，此其一。股东作为公司的剩余索取权人，享有重大决策、选任董事等管理性权利，公司内部的权力分配是连续而非断裂的，与信托受益人仅享有财产上的权利不同，因此，董事受信义务必然在公司分权制衡体系的基本架构下呈现出不同样貌，此其二。公司是一个合同连接体，债权人是公司的资本提供者，对公司财产享有优先请求权。董事要面临并善加处理股东与债权人之间的矛盾，但信托之中很少发生优先请求权与剩余索取权的冲突，受托人至多负有平等对

---

① 特别委员会合股公司之报告(1844年)，第3页。转引自〔英〕罗纳德·拉尔夫·费尔摩里：《现代公司法之历史渊源》，虞政平译，法律出版社2007年版，第65页。

② Adolf A. Berle and Gardiner C. Means, The Modern Corporation and Private Property, Macmillan Company, 1933, p. 126.

③ David Millon, Theories of the Corporation, Duke Law Journal, Vol. 1990, No. 2, 1990, pp. 201-262.

④ Adolf A. Berle and Gardiner C. Means, The Modern Corporation and Private Property, Macmillan Company, 1933, p. 66.

待受益人(享有同等请求权)之义务。当公司的公共性增强时,董事的受信义务也要随之公共化,此其三。所以,董事在公司法的教义构造上依然处于类似受托人的地位,而在社会现实中,其可能扮演更多的是管理层的监督者、系统的维护者的角色。

有观点认为,董事的受信义务应当强于受托人的受信义务,但数值或程度上的比较存在片面化的风险。一方面,董事与公司的管理层类似于信托的不受约束的管理者,且该信托具有永久存续的特权。约束董事与管理层行为的法律规定,是公司股东真正拥有的、唯一可执行的保护措施。另一方面,公开公司中股东享有"用脚投票"的权利,公司控制权市场与职业经理人市场能对公司的董事与管理层形成直接有效的激励与约束。因此,董事受信义务的具体展开,也取决于一国的司法体制。当然,这是本书无法涵盖的另一个重要的命题了。

我们可以观察到美国公司法中董事受信义务规则,与其源头英国信托法中受托人义务已有显著差异。主要差异有二:其一,受信义务标准日益明晰化,忠实义务与注意义务的审查重点均转向决策程序,公平的决策和交易程序可以净化利益冲突,将利益冲突交易转变为臂距交易,从而不再对交易进行实质审查;其二,行为标准与责任标准逐渐分离,董事几乎不承担注意义务。

违反忠实义务最可能发生在利益冲突交易与掠夺公司机会两种情形。[①] 利益冲突包括两类,第一类是直接的利益冲突,即董事与公司的交易;第二类是间接的利益冲突,即董事在交易的对方中享有财务、职位等方面可能妨碍董事客观中立判断的利益或影响。[②] 美国《标准商事公司法》对利益冲突交易作了明文规定[③],但对未采纳该法的各州,法院首要判断一般理性人会否合理地期待交易中涉及的利益将影响董事的判断,如有影响可能,则构成利益冲突交易。美国的州法院将审查交易的公平性,包括实质公平和程序公平两个要素。程序公平要求交易须经与交易和交易各方无利害关系的、

---

① 在董事应对敌意收购等公司控制权争夺时,董事会采取的防御措施也可能涉及忠实义务的违反。不过,我国法采股东会中心主义,董事会独立决策以应对控制权斗争的空间很小,因而本书不再展开讨论。

② Franklin A. Gevurtz, Corporation Law, 2nd ed., West Group, 2010, p. 371.

③ Revised Model Business Corporation Act (2007), § 1.43.

独立的有权决策人在充分知悉有关信息的基础上作出独立判断。[①] 在特拉华州法院，如果交易符合程序公平的要求[②]，将产生净化利益冲突的作用，法院的审查标准从公平标准转为商业判断规则。当然，即便程序公平，若股东能够证明交易对价存在不公平、董事有重大过失等情形，董事仍应承担责任；即便程序不公平，若董事能证明交易对价不存在不公平的情形，董事也无违反忠实义务的责任。在对董事独立性持怀疑态度的其他州法院，遵守程式并不改变审查标准，而只是改变举证责任的分布而已。

掠夺公司机会与利益冲突交易的区别在于，董事与公司处于竞争而非交易关系。对此，美国公司法有两种不同的规制路径。其一是特拉华州进路，即综合考察被告董事如何获得机会、公司是否可能利用机会、被告董事与公司的关系等相关因素，判断系争的商业机会与公司、商业机会与董事之间的关系更为相近，从而判断机会是否属于公司、董事利用该机会是否正当。换言之，董事并无事前的报告义务，是否违反忠实义务取决于法院的事后审查。美国《标准商事公司法》的进路更为直截了当，明确规定了掠夺公司机会的构成要素，若董事未向公司披露即利用，则违反受信义务。

与美国法不同，英国公司法依然恪守信托法的传统。2006 年英国《公司法》修订，将董事受信义务提炼为成文规则。对利益冲突交易，按照信托中受益人同意的方式，经董事充分披露、公司股东会同意或董事会同意后，可免除董事的违信责任。换言之，对董事机会主义行为的事前控制依靠将特定关联交易交由公司股东会决定来实现；事后审查则主要视其是否取得有权决策者的同意，如未取得同意，价格公平并不足以免除董事的责任，法院也不介入对交易公平性的审查。英美两国在董事忠实义务进化过程中的"渐行渐远"，与两国公司法对公司本质的不同认识相关，也反映了美国法院对严格无冲突规则在认识上的更新：对公司而言，利益冲突交易难以避免，

---

① Weinberger v. UOP, 457 A. 2d 701(1983)(U. S.).

② 视交易性质不同而有所差异，例如，对控股股东一步式私有化交易，如交易经董事会的特别委员会和无关联股东中的多数分别通过，且符合以下条件，则法院将以商业判断规则审查董事会之决策：(1) 特别委员会的董事均独立；(2) 充分知悉交易的有关信息、履行了注意义务；(3) 得到董事会的充分授权得以自由选择交易顾问；(4) 享有交易的最终决定权；(5) 股东会决议不存在欺诈胁迫的情形。See Kahn v. M&F Worldwide Corp., 88 A. 3d 635 (Del. 2014).

也未必均可能损害公司利益，董事禁止利益冲突之义务，不若转变为管理利益冲突之义务。

董事受信义务中行为标准与责任标准的截然分层，集中体现于注意义务中。如前所述，信托法并未规定宽泛的、为受益人最佳利益行事的义务。对不取酬的受托人，英国衡平法只在严重的疏忽或失职时要求其承担赔偿责任。但侵权法延伸进入受信法后，受信义务人被要求以合理的注意、能力和勤勉来履行职责。美国《标准商事公司法》确定的董事行为标准为“善意地、以该董事合理相信的、为公司最佳利益的方式行事”，“获得信息，如同处于相似位置的人在相似情形下会合理相信是妥善的方式来履行职责”。[①] 英国公司法要求董事“采取合理的注意、能力和勤勉”[②]。但在司法实践中，法院面临的真实问题，不是董事应当为企业尽多大努力，而是是否因董事不够努力使企业遭受了损失以及此时的董事个人责任认定。[③] 前者为行为标准，仅有倡导和教育功能，后者是责任标准，须在鼓励董事积极冒险和阻吓偷懒行为中取得平衡。英国法采取的是直接的主客观相结合的责任标准，美国法采取的是反向的商业判断规则路径，即若股东无法证明董事存在对个人利益的考量、并非出于善意、并未知悉决策所需信息，法院拒绝对董事会的商业决策进行审查。从字面上看，商业判断规则构成忠实义务和注意义务的补集，是董事义务的同义反复。实践中，商业判断规则是可推翻的假设，股东挑战董事会决策时需承担举证责任推翻这一假设，若无法推翻，则承担起诉被驳回的后果。虽有商业判断规则，但由于其适用前提是董事须善意地、在充分知悉相关信息的基础上作出决策，因而董事仍有可能为重大过失行为承担责任[④]，但美国各州通过立法进一步免除了董事重大过失时的责任[⑤]。将法院对董事会商业决策的审查限制到更为狭小的空间，使得股东质

---

① American Revised Model Business Corporation Act (2007), § 8.30.

② United Kingdom Company Law § 174.

③ Larry E. Ribstein, the Rise of Unincorporation, Oxford University Press, 2009, p. 166.

④ Smith v. Van Gorkom, 488 A. 2d 858 (1985)(U.S.).

⑤ 无论是美国《标准商事公司法》还是《特拉华州公司法》(DGCL)均允许公司章程免除董事违反注意义务的金钱责任。参见 Revised Model Business Corporation Act (2007), § 8.31(a);DGCL, § 102(b)(7).

疑合法且无利害冲突的董事会决策的武器只剩下违反善意。[①]

从文义上看，善意似乎代表董事的主观动机，但美国法院几乎从不介入主观动机领域。对无利益冲突交易，法院假设董事的动机是出于为公司最佳利益考虑；对利益冲突交易，法院其实也只关注客观程序是否得到遵循、客观对价是否合理。特拉华州法院通过对善意的扩张解释，突破了其公司法第 102(b)(7)款对董事责任的控制。在董事会未经充分审议即聘请公司总裁、又因疏忽使其获得天价离职金的 Disney 案中，法院主张“对义务有意地放弃、对个人责任明知地忽视”构成欠缺善意[②]；在董事不作为的案例中，法院确立了“持续或者系统的失于督导”这一标准来衡量董事是否欠缺善意。[③] 善意反映了董事行为的最低底线，董事的行为标准是采取合理的注意、能力和勤勉为公司最佳利益行事，包含了主观动机与客观努力，但责任标准却是有意地、明知地忽略自身职责。这一脱离了主观动机色彩的善意标准，构成了忠实义务与注意义务的共同底线，将对注意义务的违反，转换成了对忠实义务的违反，从而跳出董事免责条款的限制。关于这一点，本书第四章第三节将会进一步阐述。

二、大型有限合伙与公开公司受信规则的异同

2007 年美国 Blackstone(黑石)集团在纽交所上市，成为一家公开上市的大型有限合伙制私募基金，引发了众多学者的关注。20 世纪 80 年代起大型有限合伙企业的公开招股和在世界顶尖交易所中公开交易的事实，打破了商事组织法中合伙与公司传统界限，使得商事组织形式的混合化程度进一步加深。[④] 公开上市有限合伙的投资者，又称普通单位持有人(common unit holders)，对合伙治理没有任何投票权、不得干涉上市实体的任何运营和人事，仅享有收益权。

---

① 美国《特拉华州公司法》第 102(b)(7)条规定，不得豁免的情形包括：(1) 违反忠实义务；(2) 非出于善意的行为；(3) 有意的不当行为；(4) 明知违法；(5) 超过法律限制派发股利；(6) 董事从中获取不当个人利益的交易。MBCA 的规定与之相似，并将 Caremark 规则正式规定为不得豁免的情形，参见 Revised Model Business Corporation Act (2007) § 8.31(a)。

② In re Walt Disney Co. Derivative Litigation, 906 A. 2d 27(2006).

③ In Re Caremark, 698 A. 2d 959 (1996)(U. S.).

④ 参见李清池：《商事组织的法律结构》，法律出版社 2008 年版，第 182 页。

大型有限合伙与公开公司一样，均为“多数人提供资本、少数人集中控制的形式”[①]，所有权和控制权的分离程度并无实质不同，甚至在黑石等公开上市有限合伙私募基金中，比公开公司有过之而无不及。但在大型有限合伙中，普通合伙人的受信义务标准却与公开公司中董事的受信义务标准判然有别。以激进的美国特拉华州为例，为何大型有限合伙可以完全免除普通合伙人的受信义务，但公开公司董事的受信义务，至少忠实义务与善意义务是不可免除的呢？

笔者认为，受信义务在普通合伙、有限合伙与有限责任公司中的弱化和在公开公司中的强化，与不同企业形式中资本锁定和资产专用性程度密切相关。非公司企业的共同特征在于投资人拥有强制分配、退出清算和解散企业的权利。企业家或者管理人无法依赖于长期固定的股权资本，必须面对重复进入市场募资的压力；投资者的这一权利也减少了管理人对企业流动资金和固定资产的掌控。因而，即便存在集中管理（如大型有限合伙），管理人的自由裁量空间也受到投资者监督的有效限制，管理人很难自主决定将盈余资金投入新的项目或者进行长期规划。更重要的是，由于存在存续期限有限、强制分配条款和不定期被清算的风险，非公司企业投入强专用性资产的成本较高，因为一旦有一个投资者赎回，专用性资产的价值即遭破坏；同理，由于不存在资本锁定，有钱就分，非公司企业也很难扩张规模。工业革命后公司制的崛起就是非公司企业这一缺陷的力证。因此，非公司制更适宜于较为成熟的、以低增长率稳定增长的企业，财务目标及达到相应目标的时间范围简单明确，管理人的自主空间也因此较为狭窄，典型的例子如对冲基金、律师事务所等，合伙人业绩考量有清晰客观的标准，对关联人交易等危害较大的行为也有法律规制或行业规范强制禁止。正基于此，此类企业对受信义务这一治理机制的依赖性不会很高。另外，受信义务的救济必须通过诉讼实现，小企业的所有者并不倾向于寻求这种高成本的纠纷解决机制。对大型合伙企业来说，他们或者处于客户导向的服务行业，以律师事务所、会计师事务所为例，核心资产是专有性很强的人力资本，合伙人“合则来、不合则去”；或者以共同基金、私募股权基金为代表，缺乏诉讼解决纠

① Adolf A. Berle and Gardiner C. Means, The Modern Corporation and Private Property, Macmillan Company, 1933, p. 119.

纷的惯例。[①]

但相反，受信义务对公司制企业几乎是不可或缺的。根据商事组织形式发展的历史研究，“资产分割”功能是促成公司形式兴起的关键因素。[②] 企业资产与管理者或投资者的个人财产相分离，投资者不得任意赎回或强迫清算企业，企业也不因投资者破产或死亡而终结，是公司区别于非公司企业的显著特征。[③] 因而，公司制能够回应需要高专用性投资的经济生产的需求。但反过来，这也造成了公司制企业在治理上的特殊性。根据团队生产理论，如果团队中偷懒与寻租行为得不到有效控制，那么没有成员愿意投入专用性资源，而使其得到控制的最好办法，是引入具有更高等级的外部人，不仅作为监督者、中央决策人，而且作为纠纷的协调和裁决者，控制企业专用性的资产输入与输出。Blair 和 Stout 称之为协调性决策者（mediating hierarchy），在公开公司中，这一决策中心即为董事会。股东、债权人、雇员等团队成员自愿将控制权交予中立的、非团队成员的决策者，来解决团队生产中内生的合同问题[④]，也就形成了决策者巨大的自由裁量空间——包括在公司长期利益与短期利益之间的平衡、在公司各利益群体之间的平衡。这一自由裁量权是有益于公司长期发展的，也得到司法实践保护，商业判断规则实质即为防止团队中的成员，主要是股东，以诉讼作为策略行为从团队中榨取租值。[⑤] 作为剩余索取权人，股东对这一中心决策者的约束机制极少，必须依赖受信义务促使其为股东利益行事。[⑥] 与之相比，非公司企业中，无

---

① 参见李科珍：《风险投资有限合伙中普通合伙人行为约束研究》，北京大学 2012 年博士学位论文，第 71 页。

② 参见李清池：《商事组织的法律构造——经济功能的分析》，载《中国社会科学》2006 年第 4 期。

③ Lynn A. Stout, On The Nature of Corporations, University of Illinois Law Review, Vol. 2005, No. 1, 2005, pp. 253-263.

④ 参见 Margaret M. Blair, Lynn A. Stout, A Team Production Theory of Corporate Law, Virginia Law Review, Vol. 85, No. 2, 1999, pp. 247-328.

⑤ Ibid.

⑥ 有关公开公司中受信义务应当指向谁的问题，因为所涉及理论与论文论述重点较为偏离，本书不作详细讨论。本书仅采取主流学说，即董事及经理人员应当为公司利益最大化行事，在公司资产大于负债时，公司作为实体的利益与股东作为整体的利益是相融合的。有关这一问题的具体讨论，参见沈晖：《公司利益的法律解释》，北京大学 2013 年博士学位论文，第 32—61 页。

论是私募股权基金还是律师事务所，其投入企业的资产价值一般都易于核实、替代性强、方便流转，在资产专用性程度低的情况下，管理人自主权空间不大、业绩表现很容易被观测，合约机制足以实现抑制机会主义行为。人们关注企业的产出，而非企业的决策程序——除非所有者非常密切地参与经营管理，前者总会比后者直白可靠。所以 Ribstein 教授总结道，合伙形式本身比公司形式的代理成本要低。[①] 应该说，对公司程式的控制和对事后受信义务审查的依赖，恰恰反映了股东相比合伙人的无能为力。在公开公司中，公司法所能提供的机制里，或许没有比受信义务加派生诉讼更直接有效的途径了。

小结：商事组织受信义务标准的流变与演化

在普通商事交易中，参与双方的利益是对抗性的，受信义务作为一种利他性义务根本上不能获得普遍适用。只有在特定法律关系中，法律才会要求一方当事人将他人利益作为自己的目的，自身利益反而退居其次。在市场替代机制的商事组织中，人与人的关系除了对抗与算计外，更重要的是合作与信赖。如前所述，受信义务是组织之所以成为组织，合作之所以在自利的基础上成为可能，信任之所以制度化产生的必要条件[②]，是降低代理成本的善器。但同时，受信义务又以其不确定的面目阻吓了谋求内在稳定性和统一性的法律体系的学习企图。受信义务是“安全阀”条款，是商事组织法填补漏洞的系统性工具，它可以实现商事组织法降低交易成本的立法目的。但填补漏洞的前提是，受信义务规则本身是界限分明的。本章的目的在于通过纵向和横向的对比，展示商事组织中受信义务的变迁和不同商事组织中受信人行为与责任标准的异同，揭开受信义务多变外表下的固有逻辑。

受信义务的源头可以追溯到三千年前[③]，但真正成型是在 18 世纪。之

---

① Larry E. Ribstein, Partnership Governance of Large Firms, University of Chicago Law Review, Vol. 76, No. 1, 2009, pp. 289-310.

② 参见邓峰：《普通公司法》，中国人民大学出版社 2009 年版，第 443 页。

③ See Tamar Frankel, Fiduciary Law, California Law Review, Vol. 71, No. 3, 1983, pp. 795-836.

后，工业革命促发了经济规制的现代化，包括大量的商事组织立法应运而生。工业革命以前，国际贸易确实剧烈上升，但是直到 18 世纪蒸汽机发现之前，贸易一直沿袭着中世纪重商主义的特征。工业革命催生了对更为复杂的商事组织的需求，所以我们在 18 世纪发现许多带有鲜明现代特征的法律的崛起，如合伙法、公司法。工业革命引发法律重新审视所有在信用制造与合营生产里发展起来的复杂关系。[①] 法律须回应社会现实的需要，反过来讲，法律也是缓慢演变的社会习惯（social norms）的结晶。一个正义的法律，是关系模式中所固有的，法院的作用并非是演绎的，而是归纳的，是对既存者进行观察与记录。[②] 受信义务的变化适应并反映了社会经济的现代化、复杂化与专业化。具体来讲，其变化主要有如下三个特征。

其一，放弃了“专一利益”原则，不再严苛要求受信人“舍己利人”。自信托法始，受信人即被要求“仅”为委托人利益服务，如“能力丧失规则”所规定的，任何利益冲突交易都自始为可撤销交易，甚至在实现受益人利益时顺带促进个人利益，并未给受益人利益带来损害也不可。进入 20 世纪后，无论在信托、代理还是在合伙、公司，完全否定自我利益转变为一定程度上允许自我利益。以美国代理法为例，1958 年《第二次代理法重述》第 387 条规定，“除非特别约定，代理人在和其代理行为有关的所有场合，都负有仅仅为被代理人利益而实施法律行为的义务”，而 2006 年《第三次代理法重述》对代理人受信义务的概括表述则修改为：“代理人负有在代理关系相关的事项中忠实为被代理人利益行事的受信义务。”不仅去掉了“专一利益”的要求，连“最佳利益”都不复存在。

其二，降低了注意义务标准，从“一般过失”降为“重大过失”。虽然对注意义务是否属于受信义务仍有争论，但英国信托法忠实义务的要求中本就包含了合理注意的要求，故意违约包括受托人违背正常的谨慎行事。[③] 美国

① Theodore F. T. Plucknett, A Concise History of the Common Law, 2nd ed., Lawyers Cooperative Pub. Co, 1936, p. 67.

② Robert E. Scott, The Uniformity Norm in Commercial Law: A Comparative Analysis of Common Law and Code Methodologies, in Kraus and Walt ed., The Jurisprudential Foundations of Corporate and Commercial Law, Cambridge University Press, 2000, p. 163.

③ In Re Chapman 2 Ch. 763 (1896)(CA), p. 776.

代理法对代理人的注意义务也规定了一般过失标准。[1] 但几乎在商业公司大规模兴起之时，英国法院便认识到董事注意义务的要求须反映商业经营的投机性和风险性，不能因董事未通盘考虑所有因素、有所遗漏而追责。董事的责任须产生于更严重的过失中，即在商业概念里具有可谴责性或者恶劣性。[2] 20 世纪后，重大过失标准在美国的商事组织立法中先后得到确认，如 1997 年修订的《统一合伙法》(RUPA)，而《标准商事公司法》和《特拉华州公司法》甚至将注意义务降低到"非出于善意"标准。英国公司法中虽然形式上依然坚持董事应具备一个合理勤勉的理性人所应具备的注意、技能和勤勉，但在裁判中很少追究决策责任，尤其在有证据表明董事系善意、合理地行事时。

其三，对利益冲突交易的立场从一概禁止变为有条件允许。在早期有关受信义务的判决中，法院非常重视受信义务裁判的预防与威慑作用。Hershell 大法官在 Bray v. Ford 案中宣称："任何受信人不得从受信地位中营利和受信人不得将自身置于职责与利益相冲突的情形，是衡平法中不可变通的原则。"[3]可见，衡平法院并不区分典型的受信关系与其他与信托相类比的商业关系，而一律适用不营利、不冲突规则，毫无转圜余地。在 1854 年的一个案例中，A 为一个合伙的合伙人，该合伙向 A 担任董事的公司出售货物，法官认为 A 将自己置于与其应保护的利益产生或者可能产生冲突的位置，当然构成对忠实义务的违反。[4] 衡平法院拒绝对货物出售的价格是否公平合理、程序是否透明、是否经无利害关系人决策等进行审查，认为"更好的方法是直接击倒所有不忠实行为，而非默许受托人同时代表两个利益，再

---

① American Restatement of the Law (Second) of Agency (1958) 规定："除非另有约定，有酬代理人负有以其所从事行为所需一般的注意与技能，以及施以其所有的任何其他特别技能为被代理人行事的义务。" American Restatement of the Law (Third) of Agency(2006) 中也有相似规定。

② Overend & Gurney Co. v. Gibb, LR 5 HL 480 (1872)(Eng)。在美国同期的案例中，仍有要求公司董事应当对公司事务投入一个正常谨慎的人所投诸自身事务应有的注意(attention)，如 Geo T. Vance v. Phoneix Insurance Company et al., 72 Tenn. 385(1880)(U.S.)。

③ Bray v. Ford, AC 44 (1896)(Eng), p. 51.

④ Aberdeen Railway Co. v. Blaikie Bros, 1 Macq 461(1854)(Eng), p. 471。转引自 Len S. Sealy, Cases and Materials in Company Law, Cambridge University Press, 1971, pp. 361-372.

试图挨个区分受托人的有害或无害行为"①。在美国，直到 20 世纪初，任何股东提起反对也导致公司董事从事的任何利益冲突交易无效。② 但如前所述，法院逐渐认识到利益冲突交易并非一概对委托人或受益人有害，而选择适用事前特别豁免与公平测试逐个区分；立法者也确立了"安全港"条款允许组织自身通过对利益冲突交易的程序控制改变法院的实质审查标准，并允许某些商事组织中投资者与管理人达成概括性豁免利益冲突交易的默契。③

从横向来看，不同商事组织之中受信人的义务内容也有不同。从独营到合伙再到公司，大略看来，商事组织的演化过程是一个连续的渐进发展过程，财产所有与控制分离的程度也不断增加。典型意义的合伙与公开公司处在光谱的两端，前者是纯粹的所有者管理，后者是纯粹的所有者不管理，前者是分散决策，后者是集中决策，而从合伙到公开公司的发展路径，是决策不断集中，管理者与最终控制权不断从所有者(股东)中独立和转移的过程。同时，在合伙与公开公司之间，还存在许多中间形态的过渡形式，它们兼具公司与合伙的双重特征，如有限合伙、有限责任公司与封闭的股份公司。总的来说，合伙企业中的受信义务弹性强于公司企业。

合伙企业对受信义务的依赖性要小于公司企业。受信义务是引入独立第三方对受信人行为进行事后审查的司法干预机制，其成本不仅包括诉讼成本，还包括法院裁判不确定性带来的交易成本。故受信义务机制的成本并不必然小于当事人重新谈判或使用可替代条款签约的成本，受信义务的弹性取决于可替代机制的多少与成本大小。合伙企业首先有别于公司之处就在于利益共同性。虽然公司董事也有股票期权，但基于其设计董事只享有正面收益，不承担负面风险。④ 其次，合伙人的利润分配权和退出权得以

---

① George Gleason Bogert & George Taylor Bogert, The Law of Trusts and Trustees, West Group, 1993, p. 543.

② Globe Woolen Co. v. Utica Gas & Electric Co. 170 A. D. 940 (1915)(U. S.).

③ 当然，在信托中，除非信托协议有约定或受益人事先同意，自我交易依然受到严格禁止，受托人是否以善意行事、对价是否公平在所不问。美国《统一信托法》规定："任何涉及信托财产投资与管理、由受托人为自身达成或者以其他方式被受托人的受信与个人利益之间的冲突所影响的交易，除非信托协议有约定、法院或受益人同意，或者受益人在法定期间未提起司法程序，受益人有权撤销。"American Uniform Trust Code (2010), § 802(b).

④ Lucian Bebchuk and Jesse Fried, Pay without Performance, Harvard University Press, 2004, p. 7.

减少公司留存资金、限制经理人对企业资产的控制权。法律保障合伙人的分配权[①],但在董事会中心主义构造下,是否分配利润的权力集中在董事会手中。公开公司不得通过自行制定章程来排除董事会的控制权,对董事会分配利润的具体决策,法院的判断标准是商业判断规则,即除非股东证明有利益冲突的存在,法官一般会尽量避免对董事会的决策作二次审查。再次,合伙人可以使用其他机制约束其他合伙人的行为。普通合伙中合伙人具有平等的决策和管理权,有限合伙人虽不参与公司经营管理,但可以协商确立限制普通合伙人行为的具体条款。合伙本质上具有契约性,但公司却具有法定性,从根本上讲,公开公司的章程是"伪合同",因为人数众多的关系,公开公司的股东不可能达成真正经协商的合意,而只能选择法律提供的系列条款。非公司企业的优势是,他们依赖客观标准来衡量管理层的表现,特别是市场对企业产出的评价,避免了董事会这一决策机制,保持高度的灵活性来不断调整和修正治理结构。从功能主义的视角看,在存在物美价廉的替代机制的情况下,受信义务这一司法事后干预机制,弱化势不可免。

除了受信义务的弹性外,公司董事的忠实义务也要高于合伙人。[②] Blair & Stout 认为,公司董事若从商业决策中获取个人利益,则其决策将失去商业判断规则的保护,须受到法院对交易公平性的实质审查。但在合伙中,合伙人作出同时有利于己的商业决策时,并不必然接受司法审查。简言之,董事有"不自私"义务,但合伙人并没有。在注意义务维度上,非公司企业所适用标准也低于公司。在 Wood v. Baum 案中,股东主张这家公开发行的有限责任公司的经理人违反了受信义务,因为他们"怠于建立、管理和维持充分的审计和报告控制、惯例与程序",结果导致"大量的财务报表调整、一项美国证券交易委员会(SEC)发起的调查,也失去了向金融市场融资的重要机会(由于未达到纽交所的申报要求而被迫退市——笔者注)"[③]。股东的诉求近似于经典的 Caremark 案,即管理层怠于在公司设立适当的管控

① See RULPA, § 601。有限合伙人有权在合伙解散或撤回投资前按照合伙协议的约定获得利润分配。

② Margaret M. Blair & Lynn A. Stout, Director Accountability and the Mediating Role of the Corporate Board, Washington University Law Quarterly, Vol. 79, No. 2, 2001, pp. 403-448.

③ Wood v. Baum, 953 A. 2d 136 (2008)(U. S.).

体系，未尽到监督义务，并造成公司的实际损失。但由于该有限责任公司的运营协议中规定了经理人只对欺诈、非法或者恶意违反善意与公平交易的合同义务的行为承担个人责任，法院认为原告无法证明被告实际知道或者应当知道其行为构成违法，因此驳回原告的请求。换言之，由于运营协议豁免了经理人的督导义务，经理人眼睁睁看着内部控制系统的失败也可置之不理。但在公司法中，这一行为很可能被认为是放任地疏忽职责而须承担责任。

虽然商事组织立法不断压缩受信义务的空间①，允许当事人约定豁免曾一度法定的受信义务，但受信义务始终有着极强的生命力。受信义务的开放性与不确定性产生了其扩张性，也产生了其对管理人行为的事前威慑，当人们很难判断某一行为是否违反受信义务时，谨慎会迫使人们回避可能的雷区。受信义务的内核是强制性的，其底线在于受信人的善意义务。即便委托人充分知悉的同意也无法免除受信人必须以善意和公平行事的要求。②

英国法中受信义务的强制性内核，是不得免除受托人在欺诈、故意违反义务和重大过失时的责任。③ 由合同产生的受信关系中，不得免除受信人欺诈或违法行为的责任。但此处的欺诈是指衡平法上的欺诈，其范围包括衡平法所定义的显失公平行为，即利用一方的弱点或者需要达成的交易。美国法中，具有契约本质的受信关系，如代理、合伙等，本身有合同中的善意义务作为底线；在法定的受信关系中，如信托中和公司与董事之间，忠实义务是不可能完全免除的，善意正是忠实义务的核心。加拿大法院也认为，善意是信托受托人不可减损之义务的核心。④

---

① 本书暂不考虑在美国联邦制背景下，各州为了吸引更多的企业而进行"朝底竞争"的因素，虽然从19世纪末以降，各州为了吸引发起人、控股者、管理人员在本州注册公司，在规则上倾向于放松规制、强化管理者中心主义。各州公司法之间的竞争是美国公司法的突出特征，商业判断规则、董事和高管人员的免责，都不可避免是朝底竞争的衍生产物。参见 William L. Cary, Federalism and Corporate Law: Reflections upon Delaware, Yale Law Journal, Vol. 83, No. 4, 1974, pp. 663-705。

② American Restatement of the Law (Third) of Trusts(2010), § 78, cmt c(2)。"无论信托协议可能在利益冲突交易上给予受托人多么广泛的权力，受托人恶意或显失公平地行事仍构成其对受益人忠实义务的违反。"

③ Law Commission of United Kingdom: Fiduciary Duties and Regulatory Rules, Consultation Paper No. 124, 1992, p. 87.

④ Armitage v. Nurse, Ch 241 (1998)(CA).

受信法的变化是社会经济变化的一种结果，但也是其中的一部分。伯尔曼曾说，没有诸如流通汇票和有限责任合伙这些新的法律设计，没有对已经陈旧过时的以往的商业习惯的改造，没有商事法院和商事立法，那么，要求变化的其他社会经济压力就找不到出路。[①] 同理，受信法为商业关系制度化和商事组织系统化提供了一种制度构架。在从前工业时代到后工业时代的整体社会变迁中，受信法"既回应了变迁的需要，也从变迁中获取了自己的特性"。[②]

① 〔美〕伯尔曼：《法律与革命》，贺卫方等译，中国大百科全书出版社 1993 年版，第 419 页。

② 同上。

第三章　交易型受信关系：特定行业专业人士受信义务

“一旦劳动发生分化，社会就会发生翻天覆地的变化”[①]。分工不仅为社会提供了凝聚力，而且也为社会确定了结构特性，有机社会的结构及其团结都是源自劳动分工。[②] 繁荣的经济体定然催生专业化，而专业化必然意味着互相依存，互相依存却不可能脱离信任而生。在不存信任的关系中，互通往来是极为昂贵的。但在不无信任的关系中，协同与合作得以展开，贸易与经济也随之繁茂。

专业人士，是指经过一定训练、从事具有高度的专门性和技能性之特定职业的人士。在欧洲，专业人士最早仅指三个固定群体：神职人员、法律专业人士和医疗专业人士（与之相应的法学、医学、哲学和神学被并称为四大科学）。[③] 但几百年来随着经济结构的不断破旧立新、专业化的不断深入，专业人士群体的范围也不断扩张。19 世纪末专业人士群体开始作为社会力量崛起，美国的“进步时代”(Progressive Era)就是由律师、医生和教师等中产阶级作为中坚力量呼吁和推动社会改革的时代。在英美法系有关的教科书中，专业人士包含了医疗从业人员、律师、金融服务从业者、会计师、审计师、资产评估师、信息技术专业人员、精算师、保险经纪人等群体。[④] 王利明教授主持的《中国民法典草案学者建议稿》中，也列举专业人士包括医师、律

---

① 〔法〕涂尔干：《社会分工论》，渠东译，生活·读书·新知三联书店 2013 年版，第 110 页。

② 同上书，第 153 页。

③ Rupert M. Jackson & John L. Powell, Jackson & Powell on Professional Liability, 6th ed., Sweet & Maxwell, 2007, p. 2.

④ Id., pp. ix-xix.

师、会计师、资产评估师、建筑师、工程师、保险经纪人等。一般说来，专业人士经过一定训练达到相当的专业技能，隶属于各行业协会，拥有职业共同体派发的资格（表现为执业证照，如律师证、医师证等）。职业共同体内实现职业自治，通过自我规制的方式有效控制职业准入和监督群体内部成员的行为，从而实现行业中职业自主的资源分配并在整个社会中享有较高的地位。

专业人士义务首先来源于合同，专业人士对专业服务受领者负有合同义务。[①] 其次，专业人士群体对社会公众负有社会责任。虽然专业服务本质上具有营利性，但部分是由于职业本身的社会功能使然，部分是出于职业主义，专业人士群体常渲染本专业的有用性与体面性，为防止专业的社会形象受损，不愿将专业降格为一种生意、业务或者谋生手段，而强调专业承担一定的社会责任。然而，合同责任与社会责任并不足以约束专业服务中可能存在的机会主义行为。当社会公共政策需要推动一个特定领域更为精细的专业化，或需要面对某一行业中机会主义行为产生的危害时，法律会使特定的群体背负起必须优先考虑客户利益的受信义务。如此，依赖这一群体的负担减轻了，风险在专业人士与社会公众之间实现重新分配，公众的信任由此衍生，得以无后顾之忧地使用并依赖这一群体的服务。

第一节 专业群体受信义务调整之必要性

一、知识、信息与经验作为权力之源

后工业社会是一个能者统治的社会。[②] 专业化以及使专业化得以继续进行的交换必然造成一种依赖，每个专业人员为了获得必要的物品和服务，都要依赖于其他专业人员。“当专业人员能够有效地控制他们的产品时，他

---

① 有关服务合同及专业服务存在瑕疵时专业人士的合同责任，参见周江洪：《服务合同研究》，法律出版社 2010 年版。

② 参见〔美〕贝尔：《后工业社会的来临》，高铦等译，商务印书馆 1984 年版。

们就获得了防止那些依赖他们的人随心所欲得到产品的权力。”[①]知识、信息与经验的差异性分布，构成了社会中一类群体对他人的支配权，如培根那句耳熟能详的名言，“知识本身就是权力”(Knowledge itself is power)。社会学家界定社会权力为可能改变他人认知、态度和行为，从而使他人决定从事其本不会做的事情的影响力(the potential of social influence)。美国社会学家 French 和 Raven 根据基础将权力分为五类，包括强制权、奖赏权、法职权、参照权和专家权。[②] 专家权的大小不仅取决于专业人士知识的程度，还取决于他人对专业人士是否具备特定知识的知觉，严格意义上说，正是他人对代理人具有某个情形最适宜行为的专门知识(expertise)或更高见识的知觉产生了专家权的基础。这种知觉引发对他人认知结构的影响，从而引导他人按照其指示改变其行动方向，专业人士的这种社会影响不需要解释背后的理据就能实现。例如，病人对医生所设定治疗方案的遵从，不需要医生详细解释治疗方案的原理。然而，专业人士权也可能产生负面效果，当他人相信专业人士是出于私益考虑时，他们会与专业人士指示逆向行为。

French 和 Raven 后又从专业人士权中分离出信息权，与专家权不同，信息权的产生是基于代理人详细解释了某个情形的具体行为，使得对象在接受其理据后自主地改变其行为。专业人士信息优势的产生可能基于两个原因：一是基于专业性，普通人即便获得有关信息，由于不具备相应的知识和技能，也无力进一步筛选和加工信息从而得出所需结论，例如证券市场的零售投资者即便获知某一衍生品的基础权益与交易架构，也无法判断其蕴含的风险大小；二是基于委托—代理关系产生的信息不对称，如第一章与第二章有关章节所述，依据信息经济学有关原理，有关代理人履行职责或提供服务的质量，属于代理人的私人信息，委托人很难了解代理人的状态、行为、能力、类型或者行动的结果。前述任何信息的缺失都构成信息的不对称分布，导致知情者(代理人)对不知情者(委托人)的利益产生实际影响，使后者

① 〔美〕麦克尼尔：《新社会契约论》，雷喜宁、潘勤译，中国政法大学出版社 2004 年版，第 29 页。

② See John French and Bertram Raven, The Bases of Social Power, in Studies in Social Power, D. Cartwright eds., University of Michigan Press, 1959, pp. 150-167.

为前者的行为承担风险。[①]

吉登斯对专家系统的论述更为深刻地描绘了专门知识在社会生活中的力量，专家系统已经成为社会的基础。只要生活在现代社会中，我们几乎无时无刻不在与专家系统发生互动。吉登斯宣称："专家系统指的是由技术成就和专业队伍所组成的体系，正是这些体系编织着我们生活于其中的物质与社会环境的博大范围。"[②]专家系统的形成构成了现代性动力的来源之一。专业人士被交付了支配他人生活的影响力，这种交付是势在必行的，否则人们寸步难行。人们对专家系统的信任是一种抽象信任，以"缺场"为前提，即外行对专家系统的信任恰是因为他们缺乏必备的信息和知识。对专家系统的信任与专业人士的个人品质无关，而是建立在信赖(那些个人并不知晓的)原则的正确性基础上。正如此时笔者坐在桌前写论文，但我并不担心楼房会倒塌、电灯会熄灭、电脑会爆炸，因为虽然我无法验证制造他们的知识和过程，但我信赖建筑师、工程师和技术工人所具有的"专门化的、相对抽象的智识结构与具体知识"的可靠性。

二、专家系统与系统信任

专业(profession)有两层含义，一则表明其职业的特殊性与专门性，二则代表一种承诺或公示。[③] 专业意味着在某类社会分工部门中的支配性地位，专业人士对其工作中所作的决策有极强自主权。专业是一种限制代理成本的社会机制。如吉登斯所言，社会对专业人士的信赖是一种系统信赖。专业人士的可信赖性不仅来自于他人所不具备的、经过专门学习或训练获得的知识、经验和技术，还源于专业群体所遵循的职业伦理，如医学院学生毕业从医时所宣之希波拉底誓言，誓言"尽余之能力及判断力所及，遵守为病家谋利益之信"。此外，专业还提供对行业人员的教育、训练、许可与认证，设立行业惯例以约束专业人士自由裁量，确立同行评审与信号系统以标示专业人士水平，甚至建设过失保险以保护客户。专家系统的存在和对专

① 参见张维迎：《博弈论与信息经济学》，上海人民出版社、上海三联书店 2004 年版，第 235—239 页。

② 〔英〕安东尼·吉登斯：《现代性的后果》，田禾译，译林出版社 2011 年版，第 24 页。

③ Fredric D. Wolinsky, The Professional Dominance Perspective Revisited, The Milbank Quarterly, Vol. 66, 1988, pp. 33-47.

家系统的信任建构了后工业社会的风险防御机制。

吉登斯主张“在一个离开过去、离开传统的行为方式，而将其本身面对一个问题式的未来的社会当中，风险的概念便成了一个核心的概念”[①]。除作为交换的润滑剂外，信任与货币、权威、法律一样，是现代社会的风险简化机制。“完全缺乏信任会导致个人在清晨丧失起床的动力，他需要祈祷来驱散茫然的恐惧和担忧。他没有能力去形成确定的不信任并从而采取预防性措施，因为这必须在其他方向存在一些信任。（在缺乏信任的情况下）任何事情、所有可能的事情都可能发生，对人类社会极端复杂性的这样突兀的面对，超越了人类所具有的忍耐力。”[②]易言之，信任赋予了人类面对社会复杂性的勇气和动力，后工业社会中人类对确定性的需求日益增加，信任通过在心理上增加确定性，强化了人类对不确定风险的容忍。在后工业社会，一方面，信任和经过估算的风险之间存在一种平衡，人们对社会生活的安全感则建立在信任与可接受的风险的平衡之上。但另一方面，人们对专家系统的信任却也是脆弱的，因为一旦被冲突的利益或价值所包围，专业人士很难给出中肯的意见，专业人士的地位也难以再合法化。

专业化的深度推进使整个社会都处在相互依存之中——医生需要住宅，建筑师需要用餐，厨师需要经营其个人储蓄。系统信任的倒塌将摧毁整个社会存在的根基。系统信任的脆弱性，是因其说到底是一种信念上的信任，而法律的作用即在于在各个领域维系这一信任。如德国法学家托依布纳所言，现代化所暗藏的法则不是资本主义的出现，而是自治诸理性的多元性释放；现代社会的难题是在功能分化中维持意义世界的高度多样性，并且赋予每一个个别理性来发展高度的自我规整的自治。[③] 私法需要将专业知识的整体性作为一种社会制度进行保护，越出私人交易与私人利益的框架，发挥公共功能。以金融行业为例，在 2009 年金融危机中，不断自我强化扩张的金融系统终于突破了合理的风险界限而自我崩裂，其随心所欲、狂妄自私的逐利行为在引发行业崩溃的同时也导致社会对华尔街的信任降至低

① 〔英〕吉登斯：《现代性与自我认同》，赵旭东等译，生活·读书·新知三联书店 1998 年版，第 128 页。

② Niklas Luhmann, Trust and Power, Chichester, 1979, p. 4.

③ 参见〔德〕托依布纳：《多元现代性：从系统理论角度解读中国私法面临的挑战》，祁春轶译，载《中外法学》2013 年第 2 期。

点。然而资金是经济发展的血脉,血脉通方人体健,重拾社会公众对金融行业的信任须借助法律制度重塑系统信任的基础。其他行业也是同理,应当通过制度建构维系系统信任,将社会诸领域功能分化控制在合理范围内。

三、消费者保护、公共规制与受信规则

专业人士对社会的贡献,主要通过专业服务实现。无论是英美法系还是大陆法系国家,最早均是用合同法处理专业服务问题。[①] 合同双方的行为标准除合同义务外,还包括诚信原则和公平交易原则,如美国《统一商法典》规定,任何商业交易的双方均负有"善意和公平交易"义务,善意指诚实和遵守合理的公平交易的商业标准。[②] 善意要求贯穿于合同的磋商、订立、履行与争议解决各个环节,指合同各方忠实于商定的共同目的,满足他方当事人的正当期待,不得有违反商人共同体所共同信守的正直、公平、合理标准的恶意行为。但是,在臂距交易中,合同各方均无全面披露所有重大信息的义务,相反,各方须勤勉地自己获取和确认有关事实,即"买者当心"原则;当然,若合同一方选择告知某一信息,则必须如实,否则将构成欺诈。这就是卡多佐大法官在 Meinhard v. Salmon 一案中所描述的"市场的道德"。

然而,专业服务与合同法所调整的、双方"势均力敌"的一次性交易并不相同。后者的目的是为了双方互惠的、内容明确且可量度的具体经济交换;构造是当事人的意志绝对自由,唯一的目的是追求最大的个人利益;交易在时空上不一定存在扩展性或延续性,双方当事人可以理性预期未来权利义务并在合同中明确约定。与之相反,专业服务常常延续较长时间、具有无形性或识别困难性,且服务的质量受服务人特质、服务受领人协作等因素的制约;服务人对服务受领人权益领域的介入与服务受领人的权益管理托付相辅相成,上述特征造成传统构筑于物或权利转移之上的合同法对专业服务的不适用性。[③]

对专业服务特殊性的一个回应来自于消费者保护制度。专业人士的信息、知识和经验因专业人士的"服务"行为而间接成为商品,得以纳入消费者保护的基本框架。投资者保护只是消费者保护的另一面。消费者保护长期

---

① P. S. Atiyah, The Rise and Fall of Freedom of Contract, Oxford University Press, 1979, p. 416.

② American Uniform Commercial Code, § 1-201(19).

③ 参见周江洪:《服务合同研究》,法律出版社 2010 年版,第 15—18 页。

以来作为特别民法而存在，通过修正“私法自治”对消费者实行倾斜保护，缓和消费者与经营者之间的信息不对称。专业服务领域也相应提出了针对“消费者无权”现象的策略，如强调适当性原则与投资者分类以实现金融消费者保护。但是，消费者保护只能极为有限地缓解卖方和买方之间的信息不对称问题，而专业知识、信息与经验作为商品与其他商品存在本质差别。其一，专业服务以智识判断为中心。由于不具备专业知识，消费者在购买专业服务前后可能都无法判断服务的质量，如此有别于一般服务交易，比如理发，理发后自己或他人都会对发型的美丑有一个判断，如果认为发型不好看或者不适合，大略可以归咎于理发师水平有限；但在专业服务中，有关服务质量的信息是专业人员的私人信息，且由于专业知识的差异化，消费者即便拥有该信息也很难判断服务质量与专业人员行为的关联性。其二，消费者所购买的专门知识与专业服务是无法重复和储存的，如此有别于一般商品交易，退换救济不适用于此。其三，许多专业服务行为具有固有风险，如证券投资行为、医疗行为、法律代理行为等，更难界定服务质量与服务者行为之间的因果关系。因此，一般的消费者保护规则对专业服务的回应性是有限的。

消费者保护和公共规制均强调信息披露以矫正专业服务者与受领者之间的信息不对称。但强制信息披露（包括强调服务受领者的知情权和服务者的告知义务）只能增加市场中信息的数量，却不能提高受领者实际获得信息的有效性。法律经济学者早已指出，消费者、投资者不是理性人，相反，他们的理性是有限的，公众并不具备与自己所面临风险有关的信息的加工能力。[①] 专业人士存在的意义恰在于此，如在金融市场中，人们寄希望于市场中介（包括经纪人、银行家、投资顾问、财经专栏作家、审计师甚至律师等）过滤、筛选、分析和加工信息，直白浅显地告知公众。此时再对市场发布有关以信息收集和加工为业的市场中介的信息，容易造成市场中信息的冗杂。如何有效到达投资者本身就是问题，而且信息可能是被操纵的，事实上，很多经纪人和投资顾问都被训练如何获取投资者的信任。因而，仅依靠强制信息披露也不能起到保护社会公众的目的。

英美等国对专业服务采取的是行业自治、公共规制与私人执行相结合

---

① 参见〔美〕杰罗斯、桑斯坦等：《行为法律经济学的进路》，载〔美〕桑斯坦主编：《行为法律经济学》，涂永前等译，北京大学出版社 2006 年版，第 53 页以下。

的方式。由行业自治与公共规制将人所共知却又含糊不明、充满不确定性的责任，转变为行为规范清单，指示专业人士在各种情境中如何选择、如何行事；通过行业自治确定专业人士在特定情境下的行为是否合乎行业惯例与标准，从而鉴别专业人士是否存在过错；认定专业人士为受信人，在违约之诉与侵权之诉之外赋予了服务受领人于事后要求法院审查专业人士行为是否忠诚审慎的权利。这一模式既对现实的风险进行合乎效率的分配，又予专业服务者事前的行为指引，防止"不教而诛"，超越了强制信息披露的局限性。

对公共性强、风险大的专业服务，公共规制并不局限于市场进入限制、强制信息披露，还包括行为规制。行为规制的作用，就是对风险的重新分配。以证券投资行业为例，不同投资者对风险有不同的偏好和承受能力；不同的投资产品和投资服务亦有不同的风险指数；公共规制的回应是细致的，根据产品、服务、投资者与服务者进行区分性规定，但公共规制仍不免有政府失灵的问题。政府区分好人与坏人、通过行政许可进行准入控制的方式很容易出错，也容易被俘获。单纯的事后监管存在滞后性，金融市场的高度流动性、波动性和复杂性导致利益较为隐蔽，且极易转移，管得过松可能放纵管理人的不当行为，但管得过紧又可能过于限制管理人的行为空间，而束缚其自由裁量权的行使。

对特定群体施以受信义务，实质也是政府干预的一种方式。如美国证券交易委员会(SEC)认为，对市场主体施以受信义务是与提高市场透明度、遏制欺诈并列的三大市场监管手段之一。[①] 受信义务监管的特点是由专业服务受领者发起诉讼，或者由监管部门主动介入，审查专业人士是否遵循了相比合同、消费者保护更高的行为标准。基于受信义务内容的开放性与灵活性，受信规则充当了抑制机会主义行为的安全阀。受信规则与公共规制是紧密联系的，限制利益冲突是公共规制的主要手段，专业人士在特定情境下的行为是否合乎行业惯例与公共规制的行为标准，是确定专业人士是否存在过错的主要因素。但若公共规制的要求弱于受信规则，英国法认为，只有议会立法才能修改普通法，法院不认同监管机构制定的监管规则优先于受信规则适用。简言之，受信规则对公共规制有补充和兜底作用。

---

① Registration Under the Advisers Act of Certain Hedge Fund Advisers, SEC Release No. 2333 (2004).

第二节　专业人士受信义务在金融服务行业的具体展开

正如 Clark 所总结的，20 世纪 60 年代后，资本主义进入资本管理者的时代，为企业提供资金融通，为普通投资者提供专业理财和投资服务形成了庞大的产业链。[①] 在金融危机爆发前夕，金融行业占到美国 GDP 比重的 8.4%，而在此前的 1900—1980 年，金融行业占 GDP 比重始终在 2%和 4%之间徘徊。[②] 但同时，20 世纪 60 年代以后，金融行业的利益冲突也给社会造成了不小危机。以美国为例，20 世纪 80 年代华尔街爆出 Dennis Levine 和 Ivan Boesky 内幕交易案，后者在加州大学伯克利分校哈斯商学院毕业典礼上宣称的“贪婪无错”(greed is alright)一度成为华尔街信条。21 世纪初，证券分析师为投资银行利益而大肆推动互联网泡沫因泡沫破灭而暴露，招致极大非议，经纪—交易商和共同基金之间的私下佣金协议也引起监管者的警惕。在该次金融危机中，中介机构再度被推上风口浪尖，其中最引人瞩目的是被拉下神坛的信用评级机构。人们宣称，“如果不是评级机构将大量垃圾证券评为 AAA，金融危机不会发生。”[③]2015 年 2 月 3 日，美国司法部召开记者会，宣布与标准普尔(Standard & Poor's)达成 15 亿美元的和解。[④] 司法部称其在 2009 年 11 月开始的调查中发现，2004—2007 年期间标准普尔涉嫌发布故意虚抬的住房抵押贷款支持证券(RMBS)和债务担保凭证(CDO)

---

① Robert C. Clark, The Four Stages of Capitalism: Reflections on Investment Management Treatises, Harvard Law Review, Vol. 94, No. 3, 1981, pp. 561-582.

② Joshua Getzler, Financial Crisis and the Decline of Fiduciary Law, in Morris & Vines ed, Capital Failure: Rebuilding the Trust in Financial Services, Oxford University Press, 2014.

③ Robert J. Rhee, On Duopoly and Compensation Games in the Credit Rating Industry, 108 Nw. U. L. Rev. 85 (2014)，当然，在之前安然事件中，评级机构的疏忽便已遭到诟病，但在本次金融危机中，评级机构被控有意识地抬高证券的信用评级；前者或可称为过失，后者无疑构成欺诈。

④ Justice Department and State Partners Secure ＄1.375 Billion Settlement with S&P for Defrauding Investors in the Lead Up to the Financial Crisis, at http://www.justice.gov/opa/pr/，最后访问日期：2020 年 12 月 23 日。

信用评级,构成对有关证券信用与风险的虚假陈述,最终导致投资者,包括许多享有联邦存款保险的金融机构,遭受数以亿计的损失。[①] 标准普尔"认罚"后,舆论猜测司法部的下一目标是评级业的另一巨头穆迪(Moody's)。

"金融"实质上是一个"三信"产业,即信息、信用、信心三位一体,信息是前提,信用是核心,信心是保障,共同支撑起金融大厦。[②] 知识和能力有限的消费者可能通过完全回避某类金融产品或者金融市场来避免损失,这种行为其实就是对金融系统缺乏信任的表现。投资者抵制的结果就是融资成本的提高。因此,政府可能致力于禁止内幕交易、提倡适当性原则和施以受信义务等方式来向公众传达一种强监管信息,从而努力重新聚拢公众的闲散资金进入金融市场。有数据显示,提供更强投资者保护的共同基金市场,规模要大于投资者保护较弱的市场。[③] 此即系统信任发挥作用的途径。

蔓延全球的金融危机过后,如何重塑投资者对市场的信心成为重要议题。英国 Kay 教授对此发布治理英国证券市场的十项改良原则,其中包括对投资链条上的所有主体都施加受信义务的动议。[④] 诚然,重建对整个金融行业的信任至关重要,但受信义务的施加意味着交易风险双方分配的重大改变。例如,投资者听从投资顾问的推荐购买了某一基金份额,其后因市场波动基金表现不佳,同时投资者发现投资顾问从该基金领取交易佣金。在臂距交易中,投资者须自己承担损失;但在受信关系中,投资者可要求行使归入权、撤销交易或投资顾问赔偿其损失。[⑤] 一个默认的原理是,臂距交易

---

① Department of Justice Sues Standard & Poor's for Fraud in Rating Mortgage-Backed Securities in the Years Leading Up to the Financial Crisis, at http://www.justice.gov/opa/pr/, 最后访问日期:2020 年 12 月 23 日。

② 参见郭雳:《信心、金融与金融法》,载《金融法苑》2003 年第 3 期。

③ Ajay Khorana, Servaes and Tufano, Explaining the Size of the Mutual Fund Industry Around the World, Journal of Financial Economics, Vol. 78, Issue 1, 2005, pp. 145-185.

④ John Kay, The Kay Review of UK Equity Markets and Long-Term Decision Making: Final Report 2012, Recommendation 7.

⑤ 一个直接相关的案例是 Hodgkinson v. Simms, 3 SCR 377(1994)(CA)。原告听从被告推荐而买入的投资项目由于地产市场崩溃而亏损,原告后发现被告隐瞒了其从推荐中获得佣金的事实,原告主张若当时知道被告的这一利益冲突,原告一定不会听从被告的建议。虽然加拿大最高法院发现原告每次接受推荐后都经过慎重的讨论、较长的考虑时间方进行投资决策,且原告在至少一半项目上都没有根据被告的建议行事,但还是以 3/4 的多数意见认为被告违反了受信义务,其所获得的佣金应归原告所有。

中实行买者当心原则，受信关系中适用受信规则。那么，如何界分臂距交易与受信关系呢？与商事组织中的受信关系不同，专业服务领域受信关系类型化存在难度，随着专业分工的不断深入与精细，干生枝、枝生蔓，典型受信关系（paradigm fiduciary relationship）可能发生进化与变异。同时，市场主体日益复杂化，以雇员养老基金为例，投资链条上就包括受托人、投资管理人、经纪人、投资顾问、精算师、存管人等诸多市场中介，一概施加受信义务可能导致交易成本的急剧增加，若投资链条不复完整流畅，最终的成本负担者仍是整个社会。

欧盟金融工具市场指令（European Directive on Markets in Financial Instruments）明确界定了证券投资服务，其中包括：(1) 接受和传输与金融工具相关的交易指令；(2) 代表客户执行交易指令；(3) 用自营账户进行证券交易；(4) 资产组合管理与投资；(5) 提供投资咨询与建议。

其中，为人持有管理财产者、以他人名义为其行事者天然地被视为受信人，前文第一章已有论述，此外，向人提供建议者也同样可能负有受信义务。在 19 世纪初，向亲密的朋友征询有关房产出售的意见都会使该朋友受到公平交易规则的审查。[①] 英美法系的法官认为，征询他人的建议，说明征询人对建议者的信任与信赖；建议人若以专业顾问身份行事，或者使他人确信其具有专业知识，堪为征询人提供合理建议，则将自身置于受信人的身份中。虽然行业专业人士一般需有特定资质或许可方可从事特定活动，但法院在裁判中一般采实质主义，核心是征询人对建议人是否存在个人化的信任与信赖。

所以，受信义务的核心不在于共同利益关系的紧密程度，而在于投资者或客户对可能由专业人士创造的信心和信赖关系的依赖程度。同理，对专业服务领域中受信关系的认定应结合“地位认定”（status-based）和“事实认定”（fact-based）两种路径。地位认定并不意味着法院将不再对交易实质进行审查，而主要起到识别作用，明确交易各方对其他人行为的预期，降低缔约成本。事实认定可以以经纪人为例，由于经纪人的主要职责是履行投资者的指令，因而其一般不被视作受信人；但在审判实践中，法院不会止步于此，而倾向于具体审查经纪人对客户账户的实际控制力、客户的成熟度、客

---

① Taylor v. Obee (1816) 3 Price 83.

户对经纪人事实上的信心与信赖来判定特定案例中经纪人是否应负有受信义务。另外,专业人士的不当行为也可能产生受信义务,例如英美法系中,银行与客户之间一般只存在普通的金融消费关系,但在银行劝诱年老消费者购买预期风险承受能力不适当的理财产品时,将产生银行对消费者的受信义务。[①]

一、为人理财者

为他人利益持有和管理财产的架构之一,即是信托。从代际之间的土地保有转向财产投资与管理,是信托法现代化的一大步。在中世纪用益和信托中,受托人其实是将自己的名字借用给委托人,在形式上代为持有土地并交付收益,受托人受到"无报酬"规则等代表的严格忠实义务约束和投资权限限制。但进入 20 世纪,一旦信托成为以营利为目的的、由专业人士或机构从事的积极金融投资管理,对受托人的义务约束、权限限制与注意要求自然发生变化,商事信托已经在一定程度上背离了传统家事信托。2000 年,英国制定《受托人法》,是对从家事信托到商事信托转变的一个回应。

现代投资信托具有多种形式,如英国法所称之集合投资计划(collective investment schemes),美国法所称之共同基金等开放式基金。英国《金融服务市场法》定义集合投资计划为"任何参与者从财产的获得、持有、管理与处分中受益的安排,如果财产是被运作人管理或者参与者的出资是与支付给参与者的利润与收入共同使用"[②]。其大致构造为:众多投资者提供资金,由集合投资计划的受托人委托他人管理与运作,通常投资于有价证券,投资者放弃日常管理,仅根据收益凭证分享利润、分担损失。

在美国,《投资公司法》所适用的"投资公司"被分为共同基金(mutual funds)、封闭式基金和单元投资信托(UITs)。股票基金、货币市场基金、指数基金等均是以上形式的变异。其中,共同基金既可以股份公司的组织形式建立,也可以商事信托的组织形式建立。[③] 共同基金的董事会对基金与基金持有人负有受信义务,其主要职责为聘任并监督基金管理人等服务提供

---

① See Alastair Hudson, Law of Finance, Sweet & Maxwell, 2009, p. 100.

② United Kingdom Financial Services and Markets Act 2000, Section 235(1).

③ 在美国,共同基金通常采取三种商事组织形式,在马里兰州注册的商事公司、在马萨诸塞州设立的商事信托和在特拉华州设立的法定信托。

者，包括批准投资顾问合同的展期和确认管理费、批准承销、托管等服务合同等，并不实际运作基金。董事会应有一定比例的独立董事，作为"独立的看家犬"监督投资顾问对基金财产的管理。董事会的主要职责是每年评估并批准与顾问的协议，主要内容是顾问费用与其提供服务质量相比是否合理。由于顾问公司通常是基金的发起人和其董事会的选任人，共同基金的利益冲突几乎内生于其组织与交易结构之中，美国《投资公司法》因而严格禁止共同基金的利益冲突交易，并要求投资顾问直接对共同基金的股东负有受信义务。对违反受信义务的共同基金董事和投资顾问，股东和监管者即 SEC 均可提起诉讼。

我国法中的证券投资基金，采信托制架构，按照《证券投资基金法》遵循信托法理。投资人通过基金合同授权管理人代为行使基金财产的使用权和处分权，托管人对基金财产予以保管并收取报酬，投资人则享有基金财产的相关收益。但由于我国《信托法》并未明确信托"受托人"在法律上财产所有人的概念，《证券投资基金法》只是笼统地规定了投资人、基金托管人和基金管理人之间形成信托法上"委托人—受托人"的信托法律关系，托管人和管理人相应的法律地位、权利义务并未完全明确，在实践中产生了一些争议。

除此之外，对冲基金（hedge fund）、私募股权基金（private equity fund）、风险投资基金（venture capital fund）等向一定人数以下的投资者或合格投资者发行的基金被称为私募基金。公募基金与私募基金，其区别主要在于发行对象、发行人数、投资标的，并因之产生规制程度与方法的不同。私募基金多采取有限合伙、有限责任公司（LLC）等形式，由发行人的关联主体作为普通合伙人或管理成员对投资者承担组织法上的受信义务。无论公募或私募，投资者对理财者的授权几乎是完全开放的，因金融投资的专业性，投资者几乎不可能对所有情形都明确发出指令，同时也很难监督和观测理财者是否履行其职责。委托他人理财具有财产的所有与控制分离的共同特征，虽然可能采取不同的交易架构与法律形式，但对委托人财产实施实际控制的均为受信人，参与并影响该控制、使人信其为受托人的，也负有受信义务。

为人理财者义务的特殊性主要体现在，信托制度独有、代理制度中没有的专一利益原则，对利益冲突交易采取严格禁止的态度。但现代信托法中允许受托人在获得委托人（settlor）授权、受益人充分知悉的同意和法院许可时从事可能形成利益冲突的交易；也考虑到现代金融交易的错综复杂，在立法中允许受托人从事某些本应被禁止的行为，如将信托财产存放在与受托人有关联的金融机构中。由于现代金融领域中为人理财形式纷繁，已经脱离纯粹的信托法范畴，例如向公众募集并管理资金的信托制基金，在发行端亦要适用《证券法》有关规定。本书不再列述各种形式的受托人及各国的监管方式。唯须指出者，对受托人应采取实质认定与相应的功能监管，否则将产生监管套利，美国 2007—2009 年金融危机的教训已经清晰地证明了这一点。依据我国现行法律，适用信托规则只有信托产品和基金，其他资产管理产品的规制都被零碎地揉入银行、证券、保险等分业监管体系中，存在极大的系统性风险隐患。2018 年，中国人民银行、中国银行保险监督管理委员会、中国证券监督管理委员会、国家外汇管理局联合发布《关于规范金融机构资产管理业务的指导意见》(以下简称“《资管新规》”)，是对相同性质的资产管理产品统一监管标准的一次尝试，但其在定义上采取将资产管理定性为信托制，也产生了资产管理业务究竟应否统一为信托架构的争鸣。

二、经纪代办者

证券经纪业务是指证券公司接受客户委托、代理客户买卖证券的中介业务。投资者必须通过作为交易所会员的证券公司，才能买卖交易所集中交易的证券，其他如券商理财产品、基金理财产品等固定通道销售的证券，更需要经纪人代理买卖。经纪人，在委托人的指示范围内，自然负有遵循委托人指示、为委托人利益服务的义务。相比普通经纪业务，证券经纪业务的特殊之处在于，委托人与经纪人之间悬殊的专业知识差异。在 19 世纪初，英国法院即认识到代理人向其客户销售年金产品的行为其实是建立于客户对其的信任之上，因此代理人须合理地利用其知识优势。[1] 在资本市场的几个主要国家，经纪人了解投资者的义务和对投资者的说明义务均已得到确立，如日本 2000 年《金融商品销售法》要求包括银行、证券、保险、信托、期货或其他具有投资性金融商品的销售者须尽说明义务，且应参照顾客的知识、经验、财产的状况及缔结金融商品贩卖的契约目的，以使顾客能理解的必要方法和程度为之。在我国，对商业银行销售理财产品、代理保险业务以及证

① Gibson v. Jeyes, 31 Eng. Rep. 1044 (1801)(Eng).

券公司代销金融产品的行为也相应均有“适当性”的规定。[①]

除了代理交易和产品营销这两个传统的“售货员”(salesperson)角色，经纪人通常还担负着客户服务、投资咨询、投资管理等多种职能中的一个或多个。证券经纪账户分为全权委托账户(discretionary account)和非全权委托账户(non-discretionary account)。对前者，券商及其代理人有权进行代客操作而无须就每一笔交易获得委托人的许可；对后者，须按照委托人指示进行交易。因此，一般认为，对全权委托账户，经纪人享有酌处权，应当对客户负有受信义务；对非全权委托账户，经纪人不享有酌处权，仅负有适当性义务。但即便是非全权委托账户，经纪人不免主动或应委托人征询而就委托人的投资决策提供个性化建议，如是否应看空某只股票。故而，简单地问答“证券经纪人是否应对其客户负受信义务”并无意义，应条分缕析地剖解该群体所提供的不同质服务有针对性地加以回应。

从事一般证券经纪行为的经纪人只负有合同义务和特殊的法定义务，如经纪人同时作为交易对手方或者撮合交易时的信息披露义务，在英国法上，经纪人负有“在执行指令时采取一切合理措施为客户获得最佳结果”的义务[②]；从事咨询服务业务的投资顾问则负有受信义务。在美国，SEC 认为管理投资者账户的自由裁量权是决定将一个经纪交易商按照投资顾问监管的“质变因素”，券商对授权账户(discretionary account)的客户自然负有受信义务。对非全权委托账户可能发生的投资咨询行为，SEC 又制定了具体规则，若咨询服务仅为其经纪或做市行为的附带且券商未就咨询服务获得特殊报酬，即确定咨询服务相对经纪服务的从属性，券商不因该附带性的咨询服务而成为受信人。2005 年 SEC 修改前述规则，取消“特殊报酬”标准，即对提供以依资产成长状况收取费用账户(fee-based accounts)的券商，只要其投资建议是经纪业务的附带，且符合特定的信息披露标准，即可排除《投资顾问法》的适用。SEC 的论理很简单，若依资产成长状况而非交易量收取费用，则券商并无劝诱投资者频繁投资而获取更多佣金的机会，其投资建议更可能是独立的。若对这类账户的券商建议行为实行严格规制，实际

---

① 如《商业银行理财业务监督管理办法》第 6 条、《证券公司代销金融产品管理规定》第 12 条等。

② FCA Handbook COBC 11.2.1R。该“最佳执行”(best execution)义务不适用于适格投资者作为客户的情形。

上降低了投资者获得附带信息的可能。对附带性的建议行为，若对象为非成熟投资者，经纪人负有提示分散投资风险的义务，并应基于其客户的财务状况和理财目的进行适当推荐，即“适当性原则”；如其提供的信息是虚假或错误的，须承担证券法欺诈或过失侵权的责任。“适当性规则”系合同法善意与公平交易原则的延伸，此规则不要求经纪人以客户的最佳利益为目的，也不要求经纪人事先披露可能存在的利益冲突或与客户完全相反的投资策略，毋庸说将客户利益置于自身利益之上，因而，适当性规则的要求远低于受信义务。此外，美国 SEC 10b-10 规则规定了经纪人在交易交割前负有对投资者的披露义务，包括经纪人从中获得的报酬、在交易中扮演的角色和经纪人是否同时担任做市商等。

简言之，投资顾问对客户负有受信义务，在给出投资建议时应以客户利益为先，但经纪人在经纪服务时向投资者附带提供投资建议，无须对客户承担受信义务，即有义务推介风险适合的证券，但没有义务避免利益冲突，也没有披露利益冲突的义务。但经纪人给出建议时伴随的利益冲突未必少于投资顾问，由于其并非收取固定费用，而是根据交易取酬，其可能利用其影响力引导投资者投资于其能取得更高提成而非更适合的证券。实证研究显示，通过经纪人渠道购买的证券成本显著高于直销渠道，且投资绩效也更差。[①] 然而，公众投资者在接受经纪人的推介时不可能明确知晓经纪人和投资顾问在法律地位与义务上的差异。大量广告、劝诱行为使公众投资者误以为经纪人也是值得信赖的投资顾问，有的持牌投资顾问甚而利用其经纪人的资格进行监管套利，减轻法定义务、逃避法律责任。2007—2009 年金融危机过后，券商不论对象地向非成熟投资者销售风险极大的金融衍生品，使公众蒙受巨大损失的行为受到了美国社会的一致谴责。美国国会认为，持有不同牌照的中介人员从事实质相同的行为，却受不同标准规制，是造成证券市场乱象的原因之一。

危机立法《多德—弗兰克法案》要求 SEC 制定新的规则，对向零售投资者提供个体化投资建议的证券经纪人，其行为准则应至少达到与投资顾问相同的严格程度。立法者改变监管思路，主要出于对零售投资者利益的保

---

① Daniel Bergstresser, Assessing the Costs and Benefits of Brokers in the Mutual Fund Industry, The Review of Financial Studies, Vol. 22, No. 10, pp. 4129-4156.

护。如前所述，证券经纪服务具有多面性，许多投资顾问同时也注册为证券经纪人，同时向投资者提供咨询账户和经纪账户。对两类事实上日渐融合、很难区分的行为施以不同监管标准，实际创设了服务者的套利空间，将识别咨询服务与经纪服务的成本施加给近乎无知的投资者[①]，此外，如何认定咨询服务对经纪服务的“附带性”也产生了不小的司法与合规成本。立法者清晰地指出，证券经纪人的广告、劝诱意图创造一种信任与信赖的环境，鼓励公众全心仰赖经纪人和他们的代表，即便这样的信任并不适宜，既如此，他们应为该信任负责。2019 年美国证监会发布新规，将经纪人对公众投资者个别推介具体证券或交易策略的行为等同于投资咨询行为，统一适用受信义务标准。

三、献计献策者

一般认为，受信关系产生于一方对另一方的财产或事务享有酌处权的情形，当一方只是对另一方的咨询提供建议时，这种酌处权并不存在。但英美法中长期有实践认为，一方在一定范围内负有为另一方提供建议的责任时，前者对后者负有受信义务。[②] 有学者从法律进化中寻找解释，早在犹太教法（Jewish Law）中就有对提供建议者动机的要求，即提供建议的目的不得是为自身获利。[③] 也有学者指出，提供建议本身并不能使提供建议方就此成为受信义务人，除非建议对建议受领者的利益有实际影响力。[④]

因献计献策而负受信义务，与代客操作、委托理财等不同，建议人对委托人财产或事务并无直接控制，其控制力是通过委托人吸纳其建议的行为间接实现的。委托人对自己财产或事务的处理，包括对是否接受建议、按有关建议行事，本有自主决定权，因此，献计献策者的受信义务，必以专业知识

---

① 如摩根士丹利（Morgan Stanley）的个人财富部门与客户的服务协议中即有此类条款：“只有在书面协议明确指示的情况下，所提供的服务才视为咨询服务。”at https://www.morganstanley.com/wealth/relationshipwithms/pdfs/understandingyourrelationship.pdf.

② E.g. The American Restatement of the Law (Second) of Torts (1979); SEC v. Capital Gains Res, 375 U.S. 180(1963)

③ See Frankel, Tamar, Fiduciary Law, California Law Review, Vol. 71, No. 3, 1983, pp. 795-836.

④ Paul B. Miller, the Fiduciary Relationship, in Andrew S. Gold & Paul B. Miller ed., Philosophical Foundations of Fiduciary Law, Oxford University Press, 2014, p. 84.

的差异分布或者事实上的依赖与信任关系为前提。

美国法上的投资顾问,是指以取得报酬为目的,就证券的价值或者投资、购买或出售某证券的可行性,为他人提供建议,并且以此为业的人;或者任何发行或出版有关证券的分析或报告、获取报酬并作为日常营业的人。[①]从表面上看,投资顾问对委托人的账户和财产并不具有支配力或控制力,因为委托人对是否接受建议具有自主权,即使投资顾问提供了虚假信息,或者存在利益冲突,只要委托人没有依其建议行事,在结果上并无影响。是以,我国《证券投资顾问业务暂行规定》对"投资顾问"的定义特意强调其仅"辅助客户作出投资决策",以示区别。但证券投资属专业领域,专业知识与信息的差异分布产生了投资顾问对零售投资者事实上的支配权,零售投资者对投资顾问的信任是对专业群体的抽象信任,他们很难检验建议的合理性,除了信任专业人士别无选择。零售投资者的有限理性,决定了否认投资顾问对其的影响力,无异于再一次强调"买者当心",将具有高度复杂性、专业性与不确定性的证券投资等同于一般的商品买卖。因此,在制定《投资顾问法》时,美国国会看待零售投资者与投资顾问之间的关系如同病人与医生——均具有极大依赖性,认为投资顾问应当对客户负有受信义务。[②]即便是仅辅助决策的投资顾问,其受信义务也是必要的,但其范围和程度可相较对投资者账户具有控制权的投资顾问为低。不仅提供建议、还控制并为投资者经营其财产的投资顾问除受信义务外,还负有监督账户情形、对投资组合作出适当变化的义务。[③]

对投资咨询关系的认定,并不以行为人具备法律法规所要求的经营资格为前提,而着眼于对双方法律关系实质的判断。在我国,证券投资顾问应当具有证券投资咨询执业资格,并在中国证券业协会注册登记为证券投资顾问。美国法一方面规定投资顾问必须按规定在联邦和州注册,另一方面,即便行为人并未注册,若其以投资顾问身份行事,并使投资者信赖其知识、技能与信息,也构成受信关系,仍对投资者负有受信义务。美国《投资顾问法》第 206 条作为反欺诈与利益冲突交易的规定,在 SEC v. Capital Gains

① 15 U.S.C.A. § 80b-2(a)(11).
② SEC v. Capital Gains Res. Bureau, Inc., 375 U.S. 180 (1963), at 194-195.
③ Erlich v. First Nat'l Bank of Princeton, 505 A.2d 220 (1984)(U.S.), at 235.

Research Bureau 案中被美国最高法院解释为确认投资顾问与客户之间的受信关系，该条明确其规定适用于所有符合定义的投资顾问[①]，无论是否按照法律要求应在监管机构注册，因此，豁免于《投资顾问法》的注册要求并不豁免于受信义务。[②] 许多证券公司网页均设有"专业人士在线"栏目，使投资者直接与"当值专业人士"对话、获得包括对具体股票何时或以何价位买入、卖出或持有等建议，证券公司也应对此类建议负有受信义务。出于周延保护投资者利益的考虑，法律所应实现的效果是，无论投资者选择在何处获得具体的投资建议，其获得的保护应是同等的，否则必然会引起监管套利。

但反过来，互联网、电视、平面媒体上充斥着财经专栏作家、"名嘴"对市场走势、板块行情的预期和评论，也在很大程度上影响着投资者的判断和决策。对该类人士是否应当施加必要的义务甚至受信义务？美国《投资顾问法》第 203 条规定，排除该法对"真正"和"公开并正常出版发行"出版物的适用。在著名的 Lowe 案中，多数意见主张，只要被告和其订户之间的交流是非个人性的，没有发展为个人关系，那么就得以豁免于《投资顾问法》。[③] 另外，英美法系虽然认为银行与客户之间只存在金融消费关系，在一般情形下银行并不作为受信人，但当银行劝诱年老消费者购买预期风险承受能力不适当的理财产品，或者利用消费者的信赖而施加不当影响使其购买复杂的理财产品，也使简单的推销关系转变为银行与消费者的受信关系。[④] 可见，法院的主要审查标准在于投资者与建议者之间是否存在个体化的信心与信赖，如有，方构成受信关系。

在我国，对面向公众的公开咨询业务采用资格要求和行为要求的双重标准，机构和个人必须先行取得中国证监会授予的从业资格，在公众场所举办或刊登广告的集会性证券投资咨询活动须经证监会派出机构审批，不得

---

① SEC v. Capital Gains Res. Bureau, Inc., 375 U. S. 180 (1963), at 194-195.

② 有意思的是，美国《投资顾问法》对投资顾问采取了"investment adviser"的拼写方法，而在通俗用法中，存在 advisor 的用法。

③ Lowe v. SEC, 472 U. S. 181 (1985).

④ See Alastair Hudson, Law of Finance, Sweet & Maxwell, 2009, p. 100, 103; Donovan Waters, Banks, Fiduciary Obligations and Unconscionable Transactions, Canadian Bar Review, Vol. 65, 1986, pp. 37-74.

有建议投资者在具体证券品种上进行具体价位买卖等方面的内容。《证券投资顾问业务暂行规定》限制"证券投资顾问不得通过广播、电视、网络、报刊等公众媒体，作出买入、卖出或者持有具体证券的投资建议"。对证券分析师，《发布证券研究报告暂行规定》要求通过公众媒体发表涉及具体证券评论意见时，须由所在机构统一安排，禁止明示或暗示保证投资收益，但没有要求分析师披露利益冲突。

四、公共信息提供者

金融市场中，间接融资模式下由银行等金融中介实现信用转换功能。但在直接融资中，建立在彼此熟悉的人际与社会共同体关系基础上的"关系金融"随着社会结构复杂化而逐渐边缘化，当投资者面对几乎全然陌生、空间距离遥远的融资者时，交付资金所需的信任厚度非常高。融资者促使投资者托付信任的一种途径是通过担保的方式提升自己承诺的可信度。另一种途径，如本书第一章第三节所述，则为以对信任维持机制有效性的信任代替对具体对象的信任，将具体信任转化为抽象信任，从而削薄所需信任的厚度（这种途径实际上也可以理解为担保）。详言之，投资者为未来回报而托付资金于他人，即便对所投资对象的品质与可信度并不完全熟悉，但至少可以建立在对其决策所依据的所有信息和数据是正确可信的信任上，也可被整个市场及其运行机制的信心所支撑。

看门人是证券市场运行的重要机制。证券分析师、审计师、会计师、承销人、资信评级机构、代理投票顾问等被认为是证券市场的"看门人"（gatekeeper）。在证券市场的非对称信息结构下，发行人须向投资者传递信号以标明融资项目的品质，最直接的信号是价格，但价格很容易被模仿，最终仍会导致劣币驱逐良币。缓解逆向选择问题的方式是由市场中的重复博弈者作为信号甄别与传递者。具体而言，律师对发行人运行的合规性和作为发行主体的适格性发布专业判断，审计师对发行人资产负债表所记载的财务状况和审计期间的经营成果与资金变动进行鉴证和评价，承销商或保荐人则在会计师事务所、律师事务所等机构所提供的基础信息上进行独立复核、筛选与整合，向监管者或市场进行推荐。投资银行为发行人有关交易担任财务顾问并发布交易是否公平的意见；证券分析师考察发行人相对同行的财务与经营状况，对投资者发布是否购买的建议；评级机构评估发行人未来偿债能力，并制作成简洁明了的符号。而且，由于该评价与标示体系统一地应用于债券市场各融资主体，投资者可以一目了然地观察并比较各发行人的偿还能力，进行不同风险偏好下的投资组合搭配。

是以，看门人的作用包括：(1) 收集、获取有关证券及其发行人的事实信息；(2) 鉴别、核实、分析、筛选；(3) 利用专业知识和技能在有关信息基础上形成对证券品质的评估与判断；(4) 向监管者和市场传递。同时，看门人机制也抑制了发行人管理层的机会主义行为，审计师对发行人财务状况的年度报告向市场披露了管理层是否存在偷窃行为，证券分析师对发行人管理层商业决策质量的评价直接反映在其投资建议中，更遑论承销商与保荐人对发行人行为的直接约束和影响。看门人调整其意见，或者只是要求发行人提供更多信息，都是向市场传递警戒信号。证券法对收集和生产信息的劳动进行分二，在投资者缺乏足够的能力和动力获得信息、监督和纠正发行人的行为时，看门人群体实现了监督的专业化。

上述中介机构是市场中的信息提供者和加工者，提升市场中信息的可得性与准确性，同时由于其为市场中的重复交易者，他们以自己的声誉为担保向投资者提供金融产品的核实和鉴定服务，为金融产品供应者提供产品质量担保。① 市场对律师、审计师、证券分析师和评级机构等专业人士的信任，是其从事信息生产与声誉出借活动的资本，也因此产生了规制的需要。若上述专业人士违反了忠实、独立与公正的职业守则，信任崩塌将损害证券市场的效率，并带来社会经济结构的巨大变动。看门人目前存在的严重问题是，这些机构虽肩负公共职责，却又深陷于利益冲突之中。他们由自己负责监督的对象所聘请，从自己负责监督的对象收取费用，接受来自自己负责监督对象经理人的指令，却要向投资者保证其负责监督对象发行的证券质量。在2007—2009年美国金融危机之前，美国学界的主流观点是采用声誉机制约束以声誉为资本的机构并解决证券市场，特别是发行市场的信息不对称与委托代理问题，作为对市场失灵的自我纠正。

但数次金融危机充分表明，声誉机制并不可靠。首要问题在于声誉机制忽略了委托人不清时看门人的激励约束问题，也忽略了看门人并非单个

---

① 〔美〕科菲：《看门人机制：市场中介与公司治理》，黄辉、王长河等译，北京大学出版社2011年版，第3页。

独立主体，而是由诸多独立个体组成的。看门人内部存在严重的委托代理问题，对个体而言，放弃职业守则迎合客户的收益可能大于声誉损失，因后者是由商号所属机构全体同行共同分担的。其次，如前文所述，专业知识不对称导致专业人士的过错很难被观测，即便观测到专业人士的过错，单个投资者也无动机和能力进行传播；市场结构的特殊性更会改变看门人为声誉计拒绝为劣质产品提供担保的成本收益比。[①]

声誉与法律是约束行为的两种基本机制，前者不足时，后者须替代或补充之。虽然没有直接控制或管理"他人的钱"，但向他人提供投资建议者依然具有难以想象的经济力量[②]，将左右社会中资本的流向，并影响市场的融资成本。法律对这类公共信息提供者的不当行为应如何应对？有学者呼吁，改变现行法规定，在直接的委托代理关系之外，也要求公共信息提供者对信息的受领和使用者负有受信义务。[③] 笔者认为，一概地对公共信息提供者施以受信义务并不合理，须结合行业与交易特征对看门人进行分类讨论，对部分看门人，认定其为最终投资者的受信人与实际交易架构不符；且从成本收益分析的视角，最终并不一定促进市场效率和社会福祉。

以证券分析师为例，证券分析师一般分为卖方分析师、买方分析师和独立分析师三类。其中卖方分析师供职于券商，其研究报告公开发布，供机构和个人投资者使用；买方分析师供职于共同基金、养老基金、保险公司等投资机构，为本机构投资决策服务，独立分析师则不任职于任何券商、基金公司，旨在提供公正、客观的证券评价。分析师的职能为收集和分析信息，基础研究评价企业的商业策略、竞争环境等，技术研究则通过各种计算分析未来价格走势，使市场了解有关证券定价与内在价值的偏离，从而提高市场的

---

① John C. Coffee Jr., Ratings Reform: The Good, the Bad, and the Ugly, Harvard Business Law Review, Vol. 1, No. 1, 2011, pp. 231-278。数据显示六家投资银行（雷曼兄弟、贝尔斯登、摩根士丹利、JP摩根、瑞士信贷、美国银行）占据了抵押支持债券（MBS）承销市场的过半份额，十二家投资银行占据了 MBS 承销市场的 80%份额。可见 MBS 承销市场高度集中。MBS 信用评级若为买方市场，评级机构为获得稳定客户、扩大市场份额而出售虚抬的评级的可能性就大为提高。

② David B. Levant, Financial Columnists as Investment Advisers: After Lowe and Carpenter, California Law Review, Vol. 74, No. 6, 1986, pp. 2061-2100.

③ 例如，法院认为公司聘请的审计师只对公司现任股东负有受信义务，对公司未来股东则不然。Caparo Industries v. Dickman, 2 AC 605(1990).

定价效率。[①] 传统上证券分析师的研究报告不向公众投资者公开，近年来随着互联网的普及和现代通讯的发展，公众可以通过各种渠道获得研究报告，证券分析师也频繁利用媒体发表其对股票和市场的观点。但市场对分析师观点的客观性和中立性由来不乏怀疑，特别是卖方分析师，其受雇于券商，而券商从事证券承销和自营业务，利益冲突不可避免。此外，分析师自己也可能投资股票，安然案之后，市场认为分析师不负责任的研究报告对市场泡沫负有责任。

证券分析师并不提供一对一的投资咨询服务，其职责在于向市场提供信息，是否应承担向公众投资者的受信义务呢？分析师与投资顾问之间最重要的区别在于，分析师在作出买入或卖出股票的推荐时，并不提供个人化建议，也并不考虑投资者的个人情况。而投资者作为信息的受领者并不了解分析师提供特定信息的依据和利益涉入程度，在大多数情况下，他们不可能获得充分的、完全的信息。[②] 本质上讲，证券分析师的研究报告具有公共产品属性，必然伴随不付费消费的搭便车行为，因而该行业必须依赖于投资银行、共同基金的经费支持以生存，利益冲突几乎是天然存在的。在公众投资者和看门人之间构建委托—代理框架，使看门人对公众负有受信义务，看起来具有吸引力，但实际上操作性很弱，因为无法克服付费的"搭便车"问题和监督的"集体行动"问题。且不论分析师并不对投资者提供个体化的投资建议，将其视为公众的受信人于理不合。受信义务的核心为专一的忠实(undivided loyalty)，若强行将证券分析师置于受信人的角色，过度地追求其经费和信息来源的独立性，将导致分析师行业回归封闭或者很大一部分公司无法成为分析师研究的对象，证券市场的有效性会大幅降低。[③] 基于成本收益分析，虽然可能"纯化"其收集和加工信息的动机，但最终结果是大幅加剧公众获得信息的成本。

---

① Securities & Exchange Commission, Statement Regarding Global Settlement Related to Analyst Conflicts of Interest, Apr. 28, 2003, at http://www.sec.gov/news/speech/spch042803com.htm，最后访问日期：2020 年 12 月 23 日。

② See Elizabeth A. Nowicki, A Response to Professor John Coffee: Analyst Liability Under § 10(b) of the Securities Exchange Act of 1934, University of Cincinnati Law Review, Vol. 72, No. 4, 2004, pp. 1305-1352.

③ See Jill E. Fisch & Hillary A. Sale, The Securities Analyst as Agent: Rethinking the Regulation of Analysts, Iowa Law Review, Vol. 88, No. 5, 2003, pp. 1035-1098.

与分析师类似的是信用评级机构。信用评级就是专业人士收集并加工有关证券发行人的复杂信息并以简单易懂的符号和排名代表该证券的质量，并展示给社会公众。当信用评级机构向订阅者收费时，评级机构与订阅者之间存在消费和代理关系，评级机构应保证其提供的信息是真实准确的。但由于信用评级机构提供的信息具有公共品属性，其深受搭便车行为困扰，故从20世纪70年代起改为发行人付费的机制，虽然公众依然使用并依赖评级机构提供的信息，但信息质量却被严重的利益冲突所影响。发行人既是评级机构的评估对象，又是其评估产品的购买方，评级机构会倾向于不当地提高评级以迎合购买方对高评级的需求。因而，对评级机构的监管面临两难选择，若不回归发行人收费模式，很难要求评级机构以公共投资者的最大利益为圭臬行事；若回归发行人收费模式，则评级机构可能大幅缩减其评级覆盖面或者评级投入，最终也会导致市场中的信息成本回升。

目前较为可行的是通过事前强制信息披露、事中利益冲突限制、事后公共执行的方式加强看门人监管，保证其"最低限度的独立性"。以承销商为例，美国法禁止承销商在与发行人存在任何所有、控制或借贷关系的利益冲突时参与承销公开发行的证券，除非已向市场作了充分披露，并与另一适格、独立承销商合作承销[①]；否则，SEC可依据1934年《证券交易法》第20条对承销商提起诉讼。安然案后对分析师经费来源的限制、利益冲突的强制性披露、信息隔离的建立等也反映了监管部门对分析师职能公共性进行严格监管。评级机构亦如是，金融危机后《多德—弗兰克法案》不仅希望切断评级机构与发行人及承销商之间的密切关系，而且要求评级机构对其评级所依据信息应负有合理调查和核实、确保信息真实的义务。笔者主张，对资产支持证券（ABS）等衍生品，应要求评级机构聘请独立调查机构核查基础交易，如抵押合同、借款人的信用等。评级机构及其人员行为不当时，除承担民事责任外，还应承受警告、公开谴责、罚款、禁入等处分。

公共信息提供者对投资者不负有受信义务。对公共信息提供者的民事责任追究，只能是侵权责任。以分析师为例，对不当行为的私人诉讼很难达到反欺诈条款所要求的标准：虽然分析师对研究报告的署名，被视为其作出独立、公正和客观推荐的默示承诺，报告中任何虚假或误导性陈述均应视为

① American Financial Industry Regulatory Authority Rule 5121(2014).

其明知不当;但与损害之间的因果关系很难证明,除非推荐与证券价格的下跌被证明有直接关系。[①] 在美国,许多针对分析师的诉讼在起诉阶段即因无法证明因果关系被法院驳回。或许,哥伦比亚大学 Gilson 教授和 Gordon 教授提出的"代理资本主义"可以提供一些启示,即寄希望于股东行动者作为全体股东的代理人充当一个强大的委托人监督上述看门人[②],但此命题已远远超过本书的讨论范围,且也不适宜成熟度较低、机构投资者力量尚不足的市场。

第三节 专业服务领域受信规则的特殊性

前文曾指出合同法的局限性在于其调整对象的模型是基于 19 世纪末一次性的、平等自愿的交易打造。但受信规则也诞生于近代,其关于受信关系的烙印同样是旧式的:代理是一个自然人为他人在特定的交易中行事,信托为家庭成员之间分配财产收益的工具,咨询为个人专业人员依据其占有的知识或者信息优势为他人提供建议。在这样的受信关系中,各方互相了解,集中在相近地理位置,委托事项较为简易明确。但今日之专业服务领域,委托事项可能错综繁杂,受信人也不再局限于个人或小型事务所,而发展为跨地域、多部门、多业务的大型专业机构,由此产生了该领域受信规则的特殊性与变化的必要性。正如 Paul Finn 法官所说:"指明某人是受信人

---

① 在 Lentell v. Merrill 中,法官宣称:"任何依据反欺诈条款提起的诉讼,必须证明被告被诉行为导致了原告的损失。原告的损失必须是被告虚假陈述或重大遗漏所可以合理预见的后果,除非原告证明被告虚假陈述或重大遗漏是股价下跌的原因,比如该虚假陈述或重大遗漏对市场隐瞒了某些消息或风险,其被披露后对股票价值带来了消极的影响,否则原告的损失就是不可预见的。普通法的反欺诈诉讼和《私人诉讼改革法》的要求相似,均要求原告提供足够的证据证明被告的虚假陈述或重大遗漏与股价下跌之间存在因果关系,仅证明被告的虚假陈述或重大遗漏导致了股票购买时的价格与其真实投资价值的差异是不够的。"法官还明确指出:"利益冲突可能带来欺诈,但在没有相关其他证据的情况下不能证明欺诈。"See Lentell v. Merrill, 396 F. 3d 161 (2005)(U. S.)

② Ronald Gilson & Jeffery Gordon, Agency Capitalism: Further Implications of Equity Intermediation, in Jennifer Hill & Randall Thomas, eds. Research Handbook on Shareholder Power, Edward Elgar, 2015, pp. 32-52.

几乎没有任何意义，除非能够同时指出何种原则和规则于此情形适用。"[1]确认受信关系的存在只是分析的起点，在专业服务领域，更要害的问题是受信规则可能对该关系之中和之外的专业人士行为与行业惯例产生何种规制效应。

一、义务群体与对象定位的公共政策导向

对特定群体施以受信义务，是政府干预的一种方式，直接改变市场主体行为的风险与成本。鉴于消费者并不具有自我福利最大化的能力，以理性主体平等自愿协商为基础的合同法不足以调整专业服务中出现的知识信息分布不对称问题；专业服务的专业性、智识性、不可储存性和固有风险也导致以知情权、反悔权和告知义务为核心的消费者保护法力有不逮，产生特别调整的需要。专业群体包括律师、医疗从业者、建造专业人员、资产评估师、保险经纪人、金融服务从业者、审计师和精算师等诸多类别，各群体须以最大的诚实和正直行事、遵守法律法规或行业协会制定的行为标准自不在话下。然则，何以有的专业群体对其客户负有受信义务？法律选择的标准究竟为何？

专门训练而获得专门的知识与技能并不能提供有力解释，美容、健身、驾驶、餐饮等行业亦需要专门技能。一个可能的解释是所保护法益的重要性。医疗行为涉及人类的生命与健康，建筑行为关乎人类活动空间的基本安全，律师维护公民的基本权利与法律的公平正义。然而，不能解释的是，管制证券经纪人、基金受托人、投资顾问旨在保护的法益有何特别之处。当然，金融行业无疑具有重要性，专业人士所辅助管理的可能是平民百姓的教育基金、养老金或终生储蓄，深切影响普通民众的福祉。但无法解释，为何同为代理人，保险经纪人的行为标准远低于证券经纪人。

专业服务受信关系的本质特点在于，只有受信人才有其履行职责与否及质量好坏的信息。委托人没有能力或资源界定受信人的行为如何违背约定或相应行为规范，同时，委托人也不具备实力或可信度以有效威胁或实际实施声誉制裁。双方知识、信息与谈判能力的不对称性决定了委托人对受信人的依赖与相对受信人的弱势地位——委托人承担了受信人行为的全部

---

[1] Paul Finn, Fiduciary Obligations, Carswell, 1977, para. 2, p. 1.

风险，由此产生了法律干预的必要。

是以，对义务群体定位不免考虑受信义务指向对象的特征类型。金融投资领域对零售投资者/机构投资者、成熟投资者/非成熟投资者的划分便是一例。澳大利亚的 ASIC v. Citigroup 案中，法院对投资银行与客户之间就顾问协议免除受信义务适用的条款是否有效的裁决引起很大争议。[①] 花旗银行集团（Citigroup）为一家公司提供并购顾问服务，本应对该公司负有受信义务，但双方在协议中免除了受信规则的适用。Citigroup 的自营部门买入了其并购对象的股票（该部门声称对此并不知情），抬高了可能的并购价格；后银行虽然及时停止了该利益冲突行为并进行反向操作，但市场中其他机构投资者察觉上述交易后判断并购极可能发生，大量买入了并购对象股票导致其客户须负担更高并购成本。澳大利亚法院认为，法律并不禁止投资银行与其并购财务顾问的客户之间，在协议订立的启动阶段即排除受信规则适用，且投资银行与其提供顾问服务之间的客户的交易惯例中可以推出客户对投资银行可能造成利益冲突的自营行为有默示同意。[②] 无独有偶，在美国，SEC 起诉高盛在设计、销售担保债务凭证（CDOs）时对 ACA（Angel Capital Association）资本和买方德国产业投资银行（IKB）涉嫌证券欺诈。SEC 主张，保尔森对冲基金公司明确提出要做空其认为将要崩盘的次级抵押贷款债券，并向高盛支付了 1500 万美元要求高盛设计产品结构并寻找对赌对手；高盛与买方 IKB 之间存在长期信任关系，但高盛并未向 IKB 披露保尔森对冲基金在个人住房抵押贷款支持证券（RMBS）参考组合的筛选中扮演了重要角色，也应披露但未披露 IKB 保尔森公司的做空位置，甚至误导 ACA 相信保尔森公司将做多。IKB 在交易中共亏损 10 亿美元。最终，该案以高盛支付 5.5 亿美元，承认“未披露保尔森公司在组合选择中的作用与其他投资者相反的经济利益”这一事实，与 SEC 和解告终。然而，非但高盛并未承认其对 IKB 负有披露保尔森做空打算的义务，在学界，高盛作为经纪人是否应对其经常往来的机构投资者客户负有受信义务，也存在大

① See Joshua Getlzer, ASIC v. Citigroup: Bankers' Conflict of Interest and the Contractual Exclusion of Fiduciary Duties, Journal of Equity, Vol. 2, 2007, pp. 62-70.

② ASIC v. Citigroup Global Markets Australia Pty Ltd (No 4) [2007] FCA 963.

量质疑。[①]

不过,当交易对方是“手无寸铁”的零售投资者时,法律可能毫不犹豫地对有关专业人士施以受信义务。前文有关美国证券经纪人对零售投资者提供投资建议时应负受信义务的改革与高盛案之对比可作充分说明。另外,按照受信法的一般原则,违反注意义务的责任可以协议豁免,但英国法规定雇员退休基金的受托人及其授权的投资经理不得免于承担不善经营的责任。[②] 2000 年英国《金融服务市场法》(Financial Services and Markets Act)规定,任何试图豁免管理人或受托人怠于谨慎勤勉而应承担的责任的单位信托契约无效。[③] 类似地,美国《雇员退休收入保障法》也强制规定了雇员退休基金计划管理人的注意义务。

施行受信规则的成本与收益会成为重要的考量因素,反映出受信主体的选择与确定,不仅是规范问题,也是政策问题。如前述案例中,法院允许投资银行与成熟投资者通过协议概括性豁免受信义务。当交易对方是有足够谈判力量、得以通过重复博弈制约专业人士行为的成熟投资者和商业伙伴时,适用受信规则并无必要,反而可能构成资源浪费,谈判和声誉机制是成本更低的选择。另外,受信义务作为一种强规制工具,可能对行业产生重大规制效应,并不一定产生对看门人促进投资者利益的有效激励,反而显著减少证券市场的有效信息量。更重要的是,当投资者谨慎且多疑时,看门人的作用才能充分发挥——投资者无法奢求看门人代替自身的自主思考。通过受信规则进行风险和损失再分配,并不能实现社会效率最优。对义务群体定位的公共政策导向,还反映在政府与行业之间的拉锯上,立法者对维系系统信任与实现实质公平的欲求需克服大量的行业游说。虽然许多专业群体强调职业伦理,将之作为一种抬高职业门槛、维护职业垄断的手段,但几乎没有专业群体愿意成为受信人。Coffee 教授总结 20 世纪会计行业只主要致力于实现两个目标:(1) 获取并保护行业自治性;(2) 限制其作为看门

① Steven M. Davidoff et al., The SEC v. Goldman Sachs: Reputation, Trust, and Fiduciary Duties in Investment Banking, Journal of Corporate Law, Vol. 37, No. 3, 2012, pp. 529-554.

② United Kingdom Pensions Act (1995), § 33(1).

③ United Kingdom Financial Services and Markets Act (2000), § 253.

人的责任。[1] 成为受信人意味着未经他人许可不得从事利益冲突交易、不得获取不合理薪酬、在利益冲突时须优先考虑他人利益、专业决策须经外行的实质审查，不仅很可能应对大量后果不确定的诉讼，还须为此购买保险。因而，行业群体常极力游说立法者和监管者，主张将其列为受信人将不必要地增加交易成本，造成效率损失。所以，在美国常常呈现显著的危机立法特色，只有危机引发的强烈而广泛的改革呼声，才会迫使国会出台严格监管金融行业的立法，扩大受信主体范围或者加重某一主体的受信义务。

二、利益冲突的调和机制

为了维持公众信任，专业人士必须以最高程度的诚实正直行事。诚实正直是专业形象的基本要素。它是公众信任的肇始，也是专业人士决策免于逐项检验的基准。“忠实义务的内涵在广义上就是一个利益冲突问题。”[2] 对信托和代理关系中的受信人行为标准，本书第二章第一节已有细述。咨询关系中的受信规则核心是强调在咨询事项范围内，受信人须将其技能和知识一概“交付委托人由其处置”，若有所欺诈隐瞒，则视为违反受信义务。[3] 今日专业服务领域受信规则虽严厉品性与气质不变，但时移世易，具体细则已大不同前。

仍以投资管理关系为例，取决于基金的组织形式，受托人（董事会或普通合伙人）基于组织法或监管法的规定和合同约定对基金和基金投资者负有受信义务。而基金管理人，若其外置于基金，则按照监管法和合同约定对基金和基金投资者负有受信义务。在美国，证券监管法明确管理人对基金和基金份额持有人负有忠实义务，不过，其形式与内容比之传统信托法有所改变和发展。其一，《投资公司法》《投资顾问法》和 SEC 的规则、释令将忠实义务的具体规则成文化；SEC 成为投资顾问受信义务的主要执行者。其二，忠实义务的内容有所扩充，管理人的如实披露义务、合规义务逐渐成为忠实义务的重要内容。其三，具体规则发生变化，监管对投资顾问利益冲突交易的立场转变，投资顾问避免利益冲突义务演变为管理利益冲突义务；同

---

① 参见〔美〕科菲：《看门人机制：市场中介与公司治理》，黄辉、王长河等译，北京大学出版社 2011 年版，第 215 页。

② 邓峰：《普通公司法》，中国人民大学出版社 2009 年版，第 359 页。

③ Spector v. Ageda, Ch. 30 (1973)(Eng).

一基金管理人管理多个基金的模式对“不可分割的忠实义务”提出挑战,催生了公平对待受益人义务的重要性;“无私利”规则被突破,基金管理人被允许从受托职位中取得合理报酬。

美国最高法院认为,《投资顾问法》第206条的立法意图在于消灭,或至少披露,所有可能导致投资顾问有意识或无意识地偏离其提升受益人利益目标的利益冲突。而美国SEC早在1948年就提出,投资顾问对其客户负有为客户最佳利益行事的义务。① 其中,规制的人最主要的行为规则为:(1)无冲突规则;(2)无利润规则;(3)专一的忠诚;(4)保密义务。②

无私利规则是非常古老的受信规则,在受信制度发展初期,受信人被禁止因受信获得报酬。为防止受信人为个人利益滥用其职位,未经委托人或受益人事前知情同意,基于其受信职位而获得的所有利润包括其孳息均归委托人或受益人所有。但在如今商业环境中,专业服务人员往往获得较高报酬,报酬合理性也可能成为司法审查的对象。以共同基金管理人的佣金为例,虽然立法者意图抑制对管理人过高的支付,但法院认为,只要管理费“没有不成比例地高昂、与管理人所提供服务之间没有任何合理联系以至于不可能是臂距交易的结果”,即为合理。③

另外,基金管理人选择经纪服务时,使用基金财产向券商支付报酬,券商可能向其提供现金或非现金形式的优惠、福利或服务,后者被称为“软佣”。软佣的本质属于基金支出的隐性成本,以基金财产支付的佣金为代价,应当用于基金从而使投资者获益,但券商向基金管理人提供的软佣经常也使管理人自身获益,从而违反无私利规则。不过立法者也认识到合理的经纪或研究服务确实能够提升投资管理的效率和质量,1975年美国国会对《证券交易法》进行修订时,通过第28条(e)款,为基金管理人以经纪费用(brokerage commission)的方式使用他人提供的研究成果、产品或者经纪服务并且从基金财产中支付费用提供了安全港。SEC在1986年、2006年的两次行政解释中,对第28条(e)款增加了更为细致的约束。例如,规定了研

---

① In re Arleen Hughes, Exchange Act Release, No. 4048, 27 S. E. C. 629, 1948 WL 29537 (1948).

② See Law Commission of United Kingdom, Fiduciary Duties and Regulatory Rules, Consultation Paper, No. 124, 1992.

③ Gartenberg v. Merrill Lynch Asset Mgmt Inc, 694 F. 2d 923 (1982)(U. S.).

究服务与经纪服务的具体内容与类项;研究或经纪服务必须为基金管理人从客户利益出发履行职责提供了合法且合宜的帮助。而且,基金管理人只能对直接帮助其作出投资决策的成果、产品或服务付费;除非经客户同意,上述成果、产品或服务也只能用于基金管理人收取该费用的客户,即"取之于谁,用之于谁"。

无冲突规则要求受信人须将委托人利益置于自身利益之上,并禁止未经授权的利益冲突行为。管理人为基金提供投资管理服务时,其自身的利益可能与其为受益人最大利益行事的职责发生冲突,可能产生冲突的情形包括:管理人在交易中处在与受益人相对立或者相冲突的地位,在自我利益的诱惑下,管理人可能作出背离其职责的行为;管理人在面临投资机会时,在个人利益的驱使下与受益人相竞争;管理人索取过高的报酬和费用,损害受益人利益;等等。现代投资管理行业中,利益冲突很难消灭,也没有必要完全消灭。首先,现代投资管理行业不同于传统信托,参与主体多元且互相依存,法律关系复杂,利益冲突发生更为频繁,一味地禁绝利益冲突交易,并不必然有利于投资者。其次,资本市场瞬息万变,传统信托法要求对每一冲突进行事前授权,但这一要求可能使基金丧失投资机会,对受益人众多的基金而言,也意味着高昂的交易成本。再次,现代司法制度与技术的发展使得管理人投资行为无所遁形,管理人隐藏利益冲突损害受益人的可能性大为降低,不再需要通过阻吓和威慑来弥补司法技术的不足。因此,美国证券监管法采取更为灵活的方式应对投资管理中的利益冲突。在不改变避免利益冲突这一原则性要求的前提下,对危害较大的利益冲突,原则上禁止,取得监管机构豁免或者受益人明确同意的可以作为例外;对危害较小的利益冲突,突破受益人同意原则,可通过概括性地披露和授权进行。但 SEC 强调,合规的要素在于充分且真实的信息披露(full and frank disclosure),若基金管理人对基金的告知存在虚假陈述、重大遗漏或引人误解的表述,同意或授权产生效力的基础不存在,管理人将就违法交易和欺诈行为承担责任。某些特定情形下投资者事先知情的同意并不能豁免利益冲突交易于事后审查。因争议事项具有高度复杂性与技术性,而利益冲突又是如此严重,以至于法院不认为投资者基于其自身的知识和经历能完全地理解其同意交易的后果。[①] 易言之，法院怀着“父爱主义”担忧投资者不能成为其自身利益最佳的守护人，认为其同意争议交易是不合理的。

忠实义务规则在专业服务领域的特殊性最集中表现在“责任—责任”冲突的情形。传统受信制度严格信守“一仆不得事二主”的规则，但随着专业机构规模的不断扩大、内部业务不断细分和客户人数的飞速增加，专业机构中的不同部门或个人分别为同一事项中的利益对立方行事的现象不可避免。例如，在英国，基金顾问的市场基本被 Towers Watson，Mercer 和 Aon Hewitt 三家瓜分[②]，同一公司很可能在相近或相同事项中事多主。依据受信制度原理，试分析如下。首先，如果受信人从一方或多方处获得报酬，则必须向其所代理或提供建议的各方披露报酬的数量和来源。其次，受信人必须向各委托人披露其同时代理/咨询的情况，并获得各委托人充分知情的同意方可行事，未经同意而径行双方代理/咨询的行为无疑是违反受信义务的。受信人须向各方明确说明双方代理/咨询可能发生的所有风险和冲突。再次，受信人须进行持续性的信息披露。受信人从一方委托人处获得的任何有关委托事项的信息，都必须即时向对方委托人披露。[③] 最后，即便委托人同意受信人同时为对方服务，委托人有权认定受信人对其仍负有不可分割的忠实义务，易言之，受信人既不得向他人披露有关委托人的信息、又不得就委托事项的有关信息对其有任何隐瞒，仍需为其最大利益行事。综上，双方代理/咨询的结果必然是受信人对双方的受信义务均不可能完全履行受信义务，特别是保密义务与披露义务，但这种折衷和妥协又是法律所不允许的，将给受信人造成极大风险，是以双方代理/咨询在实践中并不多见。在各方利益并不对立的情形，受信人须就同时代理/咨询征得各方的事前概括同意；在利益冲突切实发生时，受信人仍负有向每一个涉及的委托人如实披露的义务，事前的概括授权并不免除受信人怠于披露的责任。同时，受信人不得有意地或者至少明知地偏向其中一名或几名客户，亦即在不同客户

---

① The Law Commission of United Kingdom, Fiduciary Duties and Regulatory Rules, Consultation Paper, No. 124, 1992, p. 118.

② The Law Commission of United Kingdom, Fiduciary Duties of Financial Intermediaries, Consultation Paper, No. 215, 2013, p. 41.

③ 根据代理法原理，代理关系中，代理人知晓某一信息视为被代理人也知晓，推而广之，雇员知晓的信息视为雇主知晓，企业的一部分所知晓的信息视为企业的各部分全部知晓。

间必须公平行事。[①]

在大型专业机构中,信息隔离的设置看似为各行其是提供了可能。以投资银行为例,监管部门通常要求投资银行的咨询、承销、自营与研究部门之间设立信息隔离(Chinese Wall,又称“中国墙”),禁止使用其他业务中获得的内幕消息进行自营或销售业务。不过,目前法律尚未承认证明有效信息隔离可以推翻“企业一部分知悉信息则视为全部知悉”的推定。英国法更进一步认为,信息隔离的设立无法豁免受信人避免利益冲突的义务。设若中国墙所隔开的是企业自身利益与其客户的利益,或者企业的不同部门在信息隔离情形下为同一交易中的利益对立方工作,则即便其遵循了不透露或使用客户内部信息的义务,依然构成利益冲突。这一观点是完全合理的,在同一机构代表同一交易的不同方情形中,受信人对各委托人的受信义务均面临实质折损,中国墙仅在形式上规范受信人对委托人内部信息的使用,其法律效力非常有限。

另一种可能的冲突情形是专业机构中的某一部门在为一方行事中了解有关信息,其后在另一事项中为另一委托人服务,涉及前述信息。这种冲突最可能在咨询服务中发生,核心问题是专业服务者应采取何种合理措施保护前任委托人的利益。受信人基于受信关系获知了前任委托人的保密信息,则可推定受信人所在机构也获得该信息。若前后两个受信关系所涉事项具有密切相关性,则受信人对前任委托人的保密义务将与对后任委托人披露所有相关已知信息的义务发生冲突。然而,一概禁止此类交易是不现实的,特别是考虑到某些行业专业机构的集中度、规模和地域范围。若前后两个受信关系所涉事项不具有相关性,比如投资银行在为一家IPO企业做尽职调查时发现其子公司存在秘密贿赂官员的行为,其后又为另一家企业与该子公司的战略合作担任顾问,此时投资银行是否应向后任委托人披露前述信息,目前尚无定论。在这一问题的讨论中,公共政策依然影响着立法与司法的走向,比如对律师界,由于鼓励客户与律师之间坦诚相待、建立充分信任、从而为民众提供最好辩护的利益对社会太为重要,律师对客户信息的保密义务是几无例外的,因此美国法中律师遇到前述情形,最好的办法是

① Matthew Conaglen, Remedial Ramifications of Conflicts Between a Fiduciary's Duties, Law Quarterly Review, Vol. 126, 2010, pp. 72-101.

回避代理后任委托人。无论如何,受信法在"责任与责任冲突"问题的严格态度可能促使大型专业机构进一步完善自身的客户信息管理与隔离系统,尽早发现和管理可能的冲突风险。

不同于传统信托法与受信法的其他分支中依托受益人向法院提起诉讼、由法院审查并制裁受托人违反受信义务的行为这一做法,在证券市场中,受信义务的执行主要依赖证券监管部门。美国 SEC 作为相对独立于联邦政府的机构,对任何违反联邦证券法律法规的行为和个人均享有当然执法权①,还在一定程度上拥有立法权与司法权,被学者誉为"独立、高效与负责的全能机构"②。20 世纪 90 年代以来,SEC 获得了国会越来越多的授权,通过自己的行政处理程序直接处罚证券违法行为,包括对监管对象施以罚款、颁布禁止令等。SEC 还有权作为原告向联邦法院提起诉讼要求被告提供民事救济或接受刑事处罚。虽然禁止令、罚款、禁止任职等措施,SEC 可以通过自身的行政审裁程序实现,但通过司法机关的裁判加以确认,得以取得强制力,也可对受信人的威慑效果最大化。另外,由于享有对违法行为完整的执行权力,包括调查权、追诉权、裁决权与和解的权力,SEC 合规部门可以全面地调查并处分受信义务人违反忠实义务的行为,例如投资机会的分配、私募基金支付给投资顾问及相关人员的费用、员工的外部商业活动和私人证券交易、投资顾问与关联方的交易等领域。更重要的是,SEC 通过要求投资顾问在内部建立合规机制,防控违法行为的发生,将受信义务在一定程度上转变为合规义务,并将合规义务的要求细化到受信义务人的内部架构与日常运营中,从而缓冲了受信义务内涵的模糊性给受信义务人产生的风险,也降低了信息不对称造成的受信义务执行成本。

三、审慎注意作为注意义务标准

专业人士应以合理的技能和注意行事,这是英美法系与大陆法系的共识,不过义务的理论基础有所不同。在一人主张他人行为造成其利益受损的情形,法律欲对行为人施加责任,则必须在行为人的行为与受害人的损失

① 例如,美国《投资顾问法》授权 SEC 对任何可能违反该法的个人或行为进行调查。

② 洪艳蓉:《美国证券交易委员会行政执法机制研究:"独立"、"高效"与"负责"》,载《比较法研究》2009 年第 1 期。

之间发现关联性。大陆法认为对专业人士而言，这一关联来自于委任关系；英国法认为，这一关联源于专业人士基于侵权法的注意义务；而美国法则以受信义务建立关联。不过现代金融领域市场主体义务法定化的趋势使得对注意义务来源的争论显得不那么重要。英国2000年《受托人法》规定："受托人必须行使其所实际或声称具有的、或者与我们合理期待在其所从事职业或业务中应具备的特殊的知识或经验相应的注意和技能。"[①]类似地，1994年美国统一州法委员会根据美国法学会《第三次信托法重述》中的谨慎投资标准制定了《统一谨慎投资者法》，要求受托人像谨慎投资者一样投资和管理信托财产。美国法上的证券经纪人与投资顾问，在为零售投资者提供个性化的投资建议时，均负有为其客户的最佳利益行事（act in best interests for her client）的义务。[②]

主观标准与客观标准之争永远是注意义务的经典话题。客观标准即为依照法院认定的该专业群体成员应具备的合理技能和注意判断受信人的过失[③]，但主观标准强调法院应结合具体情形以具体受信人实际具备或其宣称具备的技能和注意考察。英国法采取主观与客观相结合的标准，法院将考虑被诉受信人在行业中所处的地位，具体定位到其行业中与该受信人具有类似地位和职位的人应具有的技能与注意。例外情形是，设若被告声称其为行内专家，则应适用该行业专家的标准，而不论其是否实际具有相应的技能和经验。[④] 这一标准看似明确，应用到个案中却是万难。首先，过错不可能脱离主观心理状态，而事后审查又难以推知事发时当事人的心态如何，用后见批判当时判断是不公平的。[⑤] 其次，专业人士的注意标准与普通人不同，专业人士之特殊性在于其具有特殊知识和技能以应付那些产生于其工作过程中的风险，因而必须考量其对专业知识和技能的运用。然而，由于专业性的存在，极少有行业之外的机构能够宣称其已拥有必要的专业知识来

---

① United Kingdom Trustee Act (2000), § 1.

② In re Arleen Hughes, Exchange Act Release No. 4048, 27 S. E. C. 629, 1948 WL 29537 (1948); Regulation Best Interest, 83 Fed. Reg. 21574 (May 9, 2018).

③ Rupert M. Jackson & John L. Powell, Jackson & Powell on Professional Liability, 6th ed., Sweet & Maxwell, 2007, paras. 2-120.

④ Id., paras. 11-97.

⑤ Duchess of Argyll v. Beuselinck, 2 Lloyd's Rep 172 (1972)(Eng).

制定行为标准以规控或审查某个行业中具体人员的行事。在绝大部分技术问题方面，都必须尊重行业的意见，法院也概莫能外。鉴于此，法院很难识别结果是由专业服务行为的固有风险还是由被告的过失导致，也就无法判断被告是否合理运用了其应具备的专业知识和技能应对风险。是以，对过错的讨论往往转向受信人是否按照该专业内部处于类似职位、具有类似技能的人所应遵循的行为标准、行业惯例行事，因而该标准几乎完全是客观的。例如信托法中原有的投资清单规则，要求受托人不得投资法律禁止名录中的证券，或者只得投资法律许可名录中的证券，如果超出名录，则认定受托人违反了注意义务；又例如只要基金管理人证明其合理信赖评级机构对债券的评级而管理投资，即便出现大幅亏损也不用承担违反注意义务的责任。在诉讼程序中，则表现为陪审团和专业人士证人的存在，法庭不问专业人士的过失在主观上是否不可原宥，只问对经过专业训练、具备专业资质的专业人士来说，是否在客观上是不可理解的。

日本学者受英美法的影响，主张专业人士应负有高度注意义务。在梁慧星教授翻译的能见善久教授的《论专家责任》一文中，即有如是表述。但"高度注意义务"中"高度"一词的使用可能给人们对专业人士注意义务的理解产生误导性影响。观乎原文，该概念的提出，是与其对专家特征的论述密切相关的，其认为"由于工作内容高度专门化，因此要求专家应具有与所要求的资格相符的高度的能力、技能，并且不能以能力、技能的不足作为免责理由，发生一定水准以下的行为时，即当然认定为有过失。亦即高度的能力、注意义务被客观化了"[①]。可见，"高度注意义务"，高度在于专业人士的能力和技能，而非在于义务和责任的标准；且能力和技能比较的对象是普通民众（lay person），而非同一行业内的其他专业人士。易言之，并不要求专业人士取得最理想的结果，或者发挥行业中居于前列的水平，或者个人的最好水平。在同一期专家责任的有关论文中，能更清楚地看到："专家与普通市民相比在职务上被要求高度的注意义务，但如尽了他所属专家集团人均水平的注意，则不追究其责任，就这一点而言，与传统的契约责任和侵权行

① 〔日〕能见善久：《论专家的民事责任》，梁慧星译，载梁慧星主编：《民商法论丛》（第5卷），法律出版社1996年版，第505页。

为责任并无不同。”[①]侵权法强调必须抹平个体差异，以“既非过于谨慎、又非过于自信之人”取中位数进行判断，专业人士的注意义务亦是注意义务，并不存在“高度注意义务”一说，内容与侵权法中注意义务一样，要求“合理的注意和技能”。

注意义务，论其根本，是侵权法强调在契约之外还存在大量需要人们加以注意和关心的社会关系。在给他人施加风险与自己采取措施（或自己承担风险）之间选择，意味着注意义务必然脱离不开道义论的背景。过错责任抑或严格责任作为归责原则，或者行为标准采取高度注意还是最低注意，实质上是风险分配问题。当一项行为造成的风险程度和当事人的注意能力都增加时，义务增加；当风险程度和注意能力都降低时，义务减少。本质上，这又是一个公共政策问题，当立法者认为服务受领者也应承担一部分风险时，受信人的注意义务标准也可能下降。例如在金融投资行业，受托人义务最重，经纪人的义务最轻。

注意义务是对行为状态的要求，而非对结果的要求。“审慎”是对技能的要求，“勤勉”则为对过程的要求。例如，金融领域中的注意义务与风险管理密切相关。深受投资组合理论影响，合理注意意味着分散风险和考虑投资的适当性，法院对受托人是否善尽注意的审查也脱离了单个投资的局限，而着眼于整个投资组合。[②] 美国《统一谨慎投资者法》规定，对受托人投资是否符合注意标准的判断，并不须将个别投资从投资组合中分离，而是视整个投资组合来判断，且须视其是否符合信托设立的风险与收益目标。换言之，即便组合中有高风险投资，若整个组合是稳健的，投资依然是适当的。同时，受托人负有采取合理注意和技能对信托财产进行生产性管理应用的义务，亦即“钱要生钱”，受托人不得“浪费”信托财产。[③] 英国法甚至要求雇员退休基金的受托人行使权力时必须保证整个投资组合的“安全、质量、流动性与利润”。[④]

---

① 〔日〕蒲川道太郎：《德国的专家责任》，梁慧星译，载梁慧星主编：《民商法论丛》（第5卷），法律出版社1996年版，第537页。

② Jeffery N. Gordon, The Puzzling Persistence of the Constrained Prudent Man Rule, New York University Law Review, Vol. 62, No. 1, 1987, pp. 52-115.

③ American Restatement of the Law (Second) of Trusts (1959), § 181.

④ United Kingdom Pensions Act (1995), § 34.

小 结

斯托里法官在近一百七十年前就观察到:“人类生活的大部分事务必须由那些并非凭借自己的资格,也不是凭借自己对事务的固有权力,而是凭借从别人那里获得的权力行事的人来进行下去了。”[①]在高度不确定的现代社会里,人们有偿使用他人所有的特殊技能、知识与信息为己服务,借助合约机制分配风险和划定权利义务边界,以完成个人的事业目标。

布迪厄指出,社会领域中具有许多场域,资本的价值取决于某种使这项技能发挥作用的场域存在,资本在这种具体的场域既是斗争的武器又是争夺的关键,使它的所有者能够在所考察的场域内对他人施加权力、运用影响,从而被视为实实在在的力量。具有独占性和垄断性的专业知识、技能与经验,无疑是资本的一种。[②] 从知识论的角度来看,任何知识都是高度个人化的,同时,个人也不可能穷尽完成一项事业的知识。受信关系的意义在于,通过自愿的结合,个体所拥有的知识、技能与经验可以被整合,以实现共同的事业目标。受信制度的意义则在于,通过界分权利和义务,允许委托人信任专业人士在合同无法事先界定的新情形中通过酌处权行事,从而支配自身利益。[③] 对专业人士施加受信义务恰是看到其所从事的专业对社会生活的巨大价值,为了更高地发挥其社会功能,为了巩固和促进这些专业的社会接受度和可信度,或者说体面与尊严。

行业自律与政府规制并不能取代受信制度的制度功能。行业得以独占和垄断人类体面生活必需的知识与技能,如医疗服务、法律服务,因此自我规制的动力必然不足。受信制度强制性地对特定行业经营活动中的风险与

① Joseph Story, Commentaries on the Law of Agency, C. C. Little and J. Brown, 1846, at I.

② 〔法〕布迪厄、〔美〕华康德:《实践与反思:反思社会学导引》,李猛、李康译,中央编译出版社 2004 年版,第 133—136 页。

③ Robert D. Cooter & Bradley J. Freedman, The Fiduciary Relationship, Its Economic Character and Legal Consequences, New York University Law Review, Vol. 66, No. 4, 1991, pp. 1045-1076.

收益进行重新分配，提高了行业从业人员的行为标准与执业成本，反而可能受到有关行业的抵制。政府规制诚然力图通过强制信息披露为信息弱势一方获得信息，通过实施市场准入控制、在服务领域进行专门职业资格认证、制定行业准则等方式监管行业人员的执业行为，但是政府规制本身也可能是无效率的，至少政府官员面临信息和动力不足。受信制度作为私人发起的第三方执行机制，则能有效弥补行业自律与政府监管的信息与动力不足。

但对专业服务的要求亦不宜太为严格，特别是在注意义务层面。正如本章开头引用吉登斯所描述的情景，专业人士活动构成了人类生存于现代生活的方式，专业服务者与公众之间的截然分别，已经被不断细化的分工所淡化，专业服务者很可能成为另一专业服务者的消费者。施以严格追责机制的结果是对专业人士活动课以更高成本，消费者必然将为获得服务付出更高价格。从社会总量上讲，严格追责或许会部分降低特定活动的风险，但也会限制人们的自由生活。

第四章 统一受信原则的构想

几乎所有的学者都同意受信关系具有开放性的说法。在英美法系，受信关系可以产生于立法机关的法创造[①]，也可能产生于法官的法创造[②]。受信关系的成立取决于不同情境的特定事实，如医生并不是在所有情形下均对患者负有受信义务。受信制度的基本问题就是判断在什么情境下一个关系应被视作受信关系，一方因此对另一方负有受信义务。对这一问题，目前英美法系司法界和学界给出的答案堪称凌乱。近几年，在一些学者的推动下，对判例法理的整理与提炼工作方兴未艾。以加拿大最高法院为例，从20世纪末至今二十年间，有关受信关系的判断标准反复了三次，从合理期待标准转变为弱势地位标准，后又转变为授权与允诺双重标准。政治主张不同、学养相异的法官或学者，往往会就同一个问题得出完全不同的结论；而随着社会经济生活的变革与发展，固有的共识也可能被推翻重塑，如美国从20世纪80年代延续至今的有关证券经纪人是否应为受信人的争论。由是，有学者主张，根本不存在统一受信原则的必要与可能。但笔者认为，至少对后发的成文法国家，借鉴或继受受信制度的前提是受信关系与受信义务概念的清晰化和受信原则的统一化。“发现个别法规范之间及其在法秩序主导原则间的意义脉络，并得以概观的方式，质言之，以体系的形式将之表现出来，乃是法学最重要的任务之一。”[③]

受信制度旨在维系并促进对社会具有内在与工具价值的、以信任和依

---

① 比如美国法院在20世纪60年代的案例中认为国会在投资顾问法案中的立法意图为确立投资顾问为受信人。参见SEC v. Capital Gains Res. Bureau, Inc., 375 U.S. 180 (1963), at 194-195.

② 如控股股东直到20世纪初方在裁判实践中被认为对小股东负有受信义务。参见Pepper v. Litton, 308 U.S. 295 (1939), at 306。

③ 〔德〕卡尔·拉伦茨：《法学方法论》，陈爱娥译，商务印书馆2003年版，第316页。

赖为核心的人际交往与互动。法律鼓励个人借助并依赖他人之力扩展自身的能力边界，并单单对被他人信赖的人施以严格的行为标准，这种“偏袒一方反对另一方”的家长式干预不可能出现在自由的、价值增值的交换中。法律认可并推崇受信关系的价值，以其推动了生产组织化、专业化与社会信任，因而受信制度的成长与扩张过程充满公共政策的浸润。但以情感或道义感代替精确的法律分析和思考始终很危险，法律推理与论证应当符合形式逻辑的要求。“如果法律科学想促进法律的应用与法律公正的实现，必须通过技术性的法律概念，将其研究成果转化为符合形式逻辑的样态，并通过法律构建的技术将其与既有体系相整合。”①至少，我们需要回答“如何认定受信关系”和“受信义务包括哪些内容”这两个基本问题。

受信原则统一化的问题，关键不在于界定新出现的某类关系是否应属于受信关系范畴，对这些具体问题，适用一般原则再加以法律技术或许不难解决。问题是我们必须考虑到，鉴于受信义务的虑他性和受信责任的严格性，受信关系界定可能会给某一行业或业务的实践产生规制效应，而这种效应的成本可能会超过该关系本身的价值。这一问题要求我们必须把界定受信关系这一简单命题剖为两面：规范层面的分析和政策层面的省察。本书讨论受信制度的最终目的，自然是借这一制度为矛解开目前困扰我国社会的症结。无论借鉴甚或移植，所面临的首要问题均为，对受信关系与受信义务的概括性定义和对受信规则的体系化梳理。

第一节　受信概念争鸣

对一个内容丰富、完整统一的规则体系和跨越诸多领域的相关理论与经验研究，只采取零敲碎打的方式加以了解和吸收，可能会导致对该制度的误读。但对内容丰富的规则过于追求归纳的准确性，结果可能是大部分有血有肉的特征都在统一性的要求下黯然隐去。受信制度所囊括的情形太过

① Stoll, The Role of Concepts and Construction in the Theory of the Jurisprudence of Interests, in Magdalena Schoch ed., The Jurisprudence of Interests, Harvard University Press, 1948. 转引自许德风:《法教义学的应用》，载《中外法学》2013 年第 5 期。

繁杂，对受信概念的界定必然是极为原则和简要的，以使"一大组事实构成无漏洞地和有适应能力地忍受一个法律结果"[①]。但过度抽象与概观的负效应是，实际适用将面临含糊不清的危险。各个案件之间的情形往往大相径庭，而只保留最基本共同特征的原则又留下过分广阔的可能解释空间。对受信概念抽象化与体系化的难点就在于此。

一、受信作为独立法律概念

当我们用"fiduciary"来描述或定义一个人，特定的法律后果则随之产生。受信义务源自受信关系，受信关系先于受信义务存在[②]，也是受信制度的核心。受信关系作为独立法律概念，有自己的规则体系与内在逻辑。

如第一章所述，受信义务是私法中利他程度最高的义务，受信义务要求受信人应承认、尊重并实现对方的利益，并将对方利益置于自己利益之上。无论是善意标准，还是合理期待都是在不同程度上缓和和调停相冲突对立的利益，但是受信义务要求一方将自身的利益附属于促进他人的利益，直接强制性地规定优位次序，确定一方利益的至上性。

法律经济学家并不认可受信概念的独立性，而主张受信义务是合同义务的一种，违反受信义务即为违约。理由如下：其一，受信义务往往是从双方合意一致的关系中产生，即便委托人并无明确意思表示，也至少有受信人明确、自愿的单方允诺；其二，受信义务与合同约定存在密切关联，契约中常对受信义务是否存在、程度和范围为何作出明确约定，受信义务的目的也在于促使受信人对其允诺的履行；其三，受信规则是否适用受制于委托人或受益人充分知悉的同意，即便受信人违反了受信规则，委托人的明确意思表示可豁免其责任。法经济学家 Easterbrook 和 Fischel 是合同理论的首倡者，主张受信义务无非合同的默示条款，即受信义务是"假想谈判"（hypothetical bargain）的结果。[③]

合同理论在一定程度上揭示了受信制度的本质，但在许多领域中，受信

---

① 〔德〕恩吉施：《法律思维导论》，郑永流译，法律出版社 2004 年版，第 153 页。

② See Tamar Frankel, Fiduciary Law, California Law Review, Vol. 71, No. 3, 1983, pp. 67-75.

③ See Frank H. Easterbrook & Daniel R. Fischel, Contract and Fiduciary Duty, The Journal of Law and Economics, Vol. 36, No. 1, Part 2, 1993, pp. 425-446.

制度无法被合同法取代。最简单的例子是，合同法并不禁止甚而鼓励“效率违约”，受信制度却不允许。例如，甲、乙约定甲将一支钢笔以 100 元价格卖给乙，第二日交付。但丙愿以 200 元购买该钢笔。此时，由于合同的违约损害赔偿应以守约方的预期利益而定，甲的理性选择是出卖钢笔给丙，赔偿乙的损失，乙不得向甲主张丙所支付的 200 元价款。但在甲对乙负有受信义务的情形，如甲作为乙的房屋经纪人，代乙出卖房屋，乙的心理预期是 50 万元，甲发现丙有意向以 100 万购买，则悄令其妻子丁向乙以 60 万购买房屋，再以 100 万转卖于丙。尽管乙实际并未遭受损害，乙仍可主张甲从交易中所得的收益归于其所有。概言之，甲得以从违反合同中获益，但很难从违反受信义务中获益，阻遏受信人之机会主义行为正是受信制度的首要目标。

同时，综观司法实践，法院对受信关系有关纠纷的裁判方法，也并非合乎探求当事人真意的合同解释，而是运用司法裁量界定交易实质。若确定当事人之间的法律关系属于法定受信关系类型，如信托、代理、合伙、法律咨询等，则当然适用受信义务；即便无法归入既有类型，若交易实质符合受信关系的构造，法官也会适用受信义务有关规则。当事人事前约定可能豁免违反受信义务的责任，并不能完全排除受信规则的适用；当事人事前约定各方关系为受信关系也不必然产生受信规则的适用。[①] 合同理论无法解释与回应上述司法实践。Easterbrook 和 Fischel 所论证的“默示条款”，也并不是经谈判协商形成的真实合意，“假想谈判”本质依然是法官的理性构造，而非真正的意思表示，称之为“假想谈判”无非是获取义务在政治和道德上的正当性。而且，合同义务说还无法解释合同不存在时受信人的义务，如律师对潜在客户的保密义务。

合同论者的反对者认为受信义务是法定义务，不依附于合同关系而存在。合同理论与法定理论的真正焦点应在于受信义务是否具有强制性。这一问题目前已逐渐失去争论的必要，随着政府与市场的结合更为密切，受信关系更多以制定法的形式被固定下来。当然，即便受信关系法定，也须以双方交易的真实构造为基础，法院不得以改变合同关系的真实意图与构造为目的附加受信关系于合同之上。受信关系须适应合同关系，否则合同制度

① John Glover, The Identification of Fiduciaries, in Peter Birks ed, Privacy and Loyalty, Oxford University Press, 1997, p. 281.

作为私法的基础将会被拔起。是以，受信制度虽独立于合同制度，却也不与合同制度相抵触；它着眼于合同法所并不在意的事实，调节合同法所无力调整的冲突。同时，合同得以否定某些具体的受信规则，如下文所言，因受信的本质是委托人对受信人的授权，故委托人明确的、充分知悉的意思表示，可改变违信责任规则的适用。

梅因在其著作《古代法》中称"所有进步社会的运动，到此时为止，是一个'从身份到契约'的运动"[①]。"从身份到契约"代表法律上人的权利能力不断普遍化，法律不再区分不同的主体给予不同的法律地位，进行不同的立法，从这个角度讲，契约意味着人们可以根据自己的自由意志实现平等的法律之治。但现代社会，却是反向"从契约到身份"的运动，身份代表了国家调整与私人自由之间的相互关系，表示法律科以自由意志的限制。家父与家子、贵族与平民已经湮没于历史，但合伙人、公司董事以及专业人士如律师、医生、投资顾问成为新的法律上有意义的身份，虽然不再是与生俱来的固有身份，而是有意识地创设的暂时身份，但都代表了在一定范围内资源分配或者权力分配的优势地位，相应地，法律施以其一定义务，以保护其所支配的弱者，戳破契约所宣扬的"意志自由的虚假性"[②]。

此外，还须区分的是受信概念与衡平法上其他概念。衡平法素来关注一方滥用优势地位的情形，包括显失公平交易、使用影响或者压力来取得交易（这一规则后来与普通法上的胁迫合并）与在信任关系中滥用己方的优势地位或者对方的信任等。前两种情形逐渐演变、合并为不当影响（undue influence）。受信关系与不当影响的区别主要在于：不当影响来源于一方业已客观存在的弱势地位，如行为能力缺失、智力缺陷，而非通过双方结合的行为而产生相对弱势，如代理人对信息的独占；不当影响着眼于调整一方意思表示的有效性，唯一的救济方式为撤销合同，而受信规则着眼于权力使用不当，救济包括撤销、赔偿、恢复原状、禁令等方式。

二、受信的衡平传统与制度功能

如果法学研究仅局限于揭示法的必然性，分析法的实然性，而不触及法

① 〔英〕梅因：《古代法》，沈景一译，商务印书馆1959年版，第112页。

② 徐国栋：《民法的人文精神》，法律出版社2009年版，第123页。

的应然性,就不可能揭示出的法的本质和利益倾向。[①] 如本书第一章第一节、第二节所述,衡平是受信之母。作为衡平法的亲生子,受信制度承继了衡平在基督教教义基础上对良心与公正的追求,也沿袭了衡平法的开放性与灵活性——衡平法本就是为缓和普通法的程序性与形式性发展起来的、校正具体情形之不正义的法律。法官的个案裁量是受信制度发展至为重要的推动力。

衡平的要旨,是任何人不得从其不当行为中获利。早先受信法比之更进一步,一概排除违反忠实义务行为的效力,不问受益人是否因该行为受到损害,也不予受托人证明其不偏不倚行事的机会。在其后发展中,受信法的强制性和严格性逐渐被日益复杂化的社会经济生活冲淡,但其预示的"忠于人事、克己利人"的道德要求,是与衡平所恪守的良心原则紧密相关的。

受信制度的制度功能,首先在于重新分配受信关系中双方的所得。虽有愈来愈多的规制色彩,受信制度本质上还是私法制度,仍奉校正正义为圭臬。当受信人的行为使委托人/受益人的利益受有损害时,受信制度要求受信人补偿损失,恢复受信人与委托人/受益人之间在受信人未为违信行为时的平衡。兼顾交出与返还功能的违信责任,在委托人并无实际损失、或损失其实小于受信人所得时,也要求受信人从违信行为中所得的利益归于委托人所有,看似突破了校正正义的框架。理解受信制度中受信人所得与委托人/受益人应得的内在关联,应回到受信关系的核心本质,受信人所行使的、足以影响委托人或受益人权益的能力,来源于委托人,其利益应归委托人/受益人所有。

其次,受信制度便利了当事人的合同安排,并以事前标准、事后责任代替了事中监督,以抑制受信人的机会主义行为。[②] 法律的主要功能之一即为个人之间的私人安排提供便利,在法律的保障之下,人们得以实现社会中一些私人安排本不可能实现的目的。[③] 受信规则作为默示条款填补当事人合

① 参见张文显、姚建宗:《略论法学研究中的价值分析方法》,载《法学评论》1991 年第 5 期。

② Frank H. Easterbrook & Daniel R. Fischel, The Economic Structure of Corporate Law, Harvard University Press, 1991, p. 92.

③ Joseph Raz, The Authority of Law: Essays on Law and Morality, 2nd ed., Oxford University Press, 2009, p. 170.

同的漏洞，要求受信人即便在合同双方未有预先约定的情形也须以受益人利益最大化为目的，降低了代理成本和可能的诉讼成本。忠实义务和信托法对利益冲突的“无须更多调查”（no further inquiry）规则反映了受信责任建立在一个更广泛的社会基础上：公共政策要求在受信关系中驱除所有可能破坏信任的诱惑。① 虽然现今受信制度不再一味排除利益冲突交易，而是要求受信人在实质和程序上均如架构臂距交易一般管理利益冲突，但法官仍可能实质审查交易的公平性。

再次，在公共政策指引下，受信制度发挥了部分公共规制功能。特别是在代理与咨询关系中，并非所有关系均被认定为受信关系，除了与典型受信关系本质上的吻合性或相似性之外，还有公共政策的考虑。法院能动扩张受信关系范围和严格执行受信规则的审判活动，至少部分建立在法官对公共利益的追寻上，称受信制度是法院的创造，并不过分。Frankel 称法院对受信规则的执行构成对受信关系的规制。受信制度的目的在于，基于社会对某一关系的认知或对某一类群体的期待，或者基于该类关系在社会经济生活中扮演的角色，保护特定交易结构的稳定性，维护对公众有益的社会制度的正当性、可信性和有用性。受信人的不当行为，可能产生无生产效率的不确定性，从而提高整个社会的资本成本。同时，规制也产生了辐射效应，如特拉华州法院对公司董事忠实义务与注意义务的要求引起和推动美国上市公司聘请独立董事成立薪酬委员会、诉讼委员会等专门委员会，并聘请外部独立财务审计以加强公司财务的内部管控，提升了全美上市公司的内部治理结构与水平。

最后，受信的制度理性已超越私法自治范畴，而具有了教化与训诫功能，通过抬高某些具有特殊性的市场交易的标准，来纯化市场中的道德。② 法律的作用不仅在于发布具有执行力的行为指南，正如桑斯坦所言，其价值除了改造人类具体行为，还在宣示或者标志社会规范的改变。③ 从长远角度来看，它通过传达某种特定行为在法律上是不适当的信息，改变该特定行为

---

① Guth v. Loft Inc, 5 A. 2d 503 (1939)(U.S.).

② Ernest J. Weinrib, The Fiduciary Obligation, University of Toronto Law Review, Vol. 25, No. 1, 1975, pp. 1-22.

③ Cass R. Sunstein, On the Expressive Function of Law, University of Pennsylvania Law Review, Vol. 144, No. 5, 1996, p. 2032.

的社会含义和有关的社会规范。当然，这一教化与训诫功能也应当是极为有限的，必须束缚在司法克制的围栏内，防止法官为了实现本应属于立法机关的使命而越俎代庖，伤害法的安定性与统一性，因此，最终还是回到受信制度确定性的问题上。

三、模糊性与确定性之二律背反

法的模糊性是法的一种不确定性，法律概念的模糊性主要是其类属边界的不确定性。[①] 即法律概念没有明确的边界，它和对立的概念之间不存在截然分隔的界限，而是存在一个相互交融的中间区。这种模糊性是与语言的不明确性密切相关的，在阴影地带，法律概念会随着语境不同而形塑自己不同的面貌与内涵。

模糊不清必然是有害的。“法律作为一种行为指南，如果不为人知而且也无法为人知，那么就会成为一纸空话。”[②]“也可能使每一个法官都成为立法者，从而引起无尽的混乱，届时，人与人之间有多大的智力与情感差别，我们的法院就会产生差不多数量的不同规则。”[③]但模糊性同时也是内在于概念与语言本身的。我们定义某一辆汽车是交通工具时无疑是确定的，可当规定“公园内禁止交通工具通行”时，就很难确定代步车是否属于被禁止的交通工具之列。是以，模糊性不是受信概念独有的，模糊性也没有办法消减为零，模糊性与明确性是一对永恒的概念，在现在或者未来都不可能在法律中消失。

同样，无论是采用判例还是规则，在特定的具体个案中所能给予人们的指引均可能是不确定的。“在所有的经验领域当中，一般化语言所能提供的指引是有限的，而这是语言固有的本质。”[④]这种有限性充分体现在边缘地带或说不常见的个案中——一般化规则使用到特定个案时，必须进一步作出规则是否适用的选择。形式主义追求确定性和可预测性，要求规则中的概

---

① 参见陈云良：《法的模糊性之探析》，载《法学评论》2002 年第 1 期。

② 〔美〕博登海默：《法理学：法律哲学与法律方法》，邓正来译，中国政法大学出版社 1999 年版，第 326 页。

③ 〔英〕布莱克斯通：《英国法释义》（第一卷），游云庭、缪苗译，上海人民出版社 2006 年版，第 74 页。

④ 〔美〕哈特：《法律的概念》，许家馨、李冠宜译，法律出版社 2011 年版，第 115 页。

念与要素在任何情形中均为同一含义，自然可能忽略个案的实质特征而盲目地解决个案问题。法律越形式，就越存在被操纵的风险。但若过度追求个案的准确性，却也可能使得法律成为“例外的杂烩”①。开放性边缘地带的存在恰说明了体系化的重要性，而不是相反。在判断新个案和旧个案的相关性和相似度时，所需要的标准必须建立在贯穿法体系的复杂因素上以及该制度规则的目标或宗旨之上。体系化的规则才能对特定案例给出一贯的、有说服力的回答，避免法律真的成为杂烩。易言之，须使用确定的规律在模糊性中寻找确定性，而模糊性又赋予了确定性延展的可能。

受信制度的最大问题在于其模糊性和不确定性，但也许恰恰是这不确定性成就了该制度长久而繁盛的生命力。正如 Shepherd 所言，受信之所以定义难，当然部分是由于受信制度本身不是形式逻辑的产物，只是为了解决具体法律问题的积累中找出的共同方法，其概念本身没有太多理性可言。但是，英美法的法官“之所以拒绝定义受信关系，还有一层原因在于我们担心明确的定义将使受信失去它的魔力，甚至灵魂”②。克拉克在《公司法则》中也断言，受信义务是一个剩余概念，它包括吾人不曾预见或分类的实际情形，这种一般性义务实际上推动了公司法的不断发展。③ 通俗地讲，受信就是一个“空筐”，法官可以视案件情形而往里装。受信的范围界限相当模糊正可能是出于司法者不约而同的选择——或者至少欠缺界定的动力，因为只有这样，法院通过类比推理等司法技术将受信规则适用于特定案件以追求个案公平时才不会受到限制。所以，受信并不必然不可定义，而只是法官不愿定义。

法的确定性、一致性与可预测性始终是建构者们欲求的目标，无约束的个案裁量可能使法官变成“一位随意漫游、追逐他自己美善理想的游侠”④。确定受信概念的定义是受信制度构建不可回避的前提，不过大陆法与英美法习惯采取不同的进路。亨利·梅里曼认为，大陆法系的法律科学建立在这样一个假设上：法学家可将所有的法律素材（成文法、法令和习惯法），如自然科学分析数据一般，揭示其内在的原理和联系，达到类似自然科学的高

① 许德风：《法教义学的应用》，载《中外法学》2013 年第 5 期。

② J. C. Shehperd, the Law of Fiduciary, The Carswell Company, 1981, p. 3.

③ 参见〔美〕克拉克：《公司法则》，胡平等译，工商出版社 1999 年版，第 129 页。

④ 〔美〕卡多佐：《司法过程的性质》，苏力译，商务印书馆 1998 年版，第 88 页。

度体系化程度。① 梅特兰则指出英国法理学看起来杂乱无章，但却具有一种实验科学的秉性。② 二者的区别在于，后者是法官和职业律师在实际裁判的缓慢积累过程中一砖一瓦地建立起来的，前者则来自于法学家的建构、逻辑的演绎与归纳。在形式理性上，普通法本身就存在不足。普通法是历史发展的产物，而非一个逻辑整体。③ 即便现代英国法中成文法的比重不断上升，其立法也呈现与大陆法系截然不同的特征——并非对法概念和原理的广泛概括，而是对特定问题解决方式的总结。

在受信制度语境下，模糊性与确定性妥协的结点，离大陆法系追求的确定性与严谨性仍将有一段距离。笔者希冀通过对不同领域受信关系和有关规则的归纳与总结，抽离出受信关系的本质特征与受信规则的变化规律，尽量捕捉受信制度的体系、理性与秩序，从而实现最大可能的概观性，避免其沦为具体、实用和琐碎的规则集合，同时亦可保障受信法扩张过程的有序性与安定性。不过，对一个本身具有开放性的体系，梳理不可能是完整的，边缘地带仍无法仅借逻辑的思考操作即可解决问题。或许，对明确性的要求本就不应过分，因为对这样富有弹性与生命力的制度，“华而不实的明确性可能比老老实实的模糊性更有害”④。

第二节 受信关系判断要件

“受信是英美法中最难以捉摸的概念”。⑤ 受信关系包括两种类型：法定受信关系（per se fiduciary relationships）与事实受信关系（de facto fiduciary relationships）。历经数百年的发展，受信制度所约束的法定受信关系主要包括：信托、代理、合伙、董事—公司、发起人—公司、清算人—出资人、事务

---

① John Henry Merryman, The Civil Law Tradition, 3rd ed., Stanford University Press, 1997, pp. 62-63.

② 〔英〕梅特兰：《国家、信托与法人》，樊安译，北京大学出版社 2008 年版，第 140 页。

③ Best v. Samuel Fox & Co. Ltd, AC 716 (1952)(Eng), p. 727.

④ 转引自沈宗灵：《现代西方法理学》，北京大学出版社 1992 年版，第 60 页。

⑤ Deborah A. DeMott, Beyond Metaphor: An Analysis of Fiduciary Obligation, Duke Law Review, Vol. 1988, No. 5, 1988, p. 879.

律师—客户、监护人—被监护人、父母—子女、医生—病人、神职人员—信徒等,既包括最亲密的人身关系,也包括职业关系和纯商业关系。通过法官的个案考量与对受信规则的个别化适用,受信制度的触角也可能延伸到商业特许经营权交易、银行借贷交易等商事交易中。受信制度的扩张回应了公共政策的需要,但同时,一个令人不安的问题也产生了。受信制度的可预测性大为降低,人们永远不知道下一个受信关系会从哪里产生。扩张也需有法度,如后文所述,法官的能动造法通过事实受信关系与法定受信关系的类比进行。但为实现法的安定性与一致性,应当对类比推理加以制约,至少应产生判断与传统受信关系近似性程度的标准,在法院愈来愈多倾向于对交易实质而非形式或名称进行判断后,更应有一个一以贯之的标准给社会公众以明确的行为预期。

一、有关争论概述

将受信关系简化到极致,得到的简约结构即“A 的行为对 B 的利益产生影响”。然人本为社会动物,个人行为无时无刻与万千他人发生联系,何等程度和方式的影响将导致法律将这种联系归为受信关系?学界对此主要有五种观点,即单方允诺说、合理期待说、权力说、弱势地位说和信任说。

1. 单方允诺说

允诺是指自愿表明做某事或不做某事的打算,近似于承诺,但无须符合形式要求。Lionel Smith 认为商事关系中必须强调单方允诺,James Edelman 也同意无论如何受信关系必须产生于自愿的允诺。[①] Austin Scott 则主张,受信人承诺以代表能力行事,方成就受信关系。[②] 强调允诺作为受信关系成立的必要前提,意味着受信人必须有意识地接受承载着他人期待与依赖的负担。将允诺作为受信关系前提有一定合理性,因允诺为私法义务提供正当性。没有允诺,就不能认定受信人具有以某种方式行事的法律义务,至少应以受信人自愿承担为委托人或受益人的财产或事务行事的责任为前提。但就受信人为受益人的最佳利益而服务这一点无须达成共识,只

① See James J. Edelman, When Do Fiduciary Duties Arise, Law Quarterly Review, Vol. 126, 2010, pp. 302-327.

② See Austin W. Scott, The Fiduciary Principle, California Law Review, Vol. 37, No. 4, 1949, pp. 539-555.

需受信人有为委托人或受益人的利益行事的意思表示即可。我们很难相信受信人会自愿允诺其将排除自身利益地为他人利益行事,从人性来说,要求一个人行事时将他人的利益当做自己的利益来对待,更是很难的。①

单方允诺说最致命的缺陷在于其无法解释英美法的实践。在实践中,受信关系是否成立并不以当事人意思为转移。将受信关系的本质理解为受信人的自愿允诺,就无法解释受信义务的强制性。允诺说的问题在于,其内涵与外延过于抽象与广泛,以允诺定义受信关系可能会引来新的不确定性。例如,雇佣关系必然存在雇员为雇主行事的允诺,但雇佣关系并不必然是受信关系。然而,对允诺内容进行实质分析,就无法回避对受信关系特征的进一步讨论,究竟是允诺为对方利益行事即构成受信关系,还是允诺仅为对方利益行事构成受信关系。因此,可以认为允诺是受信关系成立的要件之一,但以允诺界定受信关系对司法实践并无突出的指导意义。

2. 合理期待说

单方允诺说仅着眼于受信关系的成立方式,实质是将受信关系简单地视同契约关系对待。合理期待说则是从受益人的角度,认为受信人的义务产生于另一方对其忠实的合理期待。Paul Finn 认为,当双方关系中,一方有权期待另一方会为其利益或为双方共同利益,而非仅仅为自己利益行事时,就产生受信关系。受信关系的要素是一方为另一方的利益行事,法律应保护这一合理期待。② 正是基于此合理期待,受益人放松了警惕和独立判断,因而很可能受到受信人滥用其地位的损害。③ 持有相似观点的 DeMott 也认为受信义务产生于一方可以合理地对他方的忠诚抱有期待之时。④

与单方允诺说相比,合理期待说走向了另一个极端。单方允诺说依据受信人的意思表示判断受信关系的成立与否,但合理期待说则将决定权完全交给第三方法院,因合理期待既可为受益人事实上的期待,亦可为法官认

① George Gleason Bogert & George Taylor Bogert, The Law of Trusts and Trustees, West Group, 1993, p. 227.

② See Paul Finn, Fiduciary Law and the Modern Commercial World, in Mckendick ed., Commercial Aspects of Trusts and Fiduciary Obligations, Clarendon Press, 1992, pp. 7-43.

③ Paul Finn, Fiduciary Obligations, Carswell, 1977, p. 2.

④ See Deborah A. DeMott, Breach of Fiduciary Duty: On Justifiable Expectations of Loyalty and Their Consequences, Arizona Law Review, Vol. 48, No. 4, 2006, pp. 925-956.

为合理的期待——即鉴于当事人之间关系的本质，许可不忠实行为将损害其社会功能。所以，合理期待的根源在共同体惯例、道德规范、公共政策和社会价值共识，不仅是事实判断，还关乎价值判断。合理期待的这一特点为能动的司法干预提供了正当性。如 1944 年 Mcleod v. Sweezey 案中，被告是探矿师，原告聘请被告探知待测地域石棉矿藏情况，并与其约定若确有石棉矿，则可按一定比例享有探测后续活动产生的收益。被告探测后仅告知原告并无石棉矿藏，却隐瞒了该地富有镀铬矿的探测结果，并事后申请了该地块的采矿权。原告主张分享被告采矿的收益，加拿大最高法院驳回了被告基于合同解释与契约义务的申辩，认为被告必须以类似情形下原告对其的合理期待行事，即作为受信人将完全的探测结果告知原告。[①]

司法过程的个案裁量中，对事实要件的认定须涵摄在受信制度之"要件一后果"的逻辑结构中，而合理期待本身是开放的、因事而异的、边界模糊的概念，若以其为要件，恐怕非但不能于确定性上有所增益，反而加剧法的恣意性。合理期待与其说是本质要件，不如说扮演的是导入器的角色，即将法官所信奉的道德准则、商业惯例甚至宗教信仰导入法律。而定义受信关系的本质，本意在定义受信关系扩张的逻辑，更进一步，是圈定法官自由裁量的边界，合理期待说却与此背道而驰了。

3. 权力说

J. C. Sheperd 主张，受信关系发生于一方以为对方最佳利益行事为条件获得权力，并使用该权力之时。[②] Harding 也认为，受信关系的结构性特征是一方允许另一方在作出影响该方利益的决定时具有自由裁量的权力。[③] Ribstein 具体化了"权力"的内容，认为受信关系产生于财产的所有与控制发生分离之时，即受信关系的本质构造为财产所有人将其财产的开放性管

---

① 有趣的是，合同法学者举了类似的案例来说明，合同法中买方无须向卖方披露其基于仔细调查获得的有关标的价值的信息。假设 A 拥有一块富含某种矿产的不动产，地质学家 B 探知后在未向 A 披露有关矿产的情况下，以远低于该不动产真实价值的价格购得，是符合帕累托主义的。Kronman, Contract Law and Distributive Justice, Yale Law Journal, Vol. 9, 1980, p. 489.

② J. C. Shepherd, Towards a Unified Concept of Fiduciary Relationships., Law Quarterly Review, Vol. 97, 1981, p. 75.

③ See Matthew Harding, Trust and Fiduciary Law, Oxford Journal of Legal Studies, Vol. 33, No. 1, 2013, pp. 81-102.

理权力授予受信人。[①] 但事实上,许多受信关系的标的并非财产,意识到这一点,Gordon Smith 提出了“关键性资源”(critical resource)的概念以取代财产,力主受信义务产生于一方以另一方名义对其所享有的关键性资源行使酌处权之情形。[②] 然而,Gordon Smith 未能就“关键性资源”提出清晰的界定方法,并且在其展开论述中,又认为受益人对受信人之机会主义行为无自我保护能力构成受信法正当性的源泉,混淆了权力与弱势地位两个要件。

对权力说分析最为清晰的当属 Paul B. Miller。他认为权力的行使是受信关系的目的。Miller 进一步定义这一权力为权能(authority),认为权能是从他人法律上的能力(legal capacity)中分离产生的[③],其观点在普通法世界得到了较为广泛的支持。如 Lionel Smith 指出,受信人对委托人事务或财产的酌处权是受信关系的核心特征。[④] 权力说也能较好地总结英美法系受信义务的司法实践。在英国,当一方对另一方的事务有持续的酌处权时,法院可能会认定前者对后者负有受信义务。[⑤] 在澳大利亚,法院强调受信人对受益人权益的支配性作为受信关系的关键要素。[⑥] 美国联邦最高法院也从功能主义的视角认为受信义务在于限制受信人的酌处权。[⑦]

4. 弱势地位说

弱势地位说也拥趸众多。Len Rotman 坚信,一方居于易受伤害、依赖

---

① See Larry E. Ribstein, Are Partners Fiduciaries? University of Illinois Law Review, Vol. 2005, No. 1, 2005, pp. 209-252.

② See Gordon Smith, The Critical Resource Theory of Fiduciary Duty, Vanderbilt Law Review, Vol. 55, No. 5, 2002, pp. 1399-1498.

③ Paul B. Miller, The Fiduciary Relationship, in Andrew S. Gold and Paul B. Miller ed., Philosophical Foundations of Fiduciary Law, Oxford University Press, 2014, pp. 63-90.

④ Lionel Smith, Is Loyalty a Virtue, And Even If It Is, Does It Really Help Explain Fiduciary Liability? in Andrew S. Gold & Paul B. Miller eds., Philosophical Foundation of Fiduciary Law, Oxford University Press, 2014, p. 154.

⑤ Joshua Getzler, Ascribing and Limiting Fiduciary Obligations: Understanding the Operation and Consent, in Andrew S. Gold & Paul B. Miller eds., id., 2014, p. 43.

⑥ See James Edelman, the Role of Status in the Law of Obligations: Common Callings, Implied Terms and Lessons for Fiduciary Duties, in Andrew S. Gold & Paul B. Miller eds., id., p. 25.

⑦ Varity Corp. v. Howe, 516 U.S. 489(1996)(U.S.), p. 504.

于对方以实现自身利益的弱势地位,是受信关系的本质。[①] 在司法实践中,澳大利亚和加拿大最高法院均一度倾向于将一方居于易受损害的弱势地位作为受信关系的本质特征。[②] 不过在 Hodgkinson v. Simms 案中,加拿大最高法院多数意见推翻了弱势地位这一衡量标准,而采用合理期待标准。[③] 在 2009 年,加拿大最高法院又改变了立场,主张将“控制”与“允诺”相结合以定义受信关系。加拿大最高法院的大法官 Wilson 试图总结受信关系的特征为:(1) 受信人拥有一定控制权;(2) 单方行使该权力影响受益人的权益;(3) 受益人受制于受信人或相对受信人具有特别的易受损害性。然而,上述特征并不能区分受信关系与契约关系、侵权关系,担保人的利益受债务人是否挥霍其财产的影响[④],斑马线上行人的生命安全也受制于机动车司机是否按规驾车。应该说,各方之间的需求、信息、知识和技能的不平等,为另一方利益行事的允诺和由此产生的依赖在合同领域也不少见。或许是为示区别,Wilson 法官遂对弱势地位加了限定词,即“特别的弱势地位”[⑤]。

弱势地位的问题与合理期待相似,即旨在增强确定性的标准本身具有高度不确定性。是故,为了实现法的确定性和可预测性,加拿大最高法院又将 Wilson 法官的标准改为“完全的依赖”[⑥]。陪审团须检验原告所有的剩余控制大小,特别是在争议交易发生的当下,衡量“授权”与“剩余控制”之间的差距。若原告仍然有自我独立决策的权力和能力,则被告不负有忠实义务,只有一般侵权法上的注意义务。如此一来,更本质的标准是授权,依赖性反而成了授权的次生概念,而非受信关系的判断要件。下文将进一步阐述,易受损害性的意义正在于其与受信人控制权的关联性。

---

① See Leonard I. Rotman, Fiduciary Law's Holy Grail: Reconciling Theory and Practice in Fiduciary Jurisprudence, Boston University Law Review, Vol. 91, No. 3, 2011, pp. 921-972.

② See Hospital Products v. USSC (1984) 156 CLR 41(Aus); Norberg v. Wynrib, (1992) 2 S. C. R. 226 (CA).

③ Hodgkinson v. Simms, 3 SCR 377(1994)(CA).

④ 事实上,在 2009 年的一个判决中,加拿大最高法院判定破产的债务人/雇主不对债权人/员工负有受信义务,虽然在该交易结构中员工的经济利益极易受到雇主的损害。

⑤ Frame v. Smith, 42 DLR (4th) 81(1987)(CA), pp. 89-90. Wilson 法官的这一归纳在后来加拿大最高法院的判例中获得了初步认可。

⑥ Hodgkinson v. Simms, 3 SCR 377(1994)(CA).

5. 信任说

Anthony J. Duggan 认为，受信关系的内核是信任，信任是具有内在道德价值的善。受信法的目的就在于维持和促进信任关系。[①] 然而，信任并不具有独立并稳定的道德价值。信任带有目的性，刑法作出否定性评价的窝藏、包庇行为也是基于嫌疑人对窝藏、包庇人的信任，易言之，信任可能是善的，也可能是恶的，或者是违反公序良俗的。信任不一定是受信关系的充分条件，自愿允诺形成的受信关系中也可能不存在信任。更重要的问题在于，信任是个人的一种主观心理状态，信任和信心是不稳定的，也是难以查知和衡量的。受信关系的构成要件，必须具有客观性，否则无法给合同当事人以确定的行为预期。Harding 精准地总结为，促进信任是受信法的社会功能，但信任本身不能成为受信关系的构成要件。[②]

二、授权作为一般要件

萨维尼指出："如果我们考察一下在现实生活中围绕且弥漫于我们周围的法的状态，那么我们在此之中首先可以看到的就是个人所享有的一种权力：一个他的意思所支配的——并且经过我们认可而支配的——领域。我们称这种权力为该人的权利，它与权能意义相同。"[③]简而言之，萨维尼将权利界定为个人的意思所支配的领域，在这一领域中，个人意志独立于其他所有人的意志而居于支配地位。在萨维尼笔下，权力、权能其实与权利同义。普通法系的法学理论大鳄霍菲尔德也定义权力为人们通过行为或不行为改变法律关系的能力。[④] 权力与法律上的不能相反，与法律责任相关，一个法律主体上权力的存在意味着另一个法律主体上存在法律上的不利益。按霍菲尔德的体系，"权力"是权利主体用以改变自身法律状态，令自己与他人间的"请求权"与"自由权"的状态产生变化的能力。[⑤] 霍菲尔德还特别举例，代

---

① Anthony Duggan, Fiduciary Obligations in the Supreme Court of Canada: A Retrospective, Canadian Business Law Journal, Vol. 50, 2011, pp. 453-473.

② Matthew Harding, Trust and Fiduciary Law, Oxford Journal of Legal Studies, Vol. 33, No. 1, 2013, pp. 81-102.

③ 〔意〕萨维尼：《当代罗马法体系Ⅰ》，朱虎译，中国法制出版社 2010 年版，第 9 页。

④ 参见沈宗灵：《对霍菲尔德法律概念学说的比较研究》，载《中国社会科学》1990 年第 1 期。

⑤ 参见陈彦宏：《权利类属理论之反思》，载《法制与社会发展》2011 年第 6 期。

理关系的创造就是被代理人授予代理人某些权力，并相应地创设了被代理人的相关责任——因代理人的行为后果归于被代理人。[①]

可以说，当权利人可以基于自己的意志来改变包括自己和他人在内的规范关系时，那么他/她就拥有权力。权力是法律确认的特定范围内的行为资格，是对可支配稀缺资源的支配资格。由是，权力不只是一个公法上的概念。在我国有关法学论著中，通常在公私划分的框架下讨论权力/权利/义务/责任的分类，认为只有公法主体有权力，权力与权利是公私对立的[②]，这一观念是片面的。受信制度中的受信人所享有的权力，其外延或比法理学范畴中的权力概念更广泛，包括控制力、影响力和说服力等内容，但根本特征在其来源。受信制度中的权力是次生的，是委托人所授予的，条件是权力行使必须以委托人授予权力的目的为目的。

霍布斯在《利维坦》之人篇最后一章专门讨论了这一问题。霍布斯分析了人之权力的几种形式，“凡对于事言者，为主有；对于行言之，则为主动；对物，则名为所有权；对行，则名为主动权。”[③]人对自己事务与财务处分控制的能力是内在于其人格的，故毋庸论及是否有权。同时，人也得以他人人格名义行事，此为“代表”。“假设人之言行，若得其所代表者之承认者……乃行动者以主动者之权力行事也。”此时，须讨论“权”的问题，授权即代表的一种形式，表明行为者所行使的他人赋予的权力是正当的。代表人的权力源于他人基于自己的意志来改变以自身为中心延伸的财产、契约等规范关系的能力，而这一能力又内生于后者的法律人格，无论该人格是实在抑或拟制的。

将霍布斯有关代表的理论运用到受信关系中，从委托人的层面来说，委托人将其对自己财产或事务的权利能力部分委托给他人，形成他人对委托人财产或事务的控制性权力，目的是受信人使用自身资源（如技能、经验、知识或信息等）行使权力，从而使委托人自身或受益人获益。受信人的权力是从他人基于其人格所享有的权利能力中分离和授予的，目的是为他人实现或追求特定权益，是故受信人有义务忠于委托人授予权力的目的行事。或

① Wesley N. Hohfeld, Some Fundamental Legal Conceptions Applied in Judicial Reasoning, Yale Law Journal, Vol. 23, No. 1, 1913-1914, pp. 16-59.

② 例如郭富青：《公司权利与权力二元配置论》，法律出版社2010年版，第42页。

③ 〔英〕霍布斯：《利维坦》，朱敏章译，吉林出版集团有限公司2010年版，第76—77页。

言之，受信人必须排他性地使用委托人所授予之权力用于实现授权目的，而不得将其作为实现自身利益的手段。这也符合康德哲学，"把你自己人身中的人性和其他人身中的人性，在任何时候都同样看作是目的，永远不能只看作是手段"[①]。

授权是受信关系的本质特征，委托人将内在于其人格的权利能力部分授予受信人以延展与提升委托人事实上的支配力。[②] 授权可能来自于法定，如身份法上的法定监护关系，也可能来自于约定，如委托人与受托人之间的委托合同。授权的形式与内容可能是多样的，但一般认为，只有具备开放性(open-ended)、裁量性(discretionary)特征的授权才是受信制度的调整目标。[③] 所以，给报童零钱让其去街角咖啡馆为自己买一杯咖啡不构成受信关系。[④] 授权的目的在于提升委托人的支配力，拓展委托人私法自治的空间。委托人授予他人处理自己事务或财产的能力，在于促进委托人自身的福利或达致委托人所欲之特定目的。

以授权作为受信关系一般要件的一个问题在于，授权看似无法解释咨询关系中的受信义务。提供咨询建议者并未控制委托人的事务或财产，委托人对是否采纳建议具有最终的、自主的决定权。正是如此，并非所有的献计献策者都对委托人负有受信义务，除非在专业服务领域中，专业知识与信息的显著差异分布产生受信人对委托人的实际控制力。委托人对受托人的信任是对专业群体的抽象信任，他们很难检验建议的理性，除了信任别无选择。受信人切实影响委托人的自主决策、直接介入委托人的权益领域，从而负有为委托人利益最大化行事的义务。而且，在专家咨询关系中，无论是律师抑或投资顾问，实际上都会代为处理委托人的事务。

---

① 〔德〕伊曼努尔·康德：《道德形而上学原理》，苗力田译，上海世纪出版集团2012年版，第37页。

② 大陆法系民法将内在于人格的、以自己的名义为自己取得权利与创设义务的能力称为权利能力。从其词源的本义上，毋宁称之为法律能力，即每一个人所享有的、被法律所实证化的成为权利与义务承受者的能力。

③ 例如虽然信托是最为典型的受信关系，但若受托人的唯一权力是代为持有信托财产，则该受托人不属于受信人范畴。See Ironside v. Smith, 1998 ABCA 366 (CA), from Paul B. Miller, from Paul B. Miller, the Fiduciary Relationship, in Andrew S. Gold & Paul B. Miller eds., Philosophical Foundations of Fiduciary Law, Oxford University Press, 2014, pp. 63-90.

④ In Re Coomber, [1911] Ch 723(Eng), p. 728.

开放性与裁量性意味着受信人的自由，即自由决定是否行使、如何行使和何时行使其被授予的权力。开放性权力是指灵活的、未事先规定或可事中调整手段、方法、结果或者期限的权力。裁量性权力为一定目标针对一系列不特定选择而持续行使，这些选择对委托权力这一方的利益一般具有重要影响。① 裁量权的时空性、自由性和所影响法益的重大性在不同的受信关系中有所区别，也因此产生了受信义务标准的不同。裁量性主要包括决策自由与执行自由两个层次。首先，受信人诚然负有行权皆以促进授权目的为目标的义务，但何为委托人最佳利益、具体举措是否合乎委托人利益，却由受信人自主决断。因委托人不可能事无巨细地进行事前指示，而对受信人严格的限制与控制可能会使授权之目的落空。当委托人挑战受信人决策时，其决定应受法院司法审查。在商事组织中，特别是在公司中，基于公司的实体性和公共性，董事被赋予权衡公司短期与长期利益、股东利益与其他群体利益的巨大裁量权，法院一般并不干预决策的实质理性，除非存在欺诈、非法、利益冲突或浪费等情形。其次，受信人有自主决定其行事方法与手段的自由。裁量性权力的行使需运用知识、技能和洞见，包括对各种可能形成不定结果的因素的权衡，决策可能通过不同的最优手段达致目的，而从一个外观标准来看，前述手段均是合理的。决策自由和执行自由均须由受信人判断，因而在一定意义上也可说判断自由，故此对受信人是否违反注意义务，公司法上有商业判断规则，在信托等其他领域中大约也如是。受信人权力行使的目标与手段须受的司法审查，与公法中对行政权力的司法审查有异曲同工之处。所以有学者指出，行政法正是从衡平法对受信人权力的规制中习得灵感。②

对受信人而言，被授予处理他人事务的权能，看似延伸了其个人能力所支配的领域，受信人的行事得以更广、更深地介入到他人（委托人或受益人，包括与委托人或受益人发生法律关系的相对人）的权益中，但代价是其自身的行为自由受到了约束。本书第一章曾援引昂格尔对古典民法权利观的总结："权利是一把已经上膛的枪，在权利所有人自己的那个角落里，他可以随

① See Paul B. Miller, Justifying Fiduciary Duties, McGill Law Journal, Vol. 58, No. 4, 2013, pp. 969-1026.

② Mason, Anthony, The Place of Equity and Equitable Remedies in the Contemporary Common Law World, Law Quarterly Review, Vol. 110, 1994, pp. 238-259.

心所欲地射击，而在这个角落以外，其他获得许可的人可以对他射击。”[①]受信义务规则却是在受信人私法自由的后花园中圈出了一块禁地，即不得使用委托人所授予之权力追求授权目的以外的自己或他人利益。在这一禁地中，法律通过受信义务与违反受信义务之责任强行压制受信人利益与委托人利益产生对立之可能。

具体而言，受信义务规则围绕受信人如何行使其控制权展开。忠实义务防止冲突的利益影响受信人的动机，从而损及受信人独立权衡与忠恳执行受托目标的能力；审慎注意则要求决策者尽可能地收集信息、综合考虑应予考虑的因素。具体来讲，忠实义务的主要内容是受信人应当避免将自身置于利益冲突中，以及在冲突可能或实际发生时管理利益冲突，包括在特定的具体冲突发生时及时向委托人、受益人或其他有权决策人作出充分信息披露并征得其同意。对利益冲突的严格防范并非仅出于禁止受信人滥用其地位或者防止受信人隐藏事实、欺瞒法院的考虑，而是建立在对人性的洞察基础上。“在我们原始的心理结构中，我们最强烈的注意是专限于我们自己的，次强烈的注意才扩展到我们的亲戚和相识，对于陌生人和不相关的人们，则只有最弱的注意达到他们身上。而且，我们的自然的、未受教化的道德观念，不但不能给我们感情的偏私提供一种补救，反而投合于那种偏私，而给予它以一种附加的力量和影响。”[②]认知心理学的研究证明了这一论断，实际或可能发生的利益冲突将给受信人决策带来受信人自身可能都无法感知的干扰。例如，医生会自认客观公道地在“疗效 8 分但副作用 5 分”与“疗效 5 分但副作用 3 分”的治疗方案中选择后者，并坚信自己如此决策的动因是稳健治疗，而非可从后者中获得更高收入的事实。盖然的利益冲突之所以也违反忠实义务，是因为人们无法判断这种可能会给受信人之决策可靠性带来何等程度的影响。法律须保护委托人或受益人免于承受公正性与独立性有损之决策的后果。

为何法院对受信人可能受到的干扰如此心切？因受信制度的基础与财产、合同与侵权均不同，受信人所行使的权力来源为他人授权、标的为他人

---

① Roberto M. Unger, The Critical Legal Studies Movement, in Allan C. Hutchinson ed., Critical Legal Studies Rowman & Littlefield Publishers, 1989, pp. 339-340.

② 〔英〕休谟：《人性论（下册）》，关文运译，商务印书馆出版社 2016 年版，第 525 页。

的事务或财产、目的为他人利益，虽然具体目标与手段均由受信人裁量与使用，但不归其所有。授权作为受信关系之一般要件得以解释忠实义务之精要，即法律排除对受信人自由裁断的干扰，以防止其偏离授权的目的。同时得以解释受信人违反受信义务时法律给予受益人的救济以回复原状为主。受信人只是"站在委托人/受益人的脚上"，所以委托人/受益人得以撤销利益冲突交易，或者行使推定信托或归入权将受信人从违反忠实义务中获得的利益归为自己所有。也只有授权才能解释，为何委托人对特定交易充分知悉的同意可以排除受信义务的适用——委托人有权同意受信人的权力被用于实现促进他们利益以外的目的，因受信人的权力本就源于其授予。如果将依赖性或易受损害性作为本质特征，法律势必会担忧委托人或受益人的决策可能被受信人误导或蒙蔽而倾向于更为保护性的父爱主义。

那么，以授权为本质特征的受信关系，与大陆法系民法中的委托关系又有何根本区别？如果要在大陆法系民法中寻找一个受信关系的对应概念，委托关系无疑是最接近的。"委任乃当事人约定，一方（委任人）委托他方（受任人）处理事务，他方允为处理之契约"[①]，包括公司与董事的关系、客户与医生、律师等专业人士的关系。受信制度的产生本有其时英国合同法不够发达，无法调整信托、委托等关系的原因。

不过，受信制度与大陆法系民法委托关系的有关规则，重点有所不同。在委托关系中，受托人具有有限的裁量性，受托人有遵从委托人指示的义务。非有急迫之情事，并可推定委托人若知有此情事亦允许变更其指示者，不得变更委托人之指示。[②] 在构造上，委托人通过严格事前指示控制授权产生的风险，相应地，法律给予的救济也有限，委托人对受托人享有事务处理请求权、利益交付请求权和债务不履行的损害赔偿请求权。我国《民法典》虽然限制非经本人同意或追认的自己代理和双方代理[③]，但对受托人其他可能的利益冲突行为则付之阙如。究其原因，大陆法系民法所调整的典型委托关系源于民事无偿委托，将委托合同简单理解为提供劳务的合同，并未意识到委托关系中受托人权力的裁量性与开放性，也未给予委托人之弱势地

① 王泽鉴：《民法概要》，北京大学出版社 2009 年版，第 314 页。

② 参见我国台湾地区"民法"第 535 条、第 536 条。

③ 参见我国《民法典》第 168 条。

位太多关切。为调整线性的交易型委托关系而打造的规则，更无力回应层级组织中的授权问题。例如，对公司而言，如何认定公司利益与公司意思的生成机制，直接影响到董事、高级管理人员等受信人行为性质与责任的认定。所以，更有意义的问题，与其说是受信关系与委托关系在概念上的区别，毋庸说是英美法与大陆法在调整方法上的差异。

三、弱势地位作为辅助要件

授权作为受信关系之本质特征并不排斥其他特征的存在，委托人/受益人的弱势地位是法院适用受信规则的特殊条件。委托人的弱势地位是授权的自然结果，受信关系中受信人和委托人之间的支配性—依赖性是同一矛盾的不同面向。一方面，目标冲突与信息不对称导致委托人的利益处于“听凭受信人处置”的弱势地位。受信人不当使用权力可能损害委托人，但委托人对受信人的监督与约束却远远不足。受信人具有对委托人财产或事务的控制性权力，但委托人并不具有有关受信人品格与能力的信息，可能选择并不适格的受信人。委托人无法监督受信人的行为，或者即便得以观测到受信人的行为，也很可能缺乏足够的信息、经验与专业知识识别受信人行为与产出之间的因果关系。受信人可利用其获得的控制性权力促进自身利益，甚而以损害委托人或受益人利益为代价，或者采取极为简单的方式，偷懒。但另一方面，授权并不必然产生弱势地位，信息上的弱势可能被经济或谈判实力上的优势所扭转。是以，同样是专业人士咨询关系，美国法认为私募基金管理人的受信义务可以通过协议概括性地排除，因适格投资者有足够实力与经验通过合约条款来保护自身，即便自身利益受到机会主义行为损害，也可利用声誉机制等约束机制重新谈判。

也有学者认为，弱势地位来自于委托人对受信人的信任，继而赋予了受信制度双重正当性。弱势地位值得法律的同情与保护，是因为其为信任他人的后果，而促进信任对社会具有正向意义。[①] 如本书第一章所言，信任包含了一种判断，由于本人授予他人对关涉本人切身利益之事务的酌处权，意味着本人将承担他人可能的不当行为所造成的损害。一旦赋予了信任，人

---

① Deborah A. DeMott, Beyond Metaphor: An Analysis of Fiduciary Obligation, Duke Law Journal, Vol. 1988, No. 5, 1988, pp. 879-924.

们就要承担潜在伤害的风险，以换取受信关系的好处。

弱势地位在受信关系的认定上具有相关性，只因其为受信关系的结构特征和必然结果，是受信关系存在的必要非充分条件。对弱势地位的关切与衡平法的精神一脉相承。一方为他人处理事务时，不应利用该机会以他人利益的代价为自己获利，这是合乎良心与正义原则的。此时，也产生了衡平法干预的正当性。可以说，衡平法本身即为对弱势地位的救济，显失公平规则与不当影响规则均为其体现，而这也恰恰说明，弱势地位不能独立作为受信关系的区分性特征。弱势地位也并不必然来源于授权，其来源可能是受益人或者委托人的本身特性，但受信制度所应保护的弱势地位不是固化于个人特征中的，而是伴随交易发生的。[①] 对弱势地位的考量必然伴随着目的论判断，从公共政策的角度进行相互竞争利益的衡量，例如前文所提及的证券经纪人是否应对零散投资者负受信义务的争论。所以，产生了衡平法传统受信关系与法定受信关系的分别，制定法可能通过将一种法律关系定义为受信关系的方式而对某些特殊的利益加以特别保护。所以，委托人/受益人的相对弱势地位作为受信关系界定的辅助要件是有意义的，因其淡化了将授权作为受信关系的本质特征和受信关系成立的一般要件带来的合同论色彩，为立法者和法院在典型受信关系之外的法律关系中个别适用受信规则提供了正当性，也为受信制度的扩张提供了动力。

综上，从体系一致性来说，受信人根据法定或者约定享有处理委托人事务或财产的酌处权是区分受信关系的本质特征，这一特征能够一以贯之地解释受信关系的成立、受信人之受信义务与违反受信义务的责任。弱势地位作为辅助要件，解释了受信制度扩张的动力来源和未来导向。

四、类比推理与受信关系类型化

类比推理是衡平法发展的主要进路[②]，也是受信制度扩张的核心策略。"如果出现任何新的和不寻常的情况，并且已经出现过与之类似的事情，就以相似的方式裁判该案件，以此类推。"[③]受信制度的扩张不是在统一原则的

---

① Robert Flannigan, Commercial Fiduciary Obligation, Alberta Law Review, Vol. 36, No. 4, 1998, pp. 905-922.

② Snell's Principles of Equity, 27th ed., Sweet & Maxwell, 1973, paras. 9-11.

③ 转引自张骐：《论类似案件的判断》，载《中外法学》2014 年第 2 期，第 523 页。

统摄下进行的,而是在数百年中由一代代法官在各类层出不穷案件的裁判中一毫一寸地积累起来的。受信义务是法官应对相似问题的共同方法,而类比推理扮演的角色,是“法律统一性的纽带”,又是“法律获得现实性的桥梁”。[①]

在大陆法系中,我们耳熟能详的“类推适用”是将法律对某一情形的明文规定,适用到法律未直接加以规定、但在规范上其重要特征与该明文规定相似的案例,但这种适用是有相应原则统辖的,是对既有规则的延伸。是故拉伦茨指出,类比是法律漏洞的填补方式之一,是法律内的法律的续造。[②]在英美法系,类比推理则是法官行使其造法自由裁量权制定新规则时的一种证明形式。其主要论理逻辑为已知:(1) 某一事实类型 A 具有 X 特征,或特征 X, Y, Z;(2) 另一事实类型 B 与 A 有所不同,但也具有 X 特征(或特征 X, Y, Z);(3) 法律对 A 有一特定规定,既然 A 与 B 有共同特征,则法律也应对 B 有相似处理。简言之,类比推理建立在这样一种逻辑推论上:“如果已知两个事物在某些方面相类似,那么它们很可能在另一个方面也类似。”

类比推理包括双层结构。在案件事实层次上,法官须找寻两个案件之间事实的相似之处 X 并测算其相似度;在规范层次上,须从事实特征的共同点出发,探寻既有案件裁判背后的依据是否适用于当前待决案件。但这一依据本身又对法官的相似度测算产生影响,因为在法官决定调整既有案例的规范适用于当前待决案件是否正当时,必须先判断法律规定是否正好基于前述相似要素 X 之上,而不是基于 O、P、Q 这些不相似要素之上。这一判断是类比推理运用正确与否的关键,否则,可能形成如第二章第二节所引述 Donahue 案判决中法官所犯的逻辑错误。是以,类比推理的规范性前提是对受信关系实质要件的认定。

费孝通先生描述中国社会的基层结构是以己为中心,“把一块石头丢在水面上所发生的一圈圈推出去的波纹”,“愈推愈远、愈推愈薄”的同心圆格局。这一格局范围的大小依据中心的势力厚薄而定,且富有伸缩性。这一形象而隽永、富有洞见的论述,为笔者提供了解开受信关系无法抽象化与类

---

① 转引自张骐:《论类似案件的判断》,载《中外法学》2014 年第 2 期,第 527 页。

② 参见〔德〕卡尔·拉伦茨:《法学方法论》,陈爱娥译,商务印书馆 2003 年版,第 258 页。

型化这一难题的钥匙。受信关系的本质特征是授权，基于法律规定或意思表示，委托人将处理自己财产或事务的法律上的能力全部或部分授予给受信人。原则上，受信人所获得的对委托人财产或事务的控制权与委托人或受益人剩余的权力之间的差值愈大，受信人的受信义务愈强；随着具体受信关系离所有与控制完全分离的范式受信关系越来越远，受信人所负义务的内容与程度也愈来愈薄。受信人之"控制权"与委托人/受益人之"剩余权"的差值，不仅取决于酌处权的大小，还取决于防止受信人在多大程度上滥用权力之替代机制的可取得性。依据授权的程度与防止受信人滥用权力替代性机制的可获得性，受信关系应分为完全受信关系、不完全受信关系和特殊情形中的受信关系。

(1)完全受信关系。完全受信关系是指事前不得约定概括性免除受信人受信义务的受信关系，即无论双方如何约定，受信规则具有强制适用性。Ribstein 认为财产所有人将其财产的开放式管理权授予经理人，自己保有对该财产的控制权和剩余所有权，是作为范式的受信关系。信托无疑是最为典型的，在双重所有权构造下，受托人几乎拥有信托财产所负载的所有法律权利，包括占有、管理和处分财产，聘用管理人、经纪人、咨询顾问等专业人员进行管理，向受益人支付生活费用或者分配收益等。[①] 公开公司中的董事，地位上类似于受托人，公司法对其行为的规制应采取强制主义，即不得通过公司章程免除自身的受信义务。普通合伙中的合伙人之间、有限合伙的普通合伙人与有限合伙人之间，投资者与为其全权委托账户进行操作的投资顾问之间，亦为完全受信关系。

(2)不完全受信关系。当事人之间通过充分的协商，可以约定免除受信人的受信义务，此类受信关系为不完全受信关系。广泛地在各类商业关系中强制性适用受信义务会不适当地增加交易成本，也并不是所有的商业关系都会发展成长期的、类范式的受信关系。最典型的是在专业服务关系中，若受信人仅向委托人提供专业化建议并代为在专业化建议范围内处理事务，受信人得以与委托人协商免除受信义务。但受信人必须充分披露免除义务的法律后果，若受信人怠于履行该义务，法院应强制适用受信规则。因

---

① John Duddington, Essentials of Equity and Trust Law, Pearson Education Ltd, 2006, pp. 283-293.

专业人士咨询关系的核心是提供建议，一般来说，建议受领者对是否采纳建议仍有自主裁量权。

(3)特殊情形中的受信关系。特殊情形中的受信关系，是指非由法律规定的，而是基于具体案件中的特定事实，法官运用类比推理的方法认定其具有受信关系特征的法律关系。该类受信关系完全由法官自由裁量所创设，通过适用受信规则以实现事后利益重新分配来矫正双方之间支配性—依赖性的结构不平等。是以，弱势地位作为特殊条件通常在这类受信关系的认定中发挥作用。但受信关系成立的前提是权力分离的存在，即一方获得对另一方财产或事务一定程度的处理支配权，简单地从一方可能因另一方的不当行为而受损害的视角去定义受信关系并不合适。从法经济学的角度，"舍义取利"对交易双方来说都意味着高成本——比如我们不可能相信受信义务提高的投资银行合规成本不会转嫁回其服务受领者，除非受信义务作为最后一道救济是非常必要的，否则应当将实施受信义务造成的成本高于收益的这类关系排除出受信关系的范畴。在权力分离并不存在或者差值很小的情况下，采用合同方式足以控制受信人的酌处权，并不需要受信制度的介入。

当然，受信关系必然嵌入社会的各个系统之中，因此上述分类不可能是放之四海而皆准的，而须视具体社会中各种受信关系的特定构造，以及相应社会规范、制定法环境、行业惯例等因素而定，一刀切地断言"董事与公司之间构成完全受信关系"或者"律师与客户之间构成不完全受信关系"都可能有过于武断之嫌。

第三节 受信义务的变化规则

一般认为，受信义务包括忠实义务和注意义务。实际上，受信人的注意义务是普通法侵权中注意义务在受信关系中的具体化。[①] 英联邦国家据此认为，受信义务应为受信人特别负有的义务，注意义务不在此列，因而受信

---

① 是以，本书第一章所讨论的衡平作为受信之源流，其实只涉及忠实义务，注意义务属于普通法的范畴。

义务特指忠实义务。但美国法通常将忠实义务与注意义务均纳入受信义务范畴。我国立法与有关文献中均采取美国式进路,本书也采这一分类。

一、忠实义务

汉语中“忠”的字形结构能恰如其分地显示忠实义务的内涵,“中”,是在自我利益与受益人利益中不偏不倚;“心”,则指向忠实义务有关受信人的目的与动机。忠实要求履职者尽心于人,受信人须以委托人/受益人利益为目的行事。忠实义务包括两个层次,较低层次是受信人抵御自我利益的诱惑,不以委托人/受益人利益为代价促进自身利益的行为;较高层次是受信人全身心地为促进委托人/受益人利益努力。[①] 当受信人被要求为委托人/受益人的利益尽心竭力时,忠实义务与注意义务即发生了某种程度的重合。强行法规范包括禁止性规范和命令性规范,前者的意旨是不得为之,而后者的内涵是必须为之。受信义务的特征是禁止性大于命令性,忠实义务主要是禁止性和预防性规范,亦即法律仅在较低层次上、在事前禁止受信人从事特定行为。“为委托人/受益人最佳利益行事”主要是宣示性或倡导性的要求,但也可能在某些特定的、违信行为难以类型化的情形中,为法官造法创造空间。

有关受信义务是情境化义务的说法是不准确的。注意义务是情境化义务,法官须在个案中判断每一受信人在该情形中应当达到的审慎与关注程度,以及受信人具体行为与该标准的实际距离。如果说在注意义务的案例中,标尺随具体情势和实际个人而变化;那么在忠实义务案例中,标尺基本是固定的,忠实义务是非定制性规范,并不会随语境而形塑自己的不同面貌。[②] 忠实义务的核心是受信人的意思自治服从于委托人/受益人的利益,具体规则包括未经授权不得获取私利规则、不得自我交易规则和无冲突规则。传统受信法中圈出了一块“未经允许受信人止步”的禁地,现代受信制度则允许受信人按照法律所要求的程序与实体要件构造交易,否则,法院将

---

① George P. Fletcher, Loyalty: An Essay on the Morality of Relationships, Oxford University Press, 1993, p. 9.

② 当然,后文会提到忠实义务的边界会随着受信关系的变化而变动,但在同一类受信关系中,忠实义务规则无疑是普遍性而非个案化的。

在事后重新分配有关交易的风险与收益。[①]

1. 未经授权不得获取私利规则

当受信关系涉及财产的持有与管理时，受信人的首要义务是财产保全。受信人须单独保管、妥善维持受信财产，且将有关收支往来准确记载于账目，委托人或信托中的受益人有权随时查看账目。此外，受信人不得使用受信财产为自己或他人获得未经授权的利益，除非委托人事先概括性允许或者由受信人充分披露后经委托人事前明示同意。一个看似简单的情形是公司董事使用公司所有的私人飞机携带家人度假，此时法官须判断董事会是否默认该种行为，商事组织的公共性带来判断组织意思的困难，使"授权利益"的界定复杂化。

利用受信财产取得的未经授权的利益，应当归委托人/受益人所有。如果受信财产的形式是货币，归入的范畴包括金钱及孳息（无论受信人是否确实获得），或者其他可归因于该金钱的利益。若受信财产是货币以外的财产，委托人也得以主张任何从违信行为中所得的财产。是否应扣减由受信人投入的财产、精力、知识、经验等产生的部分，则取决于受信人是否为恶意。

保密义务和不得与委托人竞争义务可以视为不得为其他目的或私人利益使用受信财产义务的延伸，但是也可以视为无冲突义务的延伸。如果作为前者，司法裁判的关键在于判断相应信息和机会是否应视为信托财产或归属于委托人的财产；如果作为后者，司法裁判应考虑受信人取得机会的行为是否产生了其自我利益与所负职责相冲突的可能。试以英国法上公司机会案件裁判立场之转变为例说明。由于商业机会是无形的、不确定的、难以认定归属，英国法一度以承载机会的信息为客体建构委托人的财产权利。在公司法中，若有关机会的信息排他地来源于董事的受托地位，该信息则为公司财产，董事利用其取得的个人利益将被视为公司取得。[②] 但反对意见主张，信息本身不具有排他性，无法成为财产权之客体。[③] 英国法院后改弦更张，脱离财产进路，通过利益冲突建立归属重新分配之正当性：公司对商业

① 例如，投资顾问事先未披露其从所推荐的交易中获得回扣的信息，委托人拒绝承认有关交易的效力，顾问须承担所有本该由委托人自己承担的因市场波动导致价格下降造成的损失或者交付其就所推荐交易获得的所有回扣。

② Boardman v. Phipps, [1967] 2 AC 46.

③ Ibid.

机会具有利益或期待,董事负有为公司取得该特定机会的作为义务却为自己取得,其个人利益与所负义务存在冲突的可能。2006 年英国《公司法》第 175 条将可能构成个人利益与公司利益的冲突均涵摄于规范射程中,扩大了公司机会规则的适用范围,董事或高管未经公司同意获取对公司有利的机会,也可能构成忠实义务的违反。易言之,不得篡夺属于委托人或信托财产的机会,成为无冲突规则的子规则。

2. 不得自我交易规则

受信人直接与间接同委托人或受托财产发生的交易,因受信人控制了交易双方的意思生成,故称为自我交易。狭义的自我交易,指交易对方直接为受信人或其控制的人或实体;广义的自我交易,即利益冲突交易,指受信人对交易对方直接或间接具有重大利益。英美法上,委托人或受益人可向法院请求撤销利益冲突交易,若交易已无法撤销,受信人须赔偿委托人或受益人由此所受的损失。如第二章所述,商事组织法中的受信制度对自我交易的态度经历了一个演变发展过程,从绝对禁止自我交易,到须经有权决策人(通常是无利害关系的合伙人或董事中的多数)充分考量有利害关系受信人充分披露的有关信息后同意交易,且法院认为该交易对受益人是公平的,则交易有效。因此,有学者主张,自我交易经法律所规定的程序转变为公平交易,受信人须证明:(1) 受信人已经披露其已知的、有关该交易或合同的、可能会影响委托人或法律规定的有权决策人决策的全部关键信息;(2) 法律所规定的、无利害关系的有权决策人在充分知悉的基础上以多数同意该交易;(3) 该交易是公平的。[①] 目前受信法的趋势是,第三个要件逐渐成为非必要要件,或至少,若受信人能证明前两个要件,将由委托人或受益人承担交易不公平的举证责任。英国公司法一直认为,公司股东会、而非法官才是利益冲突交易的最好审查者。美国公司法中,人们已经普遍接受公平的决策程序可以净化冲突的利益,从而排除法官对交易对价的实质审查,如特拉华州试图以无利害关系的“董事会+股东会”双重表决,加利福尼亚州试图以无利害关系的股东会表决来跳过法官的公平性审查。

在专业服务关系中,委托人充分知悉的事前同意即可认定交易有效。

① Matthew Conaglen, Fiduciary Loyalty: Protecting the Due Performance of Non-Fiduciary Duties, Hart Publishing, 2010.

知悉的同意，是指在全面了解下列所有事项情形下的同意：(1) 确实存在或者可能存在的利益冲突；(2) 该冲突将阻碍受信人向各方披露其所知的有关交易的全部信息；(3) 该冲突将阻碍受信人向客户提出合理建议或提供合理服务。如果各方仍同意照此行事，则受信人可以继续行事。① 但若委托人证明其同意是存在瑕疵的、获得信息不全面，即便受信人证明交易的实质公平，交易也很可能被法官判为无效；相反，若获得委托人充分知悉的同意，即便对价不公平，法官也不一定裁决交易无效。交易的合理性与公平性的作用在于，作为证据协助法官判断受信人是否披露了所有相关信息——在理性经济人假设下，委托人通常不会同意实际对己不利的交易，除非其未获得充分信息。若受信人为律师，还负有建议委托人就利益冲突交易向他人寻求独立法律意见的义务。概而言之，自我交易规则要求受信人管理利益冲突，通过法律所规定的必要程式和要件，将自我交易改造为臂距交易，从而产生臂距交易的法律后果。

3. 无冲突规则

受信人不得将自己置于个人利益与其所负受信义务相冲突的位置，也须管理其对某一受益人所负受信义务与对另一受益人所负受信义务相冲突的情形。利益冲突是忠实义务的核心，或言之，忠实义务即为广义的管理利益冲突规则。自我交易规则与无冲突规则在受信人利益(或受信人所实现的第三人利益)与实现委托人最佳利益的义务相冲突时发生了重合。

对利益—义务冲突的情形，自我交易规则已有具体阐述。义务—义务冲突情形突破了传统受信制度“一仆不得事二主”的原则，受信人对委托人所负有的“专一忠诚”义务，要求受信人未经委托人充分知悉的同意，不得为与委托人有相反利益的他人行事。此外，受信人不得为其他委托人的利益披露某一委托人的保密信息。

除却上述核心规则外，忠实义务还禁止受信人泄露有关委托人的保密信息，也禁止受信人完全将权力转委托给他人。注意义务要求受信人在必要时须聘请专业人士以管理和实施其权力，但全权转委托是禁止的，未经委托人同意，受信人必须独立决策并对其决策负责，不得接受他人指令或其他

① Clark Boyce v. Mouat, [1993]3 NZLR 641(NZ).

约束，如实际控制人对董事须按其意志投票的书面或口头要求。

在特定类型受信关系中，忠实义务还将衍生出具体类型的作为义务，如信托中受托人公平对待受益人的义务，以及代理等受信关系中受信人主动披露与受信事项有关所有关键信息的义务。受信人的披露义务并非独立受信义务，亦非忠实义务的子规则。受信人怠于披露与受信事务有关的亘大信息并不必然构成违反受信义务，也不适用衡平法上对违反受信的救济。但基于具体受信关系的特质，法律可能要求受信人主动向委托人报告所有与受信事务有关的重大信息。例如，在代理和以代理为基础的受信关系中，代理人负有将可能影响被代理人的所有关键信息告知被代理人的义务，而信托法虽要求受托人定期告知受益人信托财产经营管理情况，但无须告知具体运营策略和投资理由。①

概言之，忠实义务具有不容忽视的事前预防功能，防止受信人因个人利益而影响独立和专业判断力的决策行为对委托人造成损害。对几乎所有受信人而言，无论其职业或身份为何，忠实义务的内容都是大体相同的。即受信人所从事的某些法律行为，虽在两个独立主体之间是完全有效的，但因受信人身份而被法律否认效力或者无法获得法律行为的后果，变化的只是义务的强度和法律具体要求的程序或实质要件。

二、注意义务

注意义务是普通法中侵权规则在受信法的特别化，受信人行为未达到注意义务标准、给委托人造成损失的，应承担损害赔偿责任。② 在英美法上，违反注意义务即构成过失。对注意义务最早的理论阐述见于 Atkin 法官提出的“邻人原则”，即每一个人“必须采取合理的注意来避免作出或忽略那些可以合理预见到、可能会伤害到你的邻居的行为”③。在现代社会，人们总会自觉不自觉地卷入无穷且复杂的关系，法律上邻人的判断，须考量行为影响

① David Hayton, English Fiduciary Standards and Trust Law, Vanderbilt Journal of Transnational Law, Vol. 32, No. 3, 1999, pp. 555-612.

② 过失侵权损害赔偿责任的构成必须有四个要素：被告对受害人负有合理注意的义务、被告未能采取合理注意、被告的行为导致了被主张权利的损失、被告的行为是损害的事实原因或法律原因。参见徐爱国：《英美侵权行为法》，北京大学出版社 2004 年版，第 66 页。

③ Donoghue v. Stevenson, [1932] A. C. 562.

的辐射范围与双方的合理预期。毋庸置疑的是，委托人的利益与受信人行使授权行为的联系如此紧密与直接，定在受信人“法律上邻人”的范围内。在美国法上，受信人的注意义务逐渐与侵权分离。但在恪守传统的英国法中注意义务仍属于普通法，与生于衡平的受信制度各表一枝，受信人违反注意义务的情形，委托人不得主张归入信托、撤销交易等衡平法救济，而只能请求损害赔偿。[①]

从对教义的信守来看，英国法与美国法之间的差异未必比大陆法与美国法的差异更小。在实践中，受信关系中受信人的注意义务，与侵权法中用于衡量过失的注意义务其实存在不容忽视的不同。首先，侵权法中的注意义务，重在提供责任衡量的标尺，只在损害结果发生后方有意义。但受信制度中的注意义务，还在事前为受信人提供了应当如何行使权力的行为标准。其次，受信制度中的注意义务，与忠实义务共同作用，促使受信人为委托人或受益人最佳利益行事。忠实义务中防止利益冲突义务、报账交款义务、披露义务均是为了促进酌处权的中立行使，以保障判断与决策的质量。但侵权法中的注意义务，仅要求不出现损害他人的客观后果。再次，对受信人，注意义务虽然在行为标准上要求善意、合理技能与谨慎、判断与决策的明智行使，但法院极不愿意追究疏忽大意的受信人的责任。

行为标准与责任标准之间的间隙是为保护受信人酌处权的价值。酌处权是有限制的，德沃金指出，酌处权这个概念只有在某个人在通常情况下根据特定权威设定的标准而作出决定的时候才是准确的。“恰似面包圈中间那个洞，若没有周围一圈的限制，它只是一片空白，本身不会存在。”[②]酌处权是次生的，人们不可能声称自己对本人事务“具有”酌处权。在受信关系中，限制源于委托人授权的概括性目的、具体指令和法律规定的注意义务。例如，代理人具有遵循被代理人指令行事的义务。但专业人士作为代理人时，若代理人相信被代理人的指令有误或有失理性，代理人有义务对被代理人提出忠告并详细解释其的考量。[③]

注意义务对酌处权的限制是开放性的，尽量避免对受信人决策的实质

---

① Bristcl and West BS v. Mothew, 4 All ER 698 (1996)(CA).

② 〔美〕德沃金:《认真对待权利》，信春鹰、吴玉章译，上海三联书店 2008 年版，第 53 页。

③ American Restatement of the Law (Third) of Agency (2006), § 8.11 cmt. b.

审查。美国法上，受托人注意义务经历了从法定清单规则（Legal Lists Rule）到谨慎投资人规则（Prudent Person Rule）再到谨慎投资者规则（Prudent Investor Rule）的变迁。对信托受益人而言，最重要的就是信托财产的保有。受托人应以一个谨慎、慎重和明智的人管理自己事务即一般管理受托财产。[①] “为经营信托而从事贸易或商业是非常冒险的行为，因为受托人一不小心就得为各种损害负责。”[②]最早的法定清单规则承继自英国信托法，是指除非受托人获得委托人的明确授权，否则受托人只能投资于法律明确列举出的特定投资项目。1830 年的 Harvard College v. Amory 案中，马萨诸塞省最高法院提出谨慎人规则（Prudent Man Rule），认为信托财产的安全依赖于受托人的诚实和良好的判断，只要受托人是诚信地投资，即使投资于私人证券亦属合法。[③] 到 20 世纪后半期，由于通货膨胀和高额税收的影响，谨慎人规则也无法满足不断变化的信托投资领域对自由化与灵活性的需求，美国法学会 1992 年的《第三次信托法重述》正式确立了“谨慎投资者规则”[④]，要求受托人像谨慎投资者一样投资和管理信托财产。代理人的标准则宽松许多，代理人须以一般注意与技能行事，向被代理人传达所有有关信息并遵循其指示。

在商事组织中，注意义务的标准被进一步降低，受信人被允许使用防御性的推定来保护自己，以防止法院的任何审查——哪怕只是一种审查的姿态——限缩商事组织的商业冒险而损及整体的经济产出。商业判断规则被适用在股份公司、有限公司与有限合伙中，法院假定受信人的商业决策是建立于善意、充分知悉并为委托人最佳利益的基础上，除非原告能举证推翻上述假定，否则法院拒绝进一步对董事决策进行审查。美国《修订统一合伙法》规定合伙人的注意义务仅限于合伙人不得从事重大过失或不计后果行为、故意的不当行为或明知违反法律的行为。Van Gorkom 案后，各州进一

---

① In Re Will of Hartzell, 192 N. E. 2d 697(1963)(U. S.); United States v. Mason, 412 U. S. 391 (1973)(U. S.).

② Grant Harding, Advice to Trustees, p. 75. 转引自 Ron Harris, Industrializing English Law-Enterpreneurship and Business Organization, 1720－1844, Cambridge University Press, 2000, p. 154.

③ Harvard College v. Amory, 23 Mass. 446 (1830).

④ Restatement (Third) of Trusts(2007), § 77.

步修改立法，允许公司章程豁免董事违反注意义务的金钱赔偿责任，因此，除非决策具有显著不理性，董事不承担责任。英国法没有采用商业判断规则，不过也认同严格的忠实义务与善意义务，注意义务标准相对松弛，

衡量受信人裁量权行使是否合乎标准，有三个主要维度。其一，注意标准总是与受信人的授权大小、活动的性质与风险有关。例如，公开公司的董事不仅需要作出有理性基础的决策，还须建立有效的信息收集与报告系统，使得董事对公司的合规情况与风险管控能有合理确信。① 可以说，在不同的制度和社会、不同治理模式的公司中，董事和高管的注意义务千差万别。其二，主体，又涉及主客观标准之争。主观标准要求法官重现在当时情形中具体受信人的注意与技能，将使注意义务完全变成个别化的、量身定做的义务，但司法机关无法承受量体裁衣之重，事后之见也不可能还原当事人的事中裁断。所以，英美法司法实践中的注意义务标准往往是客观的，若受信关系只涉及日常的知识与理性，受信人应达到一个普通的理性人在类似情形中的注意、审慎与技能；若受信关系涉及特殊知识、技能与资质，则受信人应达到同行业中与其具有类似地位、能力和熟练度的从业人员在类似情形中应有的技能、审慎与注意。当然，若受信人声称他具备特殊技能，或高出行业一般人的专家水准，则不论其实际水平如何，应按其声称的标准审查其行为。与大陆法系相似，专业人士与非专业人士的注意标准也是不同的。代理法中，被代理人对代理人的指令欠合理时，若代理人基于其专业技能对此有认识，代理人必须向被代理人提出改进建议。英国法上，受托人注意义务本身严于代理人，收取报酬的专业受托人注意义务更为严格，受托人因相信其法律顾问的判断而误将受托财产交付给无权领受人，法官即认为该收取报酬的受托人应对其误付的财产承担个人责任。② 商事组织中，从事日常经营管理的职业董事与非执行外部董事的注意标准亦不同，但董事、合伙人等经营人员毕竟称不上一个"专业"，故对其行为通常按一般理性人标准衡量。其三，程序与结果。一个最重要的认知是，受信人并不保证受信目的的实现，也不是受信结果的保险人，注意义务是过程义务，而非结果义务。法律要求受

---

① See In Re Caremark International Inc., 689 A2d 959 (1996)(U.S.), Re Barings plc (No 5)[10][2000] 1 BCLC 523.

② National Trustees Co. of Australasia v. General Finance Co of Australia, AC 373 (1905)(Aus).

信人具备诚实的主观动机(善意且不存在利益冲突),自主地在充分获取和考量有关信息的基础上作出决策,并在必要时咨询外部专业人士。法官通常拒绝、或者说大部分情形下并无能力对受信人的判断作出实质审查。

三、作为强制内核的善意义务

善意源于罗马法,即 bona fides,成型于大陆法系,为合同订立和履行中的默示义务。英美法系最早使用的善意近似于"禁止欺诈"。在 1766 年一个经典的保险案例中,曼斯菲尔德勋爵提出,"善意禁止一方隐瞒自己暗中已知的消息,并利用他人的无知和信以为真的状态诱其交易"①。此后英美保险法中遂发展了最大善意原则来敦促投保人进行如实信息披露。可见,最大善意的渊源与受信关系无关,其基础在于合同一方的信息弱势地位。英国法并未将善意发展为一般合同的法定默示原则,善意义务限于在受信关系中适用。但英国法同时也认为,诚实是一种普遍义务,独立于契约或其他特定义务而存在,只要一人涉入他人事务,诚实义务就要求其坦诚行事。

美国法上,深受大陆法影响的卢埃林从德国法中引进了善意。在《第二次合同法重述》中,善意被定义为合同各方当事人忠实于商定的共同目标并且尊重他方当事人的正当期待。善意排除"各种类型的,违反共同体所定义的正直、公平、合理的恶意行为"②。这一释义第一层次正面定义,将善意与对他人的承诺和他人据此产生的正当期待联系起来,善意即为实现对方当事人订立合同从事交易时的正当期待,排除任何将损害或毁灭合同另一方取得合同成果的行为,如违反合同精神、故意提供不完美履行或干扰他方履行的行为;第二层次从反面解释善意,即善意等于非恶意。默示的善意义务没有明确含义,只能通过其补集恶意行为来定义。③ 恶意行为包括欺诈、缺乏理性的行为或者不履行义务等。是故,合同法中的善意义务包括:(1) 说

---

① Carter v. Boehm; 3 Burr 1905 (1766), p. 1910.

② American Restatement (Second) of Contracts, § 205 (1981).

③ Robert Summers, "Good Faith" in General Contract Law and the Sales Provisions of the Uniform Commercial Code, Virginia Law Review, Vol. 54, 1968, p. 196.

话算数;(2) 不欺诈并公平行事;(3) 承担合同的默示义务。[①] 昂格尔对善意的定义或许是最为准确和凝练的:"善意标准要求人们应在每一种具体情况中找到两个相互对立原则的中间地带。一个原则主张一个人在行使自己的权利时可以无视其他人的利益,而相反的原则是一个人必须正确对待他人的利益,仿佛就是自己的利益。"[②]善意是不恶意损害他人义务与受信义务的中值。

善意是基本的交易道德。笔者认为,善意是受信义务的底线,是受信义务不可通过约定豁免的强制内核。善意与衡平原则一脉相通,"衡平裁判中的良心原则,虽为教士的发明,却生成了任何情形下人类须顾及他人的义务,并给予人们一种期待,即他人会善意地对其行事"[③]。善意与良心可互为解释[④],也始终内含于受信义务中,Finn 在其 1977 年出版的著作 Fiduciary Obligation 中就将管理利益冲突、管理义务冲突、禁止不当使用秘密信息和受信财产等义务统称为善意义务。在美国商事组织法中,善意义务是受信义务中不可约定豁免的核心规则。以特拉华州为例,《有限公司法》《有限合伙法》均规定,不得通过合同约定豁免有限公司董事、经理和有限合伙普通合伙人的诚信义务和公平交易义务[⑤];特拉华州《普通商事公司法》第 102 条中也规定,善意是董事注意义务金钱责任豁免的例外。

特拉华州法院第一次在 Cede & Co. v. Technicolor Inc 案中将善意作为独立受信义务,引发了学界争议。[⑥] 首先,善意着眼于人的主观心态而非客观过错,然私法裁判如何审验人心?其次,善意作为独立受信义务将打破

---

① James Goldey, Good Faith in Corporate Law in the Medieval Ius Commune, in Zimmermann & Whittaker eds., Good Faith in European Contract Law, Cambridge University Press, 2000, p. 93.

② 〔美〕昂格尔:《现代社会中的法律》,吴玉章、周汉华译,译林出版社 2008 年版,第 177 页。

③ George Spence, The Equitable Jurisdiction of the Court of Chancery, Lea & Blanchard, Vol. 1, 1846, p. 411.

④ 韦伯词典定义善意为:"有关目的的诚实与合法的主观心态:相信自己有权行事、相信自己的行为并非不合良心或者无须更多调查——即不存在欺诈、欺骗、共谋或重大过失。" Webster's Third New International Dictionary of the English Language Unabridged, 3rd ed., Merriam-Webster, 1993, p. 978.

⑤ Delaware Limited Liability Company Act(2020), § 18-1101(c); Delaware Limited Partnerships Act(2020), § 17-1101(d).

⑥ Cede & Co. v. Technicolor Inc, 634 A. 2d 345 (1993), p. 361.

忠实与注意传统二分体系，重塑体系有无必要？

善意/恶意概念与主观心态有密切联系，一般来说，善意指忠实地相信为受益人最佳利益行事的主观心态。原则上说，判断善意/恶意不是错误判断或过失，而是一方主观意图上是否存在可非难性。但在司法实践中，善意是客观支配主观的标准。查验过去某一事件中的人心太难，法官常通过理性经济人眼中的客观合理性检视交易理性，从而反推动机。譬如美国法学会认为若董事决策时“没有自我利益、合理知悉有关信息、理性相信其商业决策是为公司最佳利益”，即认定其为善意。[①] 实践中，法官也一般不愿在事后解读和推测董事会决定的主观动机，相反，只要股东质疑董事行为的理性，法官就会回应以商业判断规则的基本假设，即董事以合适的动机行事。易言之，除非证明董事有自我利益或未充分知悉信息，否则法官一般假设董事是以善意行事。

特拉华州对善意概念的丰富，是对“朝底竞争”背景下州公司法对违反注意义务责任豁免的一种回应，善意并不是独立的受信义务，而是注意义务与忠实义务的共同底线与核心要素。同为不可免责事由，忠实义务有其既定的含义，但善意的内涵却是模糊的，给法官法的创造以巨大空间。在Disney、Caremark、Stone和Citigroup等一系列案例中，特拉华州法院定义“对义务有意地放弃、对个人责任有意地无视”构成恶意，具体包括：(1) 为提升公司利益以外的目的行事；(2) 有意地违反法律；(3) 面对一项要求其履行的明知义务，有意地怠于履行，如持续或者系统地怠于监督公司合规运营和风险管控。在第三种情形，善意成为了注意义务和忠实义务的桥梁，在没有利益冲突时将对前者的违反转换为了对后者的违反，使怠于作为的董事得不到有关法律的庇护。可以说，善意义务是董事注意和忠实义务的基础与共享因素，包括“不应不理性、不应不负责、不应不诚实”等内容，以其模糊又充满弹性的内涵覆盖忠实义务与注意义务均无法定义的行为。特别在“朝底竞争”的大潮中，越来越多的受信制度允许当事人更改具体行为和责任标准，而善意作为不可免除、不可变更的强制规则，撑起了受信义务不可减损的内核。

---

① America Legal Institute, Principles of Corporate Governance(1994), § 4.01(c).

四、变化规律与影响因子

受信义务随着受信关系中受信人可能滥用其权力损害委托人/受益人的风险程度不同而变化强度。限制受信人滥用权力、维系对社会有价值的信任关系所带来的收益,必须大于这些限制可能给受信人、全行业以及社会带来的成本。因此,法律需要勾勒出委托人/受益人自我保护与政府干预之间的均衡区域,在这一区域以左,买者自负原则应当发挥作用,在这一区域以右,政府将采用更为严格的规制手段。如何圈定自我保护与第三方干预之间的均衡区域?主要应考量的委托人/受益人面临的风险程度,具体包括三个向度:(1)授予受信人的权力程度;(2)专业知识的差异化分配程度;(3)其他替代机制的可获得性。当然,不能忽略的是政府对受信关系所在行业以及其所涉及公共利益的关照程度,立法者可能会出于特殊的公共政策考量收紧或放松特定类型或行业受信关系中受信人的行为准则。

授予受信人的权力程度,也可理解为受信人对委托人在处理其财产或事务上的替代性程度。负有最高忠实义务的是信托关系中的受托人[①],笔者认为,应还有公开公司的董事。其中诚然有第一章与第二章所提及的历史因素,衡平法院认为受托人必须免受任何可能影响其独立判断的干扰。但受信关系中,所有与控制的分离程度确实以信托为最高。在合伙中,管理合伙人对其他合伙人负有严格忠实义务,亦是因其不仅是合伙与其他合伙人的代理人,而且对合伙事务行使日常管理与决策权。对零散投资者全权委托账户加以操作的投资顾问,其忠实与注意的程度都应高于仅提供投资建议的证券经纪人。

专业服务关系中,权力的授予与移转就是一个寻找知识和与知识相结合的过程。专业知识的差异化分配对注意义务的影响尤为显著,专业人士的注意标准应当高于非专业人士。授予权力的程度与专业知识的差异化分配程度其实反映了经济学委托代理问题中代理成本的程度,而替代机制的可获得性也是出于对成本的考量。投资顾问对零散投资者负有受信义务,但对高净值投资者、机构投资者,法律认为他们可以通过势均力敌的事前谈

---

① American Restatement of the Law (Second) of Trusts (1959), § 2 cmt. b(U. S.).

判和声誉机制制约投资顾问——似乎法律默认，一个证券投资顾问会对散户滥用其优势，却不会对一个大户室里的客户隐瞒信息。另外，观察投资顾问忠实义务的有关规则即可发现，美国法中，《投资公司法》禁止的利益冲突交易比《投资顾问法》更为广泛，对本人交易与代理人交易的规定也比《投资顾问法》更为严格。试举一例说明之，在共同基金中，基金管理人与其关联方与基金之间发生的证券买卖与借贷，除非满足下列条件，否则原则上禁止：(1) 交易公平合理；(2) 不损害基金一方的利益；(3) 符合基金的投资政策；(4) 符合《投资公司法》其他规定，并申请 SEC 的豁免。但在私募基金中，基金管理人可通过披露利益冲突、取得客户知悉的同意方式来进行此类交易。易言之，共同基金的管理人，负担比私募基金管理人更为严格的忠实义务。

当然，以上总结依然是相当粗浅的。例如，受信义务在公开公司中的变化就很难用以上因子简单解释。首先，很难解释商业判断规则的存在，为何董事的注意义务标准要低于受托人和提供专业服务的专业人士，虽然在实际适用中，法院也一般不轻易拷问受托人、专业人士的决策。其次，董事义务被赋予了诸多内涵，如系统督导义务，虽然为了体系一致性，系统督导义务被认为是注意义务的范畴，后又以善意义务为媒介归入忠实义务。

第四节 违信责任的严苛品格

"衡平法是一个以禁令的终极权力为基础的救济系统。"①受信责任有关规则与英国法救济本位而非权利本位的特征一脉相承。英美法上，受信责任是独立的责任类型，委托人或受益人可在合同、侵权与违反受信义务中择一诉因提起诉讼，如在因律师重大过失导致败诉的情形下，被代理人得以主张违约责任、执业过失责任和违信责任。由于其严苛品格，违信责任是其中能最周全保护委托人/受益人利益的选择。

---

① 〔英〕阿蒂亚：《英国法中的实用主义与理论》，刘承韪、刘毅译，清华大学出版社 2008 年版，第 19 页。

受信规则的首要目的是遏制而非补偿，违信责任的严苛品格与受信关系的结构特征密切相关。受信关系建立的目的是以受信人行使被授予的权力促进委托人/受益人的利益，违信责任则旨在减小受信人使用该权力以促进自身利益的诱惑。衡平法对委托人/受益人提供的救济主要是回复性救济，包括撤销受信人行为，把受托事务或财产的状态回复到受信人的不当行为之前；也包括推定信托、归入收益等救济，将受信人违信所得直接归于委托人或信托财产所有。受信人的交出利润对应于其违反对委托人的忠实义务，受信人所行使的权力来源于委托人，受信人义务所要求的忠实义务包括在委托人所享有的权利之内。受信法甚至将属于信托、合伙或者公司机会理解为公司的“财产”，虽在这个意义上使用“财产”并不准确，但可以认为，受信人的履行和忠诚是属于委托人的权利。因而，为此获得个人利益就损害了委托人的权利，委托人有权获得受信人不当行为而获得的利益。

有观点认为，若受信救济仅使委托人的利益恢复到受信人未违反受信义务的状态，意味着受信人并不必然因违信行为遭受实际损失，加之双方信息不对称使受信人行为具有隐蔽性，受信人仍有相当动机从事违信行为。①笔者的看法是，受信人行为不当在先，委托人对是否承认交易的效力有完全选择权，回复性救济使受信人投入的时间、精力等成本落空，除外另有声誉受损等后果，亦是对受信人的惩罚。而在自我交易等情形，委托人/受益人得以根据市场价格的变化决定是否请求法院撤销交易，行使权利的结果是由受信人承受市场风险。委托人可以选择承认交易的效力，但同时向受信人主张其从交易中取得的所得——市场价格变化产生的利润。更重要的是，衡平法有关法律责任的构造与普通法不同，违信之诉中有关程序规则进一步增强了其严格性，受信人逃脱责任的概率大为降低了。

违信之诉中的程序构造是对受信关系中双方力量不对等的矫正。委托人只需举出存在受信关系与受信人违反受信义务的初步证据即可，而违约之诉中，原告方须举出优势证据证明对方的违约行为确实存在。随后，举证责任将被转移到受信人肩上，即受信人须证明委托人所主张的违反事由不存在。受信人负有首要证明责任，这一举证责任倒置的规定无疑是因为受信人的信息垄断地位。证明责任分配显著改变了违反受信义务之诉的诉讼

① Len Rotman, Fiduciary Law, Carswell, 2005, pp. 695-701.

成本与走向，当委托人挑战受信人自我交易行为的有效性时，受信人必须负担证明受益人主张的利益冲突不存在，或其已向委托人坦诚告知、委托人已事前明确同意、或交易对委托人实质公平的责任。受信人举证其行为是出于善意、委托人并未遭受实际损失、委托人的损失与受信人的行为没有因果关系等，并不能改变诉讼结果，因这些边缘性要素对违信责任是否存在并无相关性。

一、推定信托与归入权

推定信托是由法院根据衡平原则强制性认定当事人间成立信托关系，推定信托的用途为彰明行为人责任和财产归属，它本质上不是信托的一种，而是对"有昧良心"行为的一种救济方式。推定信托是防止人们占有依照良心他们不应占有的财产。[①] 推定信托的适用主要包括：(1) 受信人因欺诈、显失公平行为或者违反忠实义务获益；(2) 受信人违信将财产转移给第三人；(3) 第三人无正当理由作为受信人履行职能。在上述情形中，法官宣告推定信托成立，委托人或受益人成为财产的衡平所有权人，不当行为人应向委托人返还自不当行为人取得财产之时获得的财产和收益，"因衡平法将应做之事视为已做之事"。

推定信托并不以受信人获益或委托人受损为前提，其重要意义在于委托人/受益人取得了财产的所有权，得以对抗非善意第三人和受信人的债权人。委托人/受益人既为衡平法上的所有权人，其对财产的权利为绝对权、对世权，即便受信人已将该财产售出，除非买受人善意且支付合理对价，否则委托人可从买受人处追索财产。作为所有权人，该特定财产形态发生改变时，公司亦可追及财产的替代物。如财产被变卖，追踪及于变卖的价额，即便其可能显著高于原财产的价值。如财产被用于购买其他财产，可以主张后者作为原财产替代物的所有权，或者行使衡平上的留置权。例如，香港政府曾因查处并没收某官员的受贿款进而取得该款项上的衡平权益，该官员曾用这笔受贿款中的一部分购买了新西兰一座农场。根据追踪规则，该农场可视为这部分受贿款的替代财产，香港政府从而可以取得该农场的所

---

① Soulos v. Korkontzilas, 2 S. C. R. 217 (1997)(CA).

有权。[①] 董事挪用公司资金投入自己的退休基金，公司也有权追及相应的基金财产，提起变价之诉。若财产发生了贬值，则委托人可以提起衡平上的损害赔偿之诉。用梅特兰的说法，衡平法院极力防止它的宝贝受益人沦落为一个纯粹的债权人。[②]

英国法院恪守救济与权利的对应性，对推定信托的适用较为谨慎。以公司法为例，公司成为衡平所有权人的前提，是公司享有财产性权利。公司须向法院证明其某一特定财产本应属于公司所有或源于对公司财产的不当利用，故推定信托的适用情境一般限于董事滥用公司财产这一行为类型，在董事收受贿赂、佣金和篡夺公司机会等行为类型中存有争议。英国法一般认为，董事利用职务便利获取的利益，若不涉及对公司财产的利用，公司只得主张归入权。美国法院则相对激进，只要董事存在不当行为并获有利益，即可成立推定信托。易言之，在美国法下推定信托已泛化为对董事违信的一般救济和对不当行为的纠正；但英国法中，推定信托依然是公司财产权的实现方式。

归入权最早来源于普通法，被衡平法用于救济衡平上的不当行为。[③] 归入权要求受信人将从违信行为中所得的净利益交还给委托人或信托财产，包括直接所得（股利、债息、天然孳息、处分财产所得对价等）与间接所得，即"任何可特定化、可计算的且不是不合理地遥远的使用利益、所得和由此取得的收益"[④]。根据董事的主观意图，归入范围有所区别，善意的董事可请求费用与支出的扣减，包括取得财产的成本和对其技能与时间支出的合理补偿，当然，以不会形成对董事从事利益冲突行为的反向激励为限。归入权被认为旨在阻吓对信任的背离，防止其动摇受信关系作为一种社会必须建设与维系的制度之完整与诚实。然而，合同法与财产法同样维系作为社会基石的契约与财产制度，何以归入独适用于受信制度？原因正如前所述，受信

---

① Att-Gen for Hong Kong v. Reid, [1994]1 AC 324, 336.

② 参见〔英〕梅特兰：《国家、信托与法人》，樊安译，北京大学出版社 2008 年版，第 121 页。

③ E. Hondius & A. Janssen, Original Questionnaire: Disgorgement of Profits, in E. Hondius & A. Janssen ed., Disgorgement of Profits: Gain-Based Remedies Throughout the World, Springer, 2015, p. 4.

④ Restatement (Third) of Restitution and Unjust Enrichment, § 51 (2011).

人必须排他性地使用其被授予的权力以实现其他人授予其权力时欲促进的目的,受信关系的本质特征决定了委托人对受信人行使授权所获得的利益具有默示的权利。衡平法学者称归入的收益为"天上掉下的馅饼"[①],但细究其实质却非无源之水。因而,无论受信人是否善意,或委托人是否实际受有损害,委托人皆可主张该利益归于受益人所有。

推定信托与归入权在功能上互相替代,公司只能择一主张。在董事与公司交易之情形,公司可选择行使撤销权或者主张推定信托,效果均为要求返还。不过,若公司系买受人,亦可认可交易效力,但请求董事返还从交易中取得的净利润。[②] 在董事未经授权使用公司财产,包括知识产权、商业秘密时,公司可对董事取得的积极利益主张推定信托。例如,董事挪用公司资金投入自己的退休基金,公司有权追及挪用资金所形成的基金财产,要求清算、分割、变卖并返还相应款项,包括投资收益。[③] 推定信托赋予公司以董事所得利益之所有权,公司得以介入董事与第三人的关系中间,同时实现交易的回转与利益的返还。归入权的前提是董事取得了积极利益,但推定信托并不以董事已经取得积极利益为前提,只要董事违反忠实义务而取得财产、利益或机会。若利用公司财产取得的财产发生了灭失或价值贬损,公司可主张衡平的损害赔偿作为替代。

二、损害赔偿

损害赔偿主要适用于受信人违信行为给委托人/受益人造成的经济损失,而推定信托、归入权等要求受信人交出利益等救济方式不适用的情形。原则上,受信人只得在恢复原状救济与损害赔偿中选择其一,但这一问题存在争议,在一些情形中,法院在推定信托或归入权不足以补偿受托人损失的情形下判决损害赔偿。

受信的衡平传统及其警示与规范功能决定衡平的损害赔偿之诉不同于普通法上的侵权损害赔偿之诉。首先,委托人没有义务质询或监督受信人的行为以确保其适当行使权力,因此,受害人减损义务和与有过失抗辩并不

① Sarah Worthington, Equity, 2nd ed., Oxford University Press, 2006, p. 120.

② Dick & Reuteman Co. v. Doherty Realty Co., 114 N. W. 2d 475 (1962); Dixmoor Golf Club v. Evans, 156 N. E. 785 (1945).

③ Clark v. Cutland, [2004] BCC 27, CA.

适用于违信情形。其次，委托人仍需证明违信行为造成了其损失，但违信之诉中的因果关系是松弛的，并不涵射可预见性、原因的远近程度等侵权法概念。[①] 违信行为只须为委托人损失发生的条件即可，无须是近因。[②] 1934 年 Brickenden 案中，英国枢密院司法委员会甚而在事实上废除了条件因果关系的要求。贷款公司在某事务律师的建议下同意向借款人增加贷款，但该律师未向贷款公司披露其从该交易中获得回扣且借款人将以新债偿还所欠事务律师旧债的事实。后借款人违约，贷款公司要求违信的事务律师承担该笔损失，但事务律师辩称贷款公司是否知晓该信息并不影响其决策。司法委员会认为行为不当的受信人未对委托人披露某亏损交易的关键事实，不得因辩称其怠于披露信息与委托人受有损失之间无因果关系而逃脱责任。[③] 这一案例突破了私法正义的基本框架，即不再以事实上的原因力作为损害赔偿责任的基础，未免过于激进，是故英联邦国家均有保留地接受了该规则。加拿大和新西兰要求受信人承担因果关系的证明责任；新加坡则仅在信托等法定信托关系受信人有过错地违反核心忠实义务的情形适用 Brickenden 案的规则，而对无心之失仍适用“条件说”。亦即“条件”因果关系仍为违信损害赔偿的要件。

须说明的是，由于受信人的注意义务来源于普通法侵权制度，故而对违反注意义务行为，应适用普通法上的损害赔偿救济，不适用以回复原状为效果的衡平救济，包括衡平的损害赔偿。委托人/受益人必须证明该行为或者受信人未采取行为导致损失的发生，并且二者之间存在因果关系。

---

① Caffrey v. Darby, 31 E. R. 1159 (1801) (Eng); Dawson, Re, 2 N. S. W. R 211 (1966)(Aus).

② 由于英国法不承认受信义务包括注意义务，故此处所谈违信损害赔偿之诉只适用于违反忠实义务的行为。对违反注意义务引起受益人损失的，则与侵权损害赔偿一致。

③ Brickenden v. London Loan & Savings Company of Canada, 3 DLR 465 (1934)(CA).

第五章　受信制度本土化方案辨析

一国法律能否成功移植以及如何成功移植到别国发挥近似的作用，甚至包括如何界定移植是否“成功”本身，理论上一直存在很大争议。Milhaupt和Kanda发现，日本商法典在20世纪50年代新增了第254-3条董事忠实义务。[①] 但在长达四十年的时间里，该规则从未被单独适用过，直到20世纪90年代后，才成为“活的法律”。[②] Milhaupt和Kanda分析，考察法律移植能否成功主要看被移植的规则能否在宏观上和微观上与借法国相适应。申言之，借法国应当有强烈的动机借法以解决社会中存在的明确问题，借入的法律规则在借法国的实定法体系中没有替代性规则、又能与其他规则相调和，借入的规则能与借入国的政治、经济、文化体系相协调。本书导论部分已经指出我国社会存在的社会信任匮乏、职业伦理丧失等问题，而从20世纪90年代开始我国立法者的主动借法行为，也表明立法者寄望受信制度能成为解决前述问题的钥匙。但移植能否成功的症结在于如何超越单纯的法律复制和传抄，结合我国本土状况搭建水土适宜的制度体系与规则框架。

第一节　借鉴移植之水土调适状况省察

一、断裂的传统作为本土资源

Stout主张，决定受信制度能否成功移植的要素之一为包括一国的本土

① 日本《商法典》第254-3条规定：“董事负有遵守法令或章程规定及股东全会决议，为公司忠实执行其职务的义务。”王书江、殷建平译：《日本商法典》，中国法制出版社2000年版，第66页。

② Hideki Kanda & Curtis J. Milhaupt, Re-examining Legal Transplants, The Director's Fiduciary Duty in Japanese Corporate Law, American Journal of Comparative Law, Vol. 51, No. 4, 2003, pp. 887-901.

文化与社会环境是否认可或推崇利他行为[1],在利他行为较为稀缺的文化体中,受信义务很难内化为受信人信守的行为准则,其执行须仰赖外力强制。利他行为与对受信义务的遵从也可通过社会信号来推动,但对其他社会成员在类似情形下如何行动的认知和社会成员的过往经历会影响对社会信号的解读。

我国对"信"并不陌生。"信"之概念起源于春秋盟誓,约信为誓,歃血为盟。信代表言语诚实、遵守约定,但具有浓厚的政治色彩。背弃旧主曰非信、犯上作乱曰非信,反之,事主不二则曰信。人民对统治者可靠性的认同也称为信,是以有商鞅立木为取信于民巩固统治之举,但一旦统治巩固了,就"特以强服之"。儒家将信作为个人的道德教养,"人而无信,不知其可也。大车无輗,小车无軏,其何以行之哉"[2]。汉代以后礼法并重,信为儒家五常之一,又是君子之德、修身之要。信作为道德规范的一部分在中华文明中延续数千年,"受人之托、忠人之事"可以说明我国尊崇"信"的本土资源相当深厚。

同时,强调君子不因个人私利而失去道义也是儒家文化秉承的传统。"义"是德行,是正确的行为,是判断一切是非善恶的标准。孔子说,"君子喻于义,小人喻于利"[3],孟子把义提到更高的地位,"何必曰利,亦有仁义而已"[4],"仁,人心也;义,人路也"[5],将义与仁并列。孟子还提出,义是信的标准,"大人者,言不必信,行不必果,惟义所在"。[6] 但是,在现代社会中,"义"的本意慢慢失却,其含义日渐通俗化甚至世俗化,强调情感联系,"情义""侠义"等使用大行其道。因此,将"fiduciary duty"翻译为信义义务并不准确,翻译为"受信义务"能够弱化其内涵中的道德因素,也避免与世俗文化中建立于情感联系基础上的"侠义""信义"相牵涉。

---

① See Lynn A. Stout, On the Export of U. S. -Style Corporate Fiduciary Duties to Other Cultures: Can a Transplant Take? in Curits J. Milhaupt ed, Global Markets, Domestic Institutions: Corporate Law and Government in a New Era of Cross-Border Deals, Columbia University Press, 2003, pp. 46-77.

② 《论语・为政》。

③ 《论语・里仁》。

④ 《孟子・梁惠王章句》

⑤ 《孟子・告子上》。

⑥ 《孟子・离娄下》。

儒家的道德传统，与受信义务的理念确实存在相通之处。除前述信义观外，儒家传统中还天然有尊重他者、强调利他的因子，“己所不欲、勿施于人”是儒家伦理中非常核心的要素。这与基督教“你要别人怎样待你，你要先怎样待人”有异曲同工之妙。也有学者认为，孔子的上述主张，与前文第一章衡平法所本源的大法官之良心，“未尝没有相通相合之处”[①]。这是继受受信义务的适宜环境，但必须认识到的是，这种土壤与受信义务的原生土壤也存在质的不同。例如，儒家之信并不是指向所有人的普遍道德，而是被拘在贵贱、尊卑、长幼、亲疏的框架之中的[②]。儒家之信，乃差等之信，以血缘、人情所联结的小圈子为限。如费孝通先生所言：“乡土社会的信用不是对契约的重视，而是发生于对一种行为的规矩熟悉到不假思索时的可靠性。”[③]朋友主信，是因信与“忠”“亲”一般，是维系一定社会关系的伦理准则，因不信则友离，且在家族、僚属之中会遭疏离和谴责，还可能面临的是“你不仁我不义”的反报行为。这种信义观，本质上是从亲到信的理路，由亲疏远近而决定信之程度。但五伦之外何如？儒家经典并未给人以明示。

儒家推崇信，完全是从道义论的角度，统治者以信彰显正当，士大夫以信标榜风骨，反映了我国传统社会的泛道德主义特征。但与西方社会普世的必然性道德不同，信始终停留在自我修身的层面，既没有成为日常人际交往的普遍准则，也没有成为有执行力的社会规范。我国传统文化所宣扬的信，无论是适用范围还是效力，均与西方社会的契约之信、他律之信、普适之信有根本不同，仍是“爱有差等”的宗法伦理之体现。由于商品经济始终没有发展起来，“主仆”关系无法发展成为商事代理关系，仆对主的诚信也就囿于“贱事贵、不肖事贤”的差等框架中，仆忠于主乃是基于名分、伦理，而非基于普世的信守承诺、善忠人事。

中国社会是伦理本位的社会，传统法律文化具有浓厚的宗法伦理色彩。在这样“混沌黏滞”、宗法伦理将人捆绑在一亩三分地上的社会中，“很少存在如希腊、罗马自由民那样基于地域、商品关系而充满欺诈虚伪的个体剧烈竞争的场所，因而不会有‘信’观念的发达”[④]。进入现代社会后，基于宗法与

---

① 张晋藩主编：《中华法系的回顾与前瞻》，中国政法大学出版社 2007 年版，第 179 页。

② 参见瞿同祖：《中国法律与中国社会》，商务印书馆 2010 年版，第 312 页。

③ 费孝通：《乡土中国》，人民出版社 2008 年版，第 10—11 页。

④ 阎步克：《春秋战国时“信”观念的演变及其社会原因》，载《历史研究》1981 年第 6 期。

家族产生的信任也慢慢被摧毁殆尽。郑也夫教授在论述从传统的熟人间信任向现代陌生人间的信任转型时曾道："一个地带越是传统信任资源深厚，越善于接受新的信任机制；新旧信任机制之间的关系更属转化而非不破不立。但是在传统信任已被摧毁的地带建立新的信任机制，已近乎无中生有，是最为艰难的。"[①]一言以概之，我国虽有人以信为本的深厚土壤，但信制约于传统宗法伦理范围内，与西方的普世之信或现代陌生人之间的信有实质不同。

二、诚实信用原则及其局限性

继受受信的前提是受信制度在功能相连的法律系统内与相邻制度产生协同效应，而非排异反应。民法中的诚实信用原则，一直被作为大陆法系受信制度的替代选择，我国《民法通则》第 4 条规定了"民事活动应当遵循自愿、公平、等价有偿、诚实信用的原则"，我国《民法典》第 7 条将诚实信用原则进一步具体化，即"民事主体从事民事活动，应当遵循诚信原则，秉持诚实，恪守承诺"。享着同样的历史源头，诚实信用原则与受信制度的内核存在共通性，均强调在双方关系中对另一方当事人利益的尊重。大陆法系借鉴英美法系之受信义务时，也存在将忠实义务甚至注意义务等同于善意义务（或称诚信义务）的例子。[②] 诚实信用原则的存在是否意味着我国并无借鉴受信制度的必要？

首先，诚实信用原则在内涵上与受信制度存在很大不同。诚实信用原则是指"人们在市场活动中讲究信用、恪守诺言、诚实不欺，在不损害他人利益和社会利益的前提下追求自己的利益"[③]。即一般的不违背允诺和不损害他人义务。但受信义务要求受信人忠诚注意地为促进委托人的利益行事，未经同意不得从事有利益冲突的行为。可以说，诚实信用构成了受信义务的最底层和强制内核，但不足以概括受信义务中忠实义务的内涵，忠实义务所要求的利他程度更高，达到了要求受信人在一定程度上贬抑自我利益以成就委托人或受益人的利益的地步。诚实信用原则只要求法律关系双方尊重对方利益，却并不要求一方当事人避免或管理自身利益与对方利益的冲突，利益对立并不影响诚实信用原则的适用。

---

① 郑也夫：《信任论》，中国广播电视出版社 2001 年版，第 73 页。

② 梁慧星：《论专家的民事责任》，载《外国法译评》1996 年第 2 期。

③ 梁慧星：《诚实信用原则与漏洞补充》，载《法学研究》1994 年第 2 期。

笔者搜索了近年来最高人民法院公布的公报案例，其中有数十起适用诚实信用原则的案例。虽然有的案例中诚实信用原则只是宣示性适用，比如"王见刚与王永安、第三人岚县大源采矿厂侵犯出资人权益纠纷案"①，也有部分案例中，法官通过直接适用诚实信用原则，省略论证说理过程。② 但总的来说，诚实信用原则已得到较为充分的适用，主要的作用在于弥补法律与合同的不完备性，如在"北京中锐文化传播有限责任公司诉北京零点市场调查与分析公司不正当竞争纠纷案"中，受托人在完成委托人托付的市场调查服务之后独立以自己名义将有关信息发布在媒体上，由于协议没有明确委托人是否买断受托人在该领域的调查服务权，法院最后依据《反不正当竞争法》第 2 条经营者的诚实信用原则判决受托人返还委托费并支付部分损失。"长治市华茂副食果品有限公司与长治市杰昌房地产开发有限公司合作开发房地产合同纠纷案"中，一方将开发过程中增加的面积归为己有，而另一方主张应分得相应份额，但合同对此并无约定，最高人民法院亦是通过诚实信用原则主张"新增加的面积是合作项目的产物，理应归合作各方共同所有"③。诚实信用原则还被用于利益衡量，如"新宇公司诉冯玉梅商铺买卖合同纠纷案"，法院认为，因被告以其只占很小比例的商铺要求开发商继续履行合同，导致整个商场无法重新规划整修，本身不符合被告利益；且该商场地处黄金地段，因双方当事人之间的互不信任而被闲置，将造成社会财富的极大浪费，"从衡平双方当事人目前利益受损状况和今后长远利益出发，依照公平和诚实信用原则，尽管双方当事人之间存在的商铺买卖合同关系合法有效，尽管冯玉梅在履行合同过程中没有任何违约行为，本案的商铺买卖合同也应当解除"④。"李萍、龚念诉五月花公司人身伤害赔偿纠纷案"中，虽然法官认同酒店对他人制作的、由顾客携带进入酒店的伪装成酒水的爆

---

① 王见刚与王永安、第三人岚县大源采矿厂侵犯出资人权益纠纷案，见最高人民法院(2012)民一终字第 65 号判决。

② 例如，"钱钟书、人民文学出版社诉胥智芬、四川文艺出版社著作权纠纷案"中一审法院没有进行任何说理论证，只提到"大量复制发行《围城》一书的行为，违背了《民法通则》第 4 条规定的诚实信用原则，不利于出版界正常的出版秩序，侵害了已经由人民文学出版社享有的对《围城》原著的专有出版权"。参见《最高人民法院公报》1997 年第 1 期。

③ 长治市华茂副食果品有限公司与长治市杰昌房地产开发有限公司合作开发房地产合同纠纷案，见最高人民法院(2005)民一终字第 60 号判决书。

④ 新宇公司诉冯玉梅商铺买卖合同纠纷案，参见《最高人民法院公报》2006 年第 6 期。

炸物在酒店爆炸并不负有过错，但仍在“维持双方当事人之间的利益失衡”的考虑下判决饭店向原告进行适当赔偿。①

其次，在适用范围上，作为民法的“帝王条款”，诚实信用原则对民事关系具有普遍适用性，但同时也须受制于“禁止向一般条款逃逸”的规则。最高人民法院在“中国东方资产管理公司南宁办事处与广西贵糖（集团）股份有限公司借款担保合同纠纷再审”案中明确指出：“只有当不存在相关法律规则的情况下，才可以法律原则填补法律规则的漏洞。”②而受信制度是调整法律关系双方权利义务的实体性规则，只要受信关系成立即自动适用。不过，对诚实信用原则的实证分析可见，我国法官并非狭窄、机械地适用成文法规则，“诚信原则作为裁判的依据，已经得到我国司法实务界的肯定，该原则在解释和补充法律与法律行为、评价当事人的行为、调整当事人之间的利益关系方面发挥了应有的功用”③。既然我国法官可以接受并在个案中适用民法中高度抽象的诚实信用原则，以受信制度的模糊性和其判例法的原生环境为由判断受信制度无法在我国生根，就有过于武断之嫌。

第二节　受信制度立法之改进建议

有学者指出，比较法的“借鉴与吸收”，忽略了法律体系之间的差异和由此带来的，规则借鉴背后意味着的观念与制度的转变。因而并不构成真正意义上的移植，而只是概念与特定规则的翻译和传抄。④ Pistor 和许成钢建议后发国家在进行法律继受时，实体规则移植转变为结构制度移植⑤，即不仅

---

① 李萍、龚念诉五月花公司人身伤害赔偿纠纷案，参见《最高人民法院公报》2002 年第 2 期。

② 中国东方资产管理公司南宁办事处与广西贵糖（集团）股份有限公司借款担保合同纠纷再审案，见最高人民法院（2012）民提字第 137 号判决书。

③ 同上。

④ Maximo Langer, From Legal Transplants to Legal Translations: The Globalization of Plea Bargaining and the Americanization Thesis in Criminal Procedure, Harvard International Law Journal, Vol. 45, No. 1, 2004, pp. 1-64.

⑤ Katharina Pistor & Chenggang Xu, Fiduciary Duty in Transitional Civil Law Jurisdictions, in Curtis Milhaupt ed., Global Markets, Domestic Institutions: Corporate Law and Government in a New Era of Cross-Border Deals, Columbia University Press, 2003, pp. 77-106.

继受书本上的法律，还须沿袭受信制度实施中立法权的分配结构。受信制度立法权的分配结构特点是，允许法官进行法的创造，并以判例作为受信制度一致性与确定性的源泉。笔者认为应在基本法律中确立受信关系的基本概念与原则，《民法典》总则部分规定了自己代理与双方代理的限制性规定，但仍不足以成为受信关系的统领性规范。在目前立法框架下，还应在各单行法中以“法律义务—行为标准—责任/救济”的规范结构平行式梳理和整合我国现有的凌乱立法，同时赋予法官充分的自由裁量权以在法律所规定的边界内对受信人的行为进行事后审查。

一、我国现有立法评价

我国目前继受受信制度的主要领域为公司法与金融法，但立法继受较为粗糙，规范体系不清、表述混乱，反映出立法者对受信义务制度原理到规则内容都较为陌生。

以我国《公司法》为例，笔者简要整理了《公司法》第 147—149 条的内容（如表 5.1）。从体系来看，存在如下问题：(1) 概括条款缺乏对受信义务的基本定义。姑且不论立法者将注意义务置换为勤勉义务的合理性，“勤勉”二字过于抽象和空洞，将给法官的司法裁判造成极大决策压力。在缺乏对忠实义务内涵之界定的情况下，第 148 条第 1 款第 8 项的兜底条款显得极为突兀，法官无从判断“其他行为”违反了忠实义务，只能通过与该款其他各项列举进行类比的方式进行。(2) 对受信义务主体的规定前后不一致。第 147 条的适用主体为董事、监事和高级管理人员，第 148 条的主体却仅有董事和高级管理人员，主体的区分或许可以解释第 147 条第 2 款属于典型的第 148 条应列示的忠实义务规则，却与概括性条款捆绑在第 147 条的错位。但区分的意义何在？难道监事没有可能掌握并泄露公司机密，监事没有可能与公司进行自我交易？我国法并无“事实董事”的界定，封闭公司的实践中常见股东作为监事，实际也参与公司经营管理的情形，此时，对“监事”从事同业竞争或其他给公司造成损失的行为，法官只得对第 148 条的主体进行扩张解释。[①] (3) 违信责任前后不对应。第 147 条未规定董事、监事、高

① 富阳市贝尔铁路器材有限公司与关铁、桐乡市德盛铁路器材有限责任公司董事、监事、经理损害公司利益纠纷案，见浙江省杭州市富阳市(2008)富民二初字第 223 号判决。

级管理人员违反该规定的后果，是不完全规范。第 149 条和第 151 条省却了“忠实义务”和“勤勉义务”，仅对“违反法律、行政法规或者公司章程的规定”这一情形作了损害赔偿与代表诉讼的规定。通过法律解释，或可解释为公司法规定董事、监事、高级管理人员对公司负有忠实义务和勤勉义务，那么董事、监事、高级管理人员违反前述义务的行为也构成违反法律，可以适用第 149 条。问题是，董事违反忠实义务的构成未必需要以“执行职务”为前提，董事收受贿赂或回扣，很难说是事务处理行为，即难以适用第 149 条。然而，对第 147 条第 2 款可否直接适用第 148 条第 2 款的归入规则？若不能，由于收取佣金并不意味着公司受有损失，对这一行为的禁止也就成了“令不行禁不止”的一纸空文了。更遑论第 21 条、第 115 条与第 147—148 条的交错重叠关系令人困惑。这一规定的混乱直接导致受信义务在我国公司法中成了“合规义务”，忠实义务与注意义务成了统辖于合规义务下的两个子规则。

有关规定还反映出立法者对受信义务之具体内容的隔阂与生疏。首先，第 148 条对忠实义务采取了 8 款列举的方式，却没有界定其利益冲突这个最为核心的概念，反而不如 1993 年《公司法》至少有“维护公司利益，不得利用在公司的地位和职权为自己谋取私利”的规定，指出了忠实义务的核心内容。对注意义务的规定也显得不足，从文义解释的角度，勤勉代表客观努力，不包含注意、经验与技能标准，充其量为“准时积极参加董事会会议、阅读和收集相关信息资料”的要求，仅仅反映了注意义务内容的一个侧面。其次，不了解“委托人或受益人事前同意”在商事组织中的关键在于避免受信人控制组织意志的生成，第 148 条对财务协助、竞业或使用公司机会、自我交易行为虽然规定了有权机关同意的安全港规则，但整个《公司法》除了第 16 条对股东或实际控制人担保外却未曾规定有关表决的回避制度。换言之，看似严密的第 148 条对控股股东起不到实际作用。最后，将安全港原则作为效力要件，完全排除法院对有关交易的实质审查。在不存在独立程式要求时又排除了法院事后对公平性的审查，将导致忠实义务规则形同虚设。

上述问题仅仅是笔者从法条字面本身发现的。结合受信制度整体，就会发现，《公司法》中有关受信义务的规定首先几乎完全忽略了商事组织的公共性维度，忽略了公司等商事组织具有区别于其成员的意志与利益，没有区分封闭公司与公开公司；其次完全割裂了公司的外部关系和内部关系，对董事违反忠实义务的行为，仅规定公司的归入权，却未规定公司的撤销权。当然，或许可以适用《公司法》第 22 条提起决议无效或撤销之诉。我国对受信义务的继受立法漏洞重重，不仅是因为立法者对这一制度比较陌生、认识不全，也是因为立法技术和水平比较低下。

表 5.1 我国《公司法》受信义务规定简表

<table>
<tr><th>条目</th><th>内容</th><th>主体</th><th>义务</th><th>责任</th></tr>
<tr><td>第 21 条</td><td>具体规定</td><td>控股股东、实际控制人、董事、监事、高管</td><td>不得利用其关联关系损害公司利益</td><td>给公司造成损失的，应当承担赔偿责任</td></tr>
<tr><td>第 115 条</td><td>具体规定</td><td rowspan="6">董事、监事、高管</td><td>不得向公司或子公司借款</td><td>无</td></tr>
<tr><td rowspan="5">第 147 条</td><td rowspan="3">概括性规定</td><td>遵守法律、行政法规和公司章程</td><td>给公司造成损失的，应当承担赔偿责任（第 149 条）</td></tr>
<tr><td>忠实义务</td><td rowspan="2">无</td></tr>
<tr><td>勤勉义务</td></tr>
<tr><td rowspan="10">具体规则</td><td>不得利用职权收受贿赂</td><td rowspan="2">无</td></tr>
<tr><td>不得侵占公司财产</td></tr>
<tr><td rowspan="8">第 148 条第 1 款</td><td rowspan="8">董事、高管</td><td>不得挪用公司资金</td><td rowspan="8">收入归公司所有（第 148 条第 2 款）</td></tr>
<tr><td>不得将公司资金以其个人名义或者以其他个人名义开立账户存储</td></tr>
<tr><td>不得违反公司章程的规定，未经有权机关同意，将公司资金借贷给他人或者以公司财产为他人提供担保</td></tr>
<tr><td>不得违反公司章程的规定或者未经股东会、股东大会同意，与本公司订立合同或者进行交易</td></tr>
<tr><td>不得未经股东会或者股东大会同意，利用职务便利谋取属于公司的商业机会，自营或者为他人经营与所任职公司同类的业务</td></tr>
<tr><td>不得接受他人与公司交易的佣金归为己有</td></tr>
<tr><td>不得擅自披露公司秘密</td></tr>
<tr><td>不得违反对公司忠实义务的其他行为</td></tr>
</table>

相形之下，我国监管机构对金融投资服务行业的规制比较细致。以证券投资咨询服务为例，《证券法》第十章以及《证券、期货投资咨询管理暂行办法》《证券投资顾问业务暂行规定》等规定了证券公司、证券投资咨询机构及其人员应当遵循诚实信用原则，应当忠实于客户利益；不得为公司及其关联方的利益损害客户利益；不得为证券投资顾问人员及其利益相关者的利益损害客户利益；不得为特定客户利益损害其他客户利益；不得利用咨询服务与他人合谋操纵市场或者进行内幕交易或其他欺诈行为。就同一问题向不同客户、社会公众或自营部门提供的咨询意见应当一致；应当避免券商内部部门引起的利益冲突。此外，还规定了从业人员必须遵循客观原则，以谨慎、勤勉尽责的态度，为投资人和客户提供服务；应当完整、客观、准确地运用有关信息、资料，不得断章取义；不得以虚假信息、市场传言、内幕信息为依据；不得代理投资人从事交易；不得向投资人承诺收益；在从事面向公众的咨询业务时，投资建议须有充分理由和依据。

在我国，证券投资咨询业务实行严格的特许制，机构和个人须同时具备经营资格和从业资格。[①] 证券投资咨询机构一般分为两类，一类是专营的投资咨询机构；一类是兼营咨询业务的证券公司，该项业务又包括两个层面：(1) 公司层面的证券研究业务，为券商内部经纪、承销、自营等业务提供支持，为券商外部的基金等机构提供研究分析报告；(2) 营业部层面的咨询服务，主要是为客户提供买卖证券的分析建议、供给证券资讯。证监会据此将从事证券投资咨询业务的人员分为投资顾问和分析师两类进行监管，并制定了不同的注册管理要求和行为准则。但是，我国《证券法》又规定，证券投资咨询活动的从事者须为经证监会批准的证券公司和投资咨询机构，《证券投资顾问业务暂行规定》也将投资顾问业务定义为特许业务。对未经特许而从事的、具有提供投资建议、辅助投资决策实质的营利活动，不适用《证券法》《证券、期货投资咨询管理暂行办法》和《证券投资顾问业务暂行规定》，结果就是对实践中大量的“理财工作室”“投资管理公司”滥用投资者信赖产生的问题，法院无法可依，只能依据合同法“意思自治”原则处理。在仅有的

---

① 参见《证券、期货投资咨询管理暂行办法》第 3 条。

几起案例中，法院或者表现出激进的投资者保护主义立场，如"湘中药"股评案[①]，或者采取保守的"行政资质"+"合同效力"标准，无论是否存在实质的个体化投资建议行为，只要有关机构或人员不具备《证券法》所规定的从业许可，即认为合同无效，又因为投资者应当查询经证监会批准具备资质的机构、人员名单而未查询，故认定损失由提供建议人员和投资者分担。[②]

二、改进建议

Frankel 等美国学者主张在美国应当专门建立一部受信法，将各领域受信关系收罗其中，一目了然。笔者认为，法律体系在根骨上的差异不容忽视，我国对受信制度的继受应重功能而非重形式，尽可能实现与既有法律体系之接合。我国早在 20 世纪 90 年代就已经在正式的法律法规中引入受信规则。1993 年《公司法》第 59 条规定："董事、监事、经理应当遵守公司章程，忠实履行职务，维护公司利益，不得利用在公司的地位和职权为自己谋取私利。"1994 年由国务院证券委员会和国家经济体制改革委员会制定的《到境外上市公司公司章程必备条款》第 116 条更是清晰地规定"公司董事、监事、经理和其他高级管理人员在履行职责时，必须遵守诚信原则，不应当置自己于自身的利益与承担的义务可能发生冲突的处境"。该条款的目的非常明确，即促使本国公司适应现代英美公司治理框架，以便利其在境外融资。这种在形式上吸收外国法的行为是面对增长压力与竞争压力的产物，但形式性融合将面对本国路径依赖等阻碍因素。Gilson 教授曾在其著名论文《公司治理全球化：形式趋同抑或功能趋同？》中指出，公司治理的全球化

---

① 在著名的"湘中药"股评案中，投资者张某诉称因信赖熊某发表的严重失实的股评而遭受严重损失。熊某发表有关湘中药的业绩预测，并预计"湘中药将重复黔轮胎(股价上涨四五倍)的故事"，张某遂买入该股 27500 股，投入资金 343590 元，但不久湘中药公布年报，与熊某的预测严重不符，股价也大幅下跌。二审法院判决该股评系严重误导的失实报道，作者熊某应赔偿张某损失。参见《"湘中药"股评案及相关法律问题学术座谈会会议纪要》，at http://www.corplawinfo.ecupl.edu.cn/news/103_750.html。

② 如民族证券诉利思达投资顾问有限公司案，见北京市第二中级人民法院民事判决书(2005)二中民终字第 10282 号判决。

实质是功能性融合，脱离功能性融合的形式性融合不可能真正发生。[①] 对受信制度加以吸收的重点在于，将其放在我国现有法律体系的整体性图景中加以建构，在理性指引下确定法律对市场中民商事交易的介入深度。

首先，应在基本法律中确立受信关系的基本概念与原则。作为法律规则的基础性规范，法律原则发挥指导作用，一般并不直接作为大前提用于法律推理、论证或事实的规范涵摄[②]，但在无明确规则可以适用，或出现规则冲突时，法律原则等同于法官立法的委任状，空筐结构为法官以解释之名行造法之实留下了空间[③]。《信托法》是当下所有涉及受信关系的立法中唯一包含受托人应"为受益人的最佳利益处理事务"概括性条款的，但其适用范围为按照《信托法》成立的信托关系，而非受信关系。而且由于《信托法》将信托关系定义为委托人将其财产权委托给受托人，在我国法上还存在信托关系与委托关系的区分问题。鉴于我国目前制定统一的商法典的可能很小，《民法典》中也没有体现受信关系这一概念，笔者建议在未来《民法典》的修订中对受信关系、受信义务和受信人违信行为的责任概括地加以规定，再在不同的部门法，如《信托法》《证券法》中对相应类型的受信关系与受信人义务加以具体规定。

其次，应以"法律义务—行为标准—责任/救济"的规范结构梳理、整合我国现有的凌乱立法。在当前的专业服务领域，法律服务依据《民法典》合同编典型合同分编中委托合同的规定，而医疗纠纷则按照《民法典》侵权责任编医疗损害责任处理。《证券法》《执业医师法》《律师法》《会计法》《证券期货投资咨询管理暂行办法》等法律法规，以及行业监管机构如证监会投资顾问《暂行规定》的部门规章虽规定了职业人员的行事守则和义务，但多有

① See Ronald Gilson, Globalizing Corporate Governance: Convergence of Form or Function, The American Journal of Comparative Law, Vol. 49, No. 2, 2001, pp. 329-358.

② 参见舒国滢：《法律原则适用的难题》，载《苏州大学学报（哲学社会科学版）》2004 年第 6 期。

③ 参见徐国栋：《民法基本原则解释——诚信原则的历史、实务、法理研究》，北京大学出版社 2013 年版，第 21 页。

缺漏、混乱或歧误，体系不清且往往不具有可执行性。[①] 以资产管理业务为例，金融资产管理是典型的受信关系，我国目前得以从事资产管理的机构包括银行、信托投资公司、基金管理公司、证券公司、保险公司等，但由于分业监管的体制，目前有关受信人行为标准的规定呈现相当分散的特质，如表5.2所列示。《信托法》中未提到忠实义务，亦无防范和管理利益冲突规则，仅有无私利、禁止自我交易、禁止转委托义务。对于不同从业机构及人员的资产管理业务，没有概括性条款统领，监管机构将受信规则与稳定经营、风险管控规则混为一谈，将影响从业机构的合规成本。

《关于规范金融机构资产管理业务的指导意见》将金融机构的诚实信用、勤勉尽责义务规定入资管业务的概念中，是对资管业务进行统一受信义务规制的有益尝试。但诚实信用无法概括忠实义务的本质，在具体规定中，该《指导意见》要求"金融机构不得以资产管理产品的资金与关联方进行不正当交易、利益输送、内幕交易和操纵市场，包括但不限于投资于关联方虚假项目、与关联方共同收购上市公司、向本机构注资等"。其中，"不正当交易"与"利益输送"均非法律用语，含义不明；又与操纵市场、内幕交易等一般市场欺诈相并列。可见，法律与法规的制定者，对忠实义务和利益冲突的内涵仍然相当陌生。而且，该《指导意见》将受信人的行为标准转化为监管准则，将受信人对受信义务的违反转化为对法律法规和部门规章的违反，虽然减少了执行成本，但忽略了受信人的民事责任与委托人本应获得的救济。例如，《信托法》规定了受益人归入权，但对信托公司集合资产计划的管理人谋取私人利益的行为，受益人可否行使归入权则存疑；而对银行等其他金融机构使用信托作为通道的理财产品，投资者更无从主张权益。行政处罚取代民事责任的后果，是受信人违规成本很可能小于违规收益，难以阻吓受信人的机会主义行为，还可能产生极大的寻租与腐败风险。

---

① 例如，我国《执业医师法》规定了医生尽职尽责义务、不得牟取私利义务和说明病情义务。但又规定"医师应当如实向患者或者其家属介绍病情，但应注意避免对患者产生不利后果"，此但书规定叫人无所适从。

表 5.2 金融服务业主要受信人行为准则

法律法规	主体	具体规定
信托法	受托人	管理信托财产,必须恪尽职守,履行诚实、信用、谨慎、有效管理的义务。
		除依照本法规定取得报酬外,不得利用信托财产为自己谋取利益。
		不得将信托财产转为其固有财产。
		不得将其固有财产与信托财产进行交易或者将不同委托人的信托财产进行相互交易,但信托文件另有规定或者经委托人或者受益人同意,并以公平的市场价格进行交易的除外。
		必须将信托财产与其固有财产分别管理、分别记账,并将不同委托人的信托财产分别管理、分别记账。
		应当自己处理信托事务,但信托文件另有规定或者有不得已事由的,可以委托他人代为处理。
证券投资基金法	公开募集基金的基金管理人及其董事、监事、高级管理人员和其他从业人员	不得从事损害基金财产和基金份额持有人利益的证券交易及其他活动;进行证券投资,应当事先向基金管理人申报,不得与基金份额持有人发生利益冲突。
		不得从事以下行为:(1) 将其固有财产或者他人财产混同于基金财产从事证券投资;(2) 不公平地对待其管理的不同基金财产;(3) 利用基金财产或者职务之便为基金份额持有人以外的人牟取利益;(4) 向基金份额持有人违规承诺收益或者承担损失;(5) 侵占、挪用基金财产;(6) 泄露因职务便利获取的未公开信息、利用该信息从事或者明示、暗示他人从事相关的交易活动;(7) 玩忽职守,不按照规定履行职责;
关于规范金融机构资产管理业务的指导意见	银行、信托、证券、基金、期货、保险资产管理机构、金融资产投资公司等金融机构接受投资者委托,对受托的投资者财产进行投资和管理的	不得以资产管理产品的资金与关联方进行不正当交易、利益输送、内幕交易和操纵市场,包括但不限于投资于关联方虚假项目、与关联方共同收购上市公司、向本机构注资等。

（续表）

法律法规	主体	具体规定
信托公司集合资金信托计划管理办法	信托公司	管理、运用信托计划财产，应当恪尽职守，履行诚实信用、谨慎勤勉的义务，为受益人的最大利益服务。
		（1）不得向他人提供担保；（2）向他人提供贷款不得超过其管理的所有信托计划实收余额的30%；（3）不得将信托资金直接或间接运用于信托公司的股东及其关联人，但信托资金全部来源于股东或其关联人的除外；（4）不得以固有财产与信托财产进行交易；（5）不得将不同信托财产进行相互交易；（6）不得将同一公司管理的不同信托计划投资于同一项目。
私募投资基金监督管理暂行办法	私募基金管理人、私募基金托管人、私募基金销售机构及其他私募服务机构及其从业人员从事私募基金业务的	不得有以下行为：（1）将其固有财产或者他人财产混同于基金财产从事投资活动；（2）不公平地对待其管理的不同基金财产；（3）利用基金财产或者职务之便，为本人或者投资者以外的人牟取利益，进行利益输送；（4）侵占、挪用基金财产；（5）泄露因职务便利获取的未公开信息，利用该信息从事或者明示、暗示他人从事相关的交易活动；（6）从事损害基金财产和投资者利益的投资活动；（7）玩忽职守，不按照规定履行职责；（8）从事内幕交易、操纵交易价格及其他不正当交易活动；（9）法律、行政法规和中国证监会规定禁止的其他行为。
		管理可能导致利益输送或者利益冲突的不同私募基金的，应当建立防范利益输送和利益冲突的机制。
证券期货经营机构私募资产管理业务管理办法	证券期货经营机构、托管人、投资顾问及相关从业人员	不得有以下行为：（1）利用资产管理计划从事内幕交易、操纵市场或者其他不当、违法的证券期货业务活动；（2）泄露因职务便利获取的未公开信息、利用该信息从事或者明示、暗示他人从事相关交易活动；（3）为违法或者规避监管的证券期货业务活动提供交易便利；（4）从事非公平交易、利益输送等损害投资者合法权益的行为；（5）利用资产管理计划进行商业贿赂；（6）侵占、挪用资产管理计划财产；（7）利用资产管理计划或者职务便利为投资者以外的第三方谋取不正当利益；（8）直接或者间接向投资者返还管理费；（9）以获取佣金或者其他不当利益为目的，使用资产管理计划财产进行不必要的交易；（10）法律、行政法规和中国证监会规定禁止的其他行为。

（续表）

法律法规	主体	具体规定
保险资产管理公司管理暂行规定	保险资产管理公司	不得有下列行为：(1) 提供担保；(2) 承诺受托管理的资金不受损失或者保证最低收益；(3) 将受托管理的保险资金转委托；(4) 利用受托保险资金为委托人以外的第三人牟取利益；(5) 与股东、委托保险资金管理运用的保险公司之间或者操纵不同来源的受托资金互相进行资金运用交易；(6) 以资产管理费的名义或者其他方式与委托人合谋获取非法利益；(7) 国家有关法律、法规及监管部门禁止的其他行为。
证券、期货投资咨询管理暂行办法	证券、期货投资咨询机构及其投资咨询人员	应当以行业公认的谨慎、诚实和勤勉尽责的态度，为投资人或者客户提供证券、期货投资咨询服务。
		应当完整、客观、准确地运用有关信息、资料向投资人或者客户提供投资分析、预测和建议。
		就同一问题向不同客户提供的投资分析或者建议应当一致。具有自营业务的证券经营机构在从事超出本机构范围的证券投资咨询业务时，就同一问题向社会公众和其自营部门提供的咨询意见应当一致，不得为自营业务获利的需要误导社会公众。
		不得从事以下行为：(1) 代理投资人从事证券、期货买卖；(2) 向投资人承诺证券、期货投资收益；(3) 与投资人约定分享投资收益或者分担投资损失；(4) 为自己买卖股票及具有股票性质、功能的证券以及期货；(5) 利用咨询服务与他人合谋操纵市场或者进行内幕交易；(6) 法律、法规、规章所禁止的其他证券、期货欺诈行为。

因此，虽然我国金融服务业监管中有受信规则之实，但既无“组织”，也无“牙齿”。笔者认为应当整理统合上述规则，规定资产管理者和投资咨询顾问的受信人地位，要求其必须以受益人最大利益行事，承担忠实义务和注意义务。强调利益冲突作为核心概念，并赋予未经受益人事先知悉的同意时法院对利益冲突交易公平性的实质审查权，辅以合同撤销权与归入权的规定，驱除所有可能诱使受信人追求自身利益而忽视或损害受益人利益的诱惑。

再次，完善相应的程序规则。若委托人主张民事责任，仍需按侵权或违约责任的进路按部就班进行，受信关系双方的高度信息不对称在现有民事诉讼制度中将使委托人处于不利地位。[①] 因此，即便不强调违信之诉的独立性以避免打破当前体系，也应在《信托法》等基本法律或民事诉讼证据规则中规定此类诉讼的举证责任分配。我国《证券法》第 89 条第 2 款规定普通投资者与证券公司发生纠纷时，证券公司应就其行为合法性以及无误导欺诈行为承担证明责任，即将包括投资者适当性在内的证明证券公司自身经纪行为合法合规的责任完全分配给了券商。

第三节 没有衡平的受信制度——法官如何裁量

单单在成文法中规定受信制度的一般原则是远远不足的，否则受信制度可能成为“无牙的老虎”。除一般原则外，应在立法中列举作为范式的受信关系以及典型的违信行为，并授权在法无明确规定的情形中，由法官通过类推适用的法的续造方法填补漏洞。同时，“利益冲突”与“谨慎合理”都是开放性的，也给法官的能动司法提出了很高的要求。对继受受信制度最大的顾虑，源于受信概念本身的模糊性，还包括对其存活环境的忖度。受信义务是否必须依赖判例法的土壤存活，若是，我国能否无障碍地继受之？

一、判例法不应成橘枳之忧

法院对受信人行为的事后审查不可能是规则的简单适用。忠实义务纵然具有较大刚性，仍涉及对利益冲突交易公平性的逐个分析；对注意义务的考量更无法脱离具体情境的人、事、物。然而，这并不意味着受信制度必然存活在判例法的传统与环境中。事实上，判例法的形成不早于受信制度，判例法并非受信制度的前提。如前所述，受信制度生成于 13—14 世纪，成熟于 18 世纪，判例的传统发生于 13 世纪，从 16 世纪起法官裁判时援引先例成为惯例，但判例法亦是直到 18 世纪才随着现代判例出版体系的完善而形

① 例如，在唐军与符传琼等损害公司利益责任纠纷上诉案中，原告股东质疑公司大量举债的用途与去向，法院认定依据“谁主张，谁举证”原则，原告无法证明该钱款系被告挪用，遂驳回原告请求。参见海南省高级人民法院(2012)琼民二终字第 197 号判决。

成的。[①] 故而，判例法并非普通法的必然特征，也非受信制度生存的必要环境。

法的续造，不论在判例法或者在成文法中，均是大量存在的，法官自由裁量权的大小/司法判决的恣意性大小，与采取成文法还是判例法并没有直接关系。“无论法律在一般轮廓处如何清晰，经过精确的检查，这种清晰性将在阴影或有争议处终止。”[②]哈特进一步称这种法律规则的阴影地带为开放结构，开放结构意味着法官运用自由裁量权创制新法是不可避免的。“如果所有的法律规则都存在不确定的阴影，那么，在此阴影地带的具体案件中，规则的适用就不是一个逻辑演绎的过程。”[③]

成文法系的法院也并不是机械地适用一整套不言自明的法律规则。法典也常常是不完整的，大量的司法造法不可避免。“民法法系国家像普通法系国家一样，远远未能拥有一个完整的、先存的法律规则体系，因而在法院审理案件的过程中，主要依靠法院的审判活动来创制许多新的法律规则。”[④]在英美法体系下，基于先例约束原则的存在，法官不能随心所欲地应用法律理论，也存在一定的确定性。

除在法的形式上的区别，判例法与成文法的重要区别体现在司法技艺上。即便使用判例作为说理依据，成文法的思路是寻找将先前判例提炼成为类型化的规则，寻找当前案件中得以适用该规则的关键事实，按照三段论的演绎推理将具体案件与在一定范围内具有绝对性的规则联系起来。判例法的思路则是直接对比先例与当前案件事实的类似性，若相似，则适用先例的规则，若不相似，则不适用。成文法经过一个抽象再还原的过程，而判例法则是以具体论具体。判例法中常用的司法技术即类比推理。“先例方法在发展法律方面的无可比拟的优越性在于它回应个案的具体要求而改革发

---

① 高鸿钧、程汉大主编：《英美法原论（上）》，北京大学出版社 2013 年版，第 222 页。当然，还有一种可能是受信制度成熟时间早于 18 世纪，不过由于判例报告制度尚未形成，法律史学家未能发现有关例证。

② Oliver Wendell Holmes, The Common Law, Dover Publish Co., 1991, p. 101.

③ 〔美〕哈特：《实证主义和法律与道德的分离》，载《环球法律评论》2001 年夏季号，第 189 页。

④ 〔美〕夏皮罗：《法院：比较法上和政治学上的分析》，张生、李彤译，中国政法大学出版社 2005 年版，第 41—50 页。

展法律。”[①]但即便是规则的重大变更，也是建立在案件具体事实的区分之上，既避免了朝令夕改的批评，也为日后与时俱进留下了余地。如此，法律共同体至少可以在每个具体时点对“当下的法律是什么”有较为清晰的共识，而不是惴惴不安地等待司法解释或者指导性案例的出台，有利于法的一致性与延续性。

大陆法系国家或地区是否不可能发展判例制度？也不必然。“大量的和仍在不断增加的判例法是大陆法国家实际法律生活的一个确定的特征。”[②]“法律与金融”理论区分成文法系国家与判例法系国家的标准是，是否可以单以判例作为裁判依据，据此，传统的大陆法国家与地区如德国、日本以及我国台湾地区均被认为是判例法“法域”[③]，值得一提的是，德国法上的注意义务规则正是通过判例形成的，无论是日本抑或我国台湾地区，判例制度均运行已久。不过，大陆法系国家或地区的判例制度，与英美法系国家的先例制度略有差别。大陆法系国家或地区的判例制度中，具有拘束力的“先例”并非源自于法官在审判中的自主择别，而是源于最高司法机关的选编。判例在某种意义上也是抽象规范，而不是与案件事实交织在一起的、类似情况下的类似处理。因此，大陆法系国家或地区的判例，在技术上与背景上与英美法系国家迥异。

忠实义务与注意义务标准的开放性，导致法官在裁判时面临极大的决策压力。一方面要实现司法的一致性、约束法官裁量权的行使；另一方面，开放性标准的适用必然意味着解释受信制度需要仰赖判例制度以更好地存活。但判例制度不以英美法 17 世纪后发展起来的先例制度作为唯一面貌。事实上美国法院在先例拘束力问题上也是比较灵活的。[④] 不论是从制定法走向判例法，还是从判例法走向制定法，世界主要国家的法律制度都呈现成

---

① Karl N. Llewllyn, the Case Law System in America, University of Chicago Press, 1989, p. 66.

② Hanns Hohman, The Nature of the Common Law and the Comparative Study of Legal Reasoning, The American Journal of Comparative Law, Vol. 38, No. 1, 1990, pp. 143-170.

③ See La Porta et al., Do Institutions Cause Growth? Journal of Economic Growth, Vol 9, Issue 3, 2004, pp. 271-303, La Porta et al., Judicial Checks and Balances, Journal of Political Economy, Vol 112, Issue 2, 2004, pp. 445-470.

④ 〔英〕阿蒂亚、萨默斯：《英美法中的形式与实质——法律推理、法律理论和法律制度的比较研究》，金敏等译，中国政法大学出版社 2005 年版，第 99—106 页。

文法与判例法不同程度的融合。

二、当下董事受信义务裁判实证分析

如前文所述，我国当前立法反映出对受信规则认识不足和立法技术低下的问题，前者或可归咎于受信规则的复杂性与模糊性，后者则是我国时下法制水平的必然结果与真实写照。笔者另在"北大法宝"中检索近年依据《公司法》第147条和第148条第1款裁判的案例[①]，以分析司法实践中对公司董事、监事、高级管理人员受信义务规则的适用。有学者以我国对公司法董事忠实和勤勉义务的适用为例，主张缺乏衡平作为支撑，中国法官拘泥于法条而不愿主动灵活解释法律，受信义务即便在形式上被继受，也不会发挥实质功用。[②] 但我国学者的观察恰好相反，根据王军对2001—2010年北大法宝案例库、北京法院网和上海法律文书检索系统三个数据库共137件董事、监事、高级管理人员违反忠实义务与勤勉义务案件的统计分析显示，其中78件判决因被告违反经营者业务而承担民事责任，原告胜诉率约为57%。[③]

1. 忠实义务

我国法官对忠实义务的理解是不断深化的。实践中法官对忠实义务的文义理解是值得肯定的，比我国现行《公司法》的字面规定更为到位。例如，"董事具有参与公司经营决策的权力，应当遵循法律和公司章程，为公司的最大利益服务。因此，董事对公司负有忠实义务，其自身利益与公司利益发生冲突时，应当维护公司利益，不得利用董事的地位牺牲公司利益为自己或第三人牟利。"[④]但对忠实义务的适用，并不仅是文字的复制粘贴。若不能深入了解受信关系与受信制度的本质、核心与传统，适用时容易发生偏离。

首先，法官对公司的公共性与公司程式的认识不足。例如，上海某网络

---

① 以上法条序号依照2013年修订的《公司法》条目，对修订以前案例的检索按照2005年《公司法》法条序号进行。

② See Rebecca Lee, Fiduciary Duty Without Equity: "Fiduciary Duties" of Directors Under the Revised Company Law of the PRC, Virginia Journal of International Law, Vol. 47, No. 4, 207, pp. 897-926.

③ 参见王军：《公司经营者忠实和勤勉义务诉讼研究》，载《北方法学》2011年第4期。

④ 梁宝山与华源数通(北京)科技有限公司董事侵权损害公司利益赔偿纠纷案，见北京市第一人民法院(2009)一中民终字第16916号判决。

科技有限公司诉宋某某损害公司利益赔偿纠纷案中，公司诉总经理多报支出构成侵占公司财产，法官认定被告赔偿各项费用的报销支出均已经过公司财务报销流程即总经理（即被告）签字认可，诚然是合理的。但是法官随即指出，公司应具备完善的内部管控体系及规范的财务流程，根据法律规定及原告公司章程规定，作为监事的王某、作为执行董事的王某某（系实际的诉讼发起人——笔者注）均对公司负有忠实勤勉之义务，不应因聘请了被告做总经理而疏于对公司的财务或其他日常经营之管理，倘若有异常财务情况以及总经理有违背公司相关规定、不当报销费用之情形，理应及时阻止。同时，从原告的股权结构情况来看，王某、王某某要对被告的行为进行制约并不存在障碍，其二人分别作为原告的执行董事、法定代表人以及股东在股东会中占决定性的表决权。法官对该封闭公司内部运营的实际情形诚无判断不当，但受信人对委托人的忠实义务不以委托人是否善加监督为转移。事实上，在受信关系中，委托人并不存在监督义务。而且，法官在此完全忽视了公司内部权力分配体系的存在，忽略了《公司法》对董事会、监事会和经理层的分权，将公司总经理履行职责的行为视为与其他股东及高管个人之间权力制约关系中的行为，“不应因聘请了被告做总经理而疏于对公司的财务或其他日常经营之管理”表现出对公司内部运营与权力分配的陌生。在“上海泰迦精密模具工业有限公司因与施某公司的控股股东、实际控制人、董事、监事、高级管理人员损害公司利益赔偿纠纷”案中，也可见到类似论证。[①]

其次，法官对受信义务的认识不足，将受信人违信行为一概等同于侵权行为，错误运用侵权中的主观过错、因果关系等概念决定受信人违反忠实义务的责任。笔者结合（2006）甬民四初字第 212 号、（2008）富民二初字第 223 号、（2009）闵民二（商）初字第 2599 号案件的裁判书发现，法官均认为董事违反竞业禁止义务赔偿责任的构成要件是：(1) 董事实施了违反竞业禁止

① 上海泰迦精密模具工业有限公司因与施某公司的控股股东、实际控制人、董事、监事、高级管理人员损害公司利益赔偿纠纷案，见上海市第二中级人民法院（2011）沪二中民四（商）终字第 552 号判决。法官主张：“本院认为，郑某某是财务主管，但又兼具股东、董事、泰迦公司法定代表人之妻等身份，无论是何种身份，对公司也有忠实义务和勤勉义务，如施某报销费用部分有不符合财务制度之处，理应予以指出并加以制止，或交由董事会进行处理。但未见泰迦公司多年来有任何不同意见或处理。”

义务的行为,即未经股东会同意为自己或他人进行与所任职公司同类的营业;(2)公司受有损害;(3)董事违反竞业禁止义务行为与公司所受损害间具有因果关系,这是一种非常清晰的无过错侵权责任的裁判路径,但是,在归入权救济中使用上述分析即为谬误。归入责任不是侵权责任,并不需要以公司实际受有损害为前提。

再次,由于法官对受信制度基本理论与规则相当陌生,在裁判中动辄使用"权利义务对等""利益平衡"等价值判断进行对法律明确规定的忠实义务规则再造,是为法官自由裁量权的滥用。由于立法规定不明,法官有时须通过法律解释方法进行漏洞填补,但欠缺对制度目的意旨与原理的了解,法律解释可能误入歧途。《最高人民法院公报》2014年第11期(第217期)"林承恩与李江山等损害公司利益纠纷案"中,二审法官即错误地解释了《公司法》第148条第1款第5项前半句禁止篡夺公司机会规则的各个要件。该案中,公司董事将相对人有意愿给予、公司已实际追求的商业机会无偿让与自己控制的公司,但二审法院以债权侵害或不正当竞争等既有规则来解读董事的忠实义务,将《公司法》第148条第1款第5项"谋取属于公司的商业机会"限缩解释为须以采取欺骗、隐瞒或者其他非正当手段获取专属于公司、任何第三人均不可能取得的机会,将导致立法目的的完全落空。

类似的例子还有很多。如在(2008)海民初字第30729号判决中,北京市海淀区法院法官说理如下:"……故上述会议虽未明确免去张明君的公司董事职务,但其已决定离开明力西蒙公司,并停止了一切工作,且其在此后亦未在公司行使董事权力。而且,本案中,明力西蒙公司提交的证据并不足以证明张明君经营明联公司的行为对明力西蒙公司形成了严重的商业道德风险。据此,基于权利与义务相对等原则,仅以张明君另行与他人出资经营与公司同类产品的事实,在无其他相关证据予以佐证的情况下,上述行为并不足以认定张明君违反了董事对公司的忠实义务。"①法官的裁判理由模棱两可,试图在公司利益和董事自由经营权之间取得平衡。如果法官能够根据证据认定被告张明君确已不在公司担任董事职务,在法律对离任董事无明确禁止竞业要求前提下,认为明力西蒙公司不能证明张明君竞业行为对

① 北京明力西蒙制冷设备有限公司与张明君损害公司权益纠纷一案,见北京市海淀区人民法院(2008)海民初字第30729号判决。

其造成严重“商业道德风险”不足以认定张明君须承担责任，无可厚非。但是在本案中，被告可通过辞职终止与公司之间的委任关系，公司亦可通过股东会决议解任董事，法官在不能依据《民事诉讼法》和最高人民法院司法解释有关证据规定而认定案件事实的情况下能动解释竞业禁止规则，以“未形成严重商业道德风险”为由裁判被告无须承担法律责任，不是对法律漏洞的填补，而是对法律的再造。在上海市杨浦区人民法院作出的（2007）杨民二（商）初字第 155 号判决中，法院将董事从事与公司同类业务应归入的收入计算为：被告作为股东从竞业公司可分的利润（股份比例乘以该公司在被告违反竞业业务期间所得净利润）加上被告在竞业公司取得的工资收入，再扣减被告的基本生活支出。这显然是法官自作主张的结果，但得到了二审法院的认可，即便对归入权理解不足，单从《公司法》第 148 条第 2 款文义解释也不可能得出须给收入不包括董事生活支出的结论。

2. 注意义务

“公司的管理层与董事会所遭遇到的管理绩效、行政补偿、董事会领导与功能、公司的关系结构等问题，远非法律所能够解决。因为他们所涉及的问题不是合法与非法的问题，而是能力与责任的问题。在商事组织中要合乎道德地运用领导能力需要价值和技能的微妙组合，而非白纸黑字的法律语言所能阐述的。”[①]我国公司法实践中对董事违反注意义务的裁判，反映出法官对商事交易习惯仍较为生疏。虽然有的法官已经开始运用商业判断规则等裁量董事决策行为的责任[②]，但由于法官之间的理解不一致，可能产生“类似案件不同判决”的后果。其中，最主要的分歧在于是否对董事行为的合理性进行审查。

在部分案例中，法官仅进行形式审查，即董事、高级管理人员决策的权限范围和程序是否符合法律、法规、公司章程规定。楼建波等对 2005—2006 年度北京地区董事、监事、高级管理人员违反注意义务案例的分析发现，只要受信人的行为属于职务行为，不论其是否实际越权，法院拒绝对其

---

① Kenneth R. Andrew, Corporate Governance Eludes the Legal Mind, University of Miami Law Review, Vol. 37, No. 2, 1983, pp. 213-222.

② 慈溪富盛化纤有限公司等诉施盛平损害股东利益责任纠纷案，载《人民司法》2009 年第 14 期。

合理性进行审查。[①] 而在浙江省高级人民法院裁判的一个案例中，法院则认为被告“作为公司的控股股东、董事及高级管理人员，利用对公司的实际控制地位，在未召开股东会、董事会的情况下，擅自决定总投资达注册资本近十倍的项目，应对项目损失承担赔偿责任。”[②]但对为何“注册资本近十倍的投资项目”超越总经理法定或章定的职权，必须提交股东会或董事会决定，法院没有进行任何的论证。

在部分案例中，法官也会对决策合理性进行实质审查。如上海市第一中级人民法院审理的“李某某与甲公司赔偿纠纷上诉案”，被告在代表公司与他人合作手机项目期间，未订立书面的协议，亦未有其他的标的物交接凭证，造成公司向对方无法主张 110 万元合同价款的困境。法院认为：“按照经营的一般常识，采用口头协议交易的方式，一旦与交易对象产生纷争时，无法明确各自的权利义务关系。故对于不能即时完成交易的民事行为，交易双方一般均采取签订书面协议或由交易相对方对相关内容作出确认。”被告应有理由认识到口头协议交易的风险，却“无视该经营风险的存在”，违反了勤勉义务。[③] 在公司受信人行为合理性的问题上，该案无疑属于较为极端的，被告行为是如此地欠缺客观合理性以至于可能构成有意地不履行职责，但董事的粗心大意是否为公司法所不能忍受呢？本案论证仍有一些缺陷，并未考量该案的案外人即前述交易的对手方是否为公司的经常往来客户，口头协议是否符合公司的交易惯例等。

在浙江省高级人民法院审理的一则案例中，法院认为“在 2003 年 1 月至 2007 年 6 月期间西山泵业公司管理当局未进行过有效的存货盘存核对，账面存货数量与实际存货数量未进行有效勾兑，财务账面存货数字未能真实反映实际存货情况”，因此判决被告执行董事承担 70％的损失。但法院在裁断中未进行任何论证说理，为何执行董事应对公司怠于进行日常存货

---

① 参见楼建波等：《公司法中董事、监事、高管人员信义义务的法律适用研究》，载甘培忠、刘兰芳主编：《新类型公司诉讼疑难问题研究》，北京大学出版社 2009 年版，第 329—333 页。

② 民丰特种纸股份有限公司等诉浙江嘉兴同创房地产开发股份有限公司控股股东、实际控制人、董事损害公司利益赔偿纠纷案，见浙江省高级人民法院(2009)浙商终字第 218 号判决。

③ 李某某与甲公司赔偿纠纷上诉案，见上海市第一中级人民法院(2009)沪一中民三(商)终字第 969 号判决。

盘对的损失负责，或者说，法官不曾考虑未调查、未进行存货盘对是由于董事未确立公司相应制度，抑或董事已确立制度、善意并合理地相信公司雇员进行存货盘对，但因公司雇员疏忽，数字有所出入。对董事是否尽到合理审慎与注意的审查是一把双刃剑，运用得当会在商事组织中降下正义的霖雨，但运用不到会极大抑制管理人员的创造性与积极性，减损商事组织的经济效率。在注意义务这一情形中，司法能动与司法克制的度，应当向司法克制倾斜。

三、受信义务本土化方略再审视

我国继受受信制度，不可能寄望于在成文法中创造出一套用词准确、逻辑严密的规则即可坐等事成，须耐着性子等待各地法官在商事纠纷的解决中摸爬滚打、点滴积累起裁判经验与对商事活动的尊重与洞察。如前所述，日本于 1950 年即在商法第 254 条第 3 款中规定了概括性的忠实义务，但直到 20 世纪 80 年代末才出现独立适用该条款的第一起案例。[①] 如今判断受信制度能否在我国扎根生长，为时尚早。

除前文所言，在立法中对受信规则善加规定外，制定法能做的很少，核心是允许法官自由裁量以填补法律和合同的漏洞。即便是在成文法国家，在法律不完备的普遍前提下，仍有可能将更多的立法权与执行权配置给法院。[②] 但是，与张扬法官自由裁量权同样重要的是对法官自由裁量的理性约束。法律对社会生活的统治应当是理性、确定、前后一致并可预期的，从而降低当事人的事前规划成本，明确指引委托人与受信人合理行为。目前我国的主要做法是颁布司法解释和指导性案例，但明确司法规则的供给依然落后于商业实践的发展，指导性案例的作用也依然比较有限。我国幅员辽阔，地方发展的不一致更加剧了有关受信义务规则裁判的同案不同判现象。

司法解释的问题在于，其名为对实定法的解释，其实与最高审判机关创

---

① Hideki Kanda & Curtis J. Milhaupt, Re-examining Legal Transplants, The Director's Fiduciary Duty in Japanese Cor-porate Law, The American Journal of Comparative Law, Vol. 51, No. 4, 2003, pp. 887-901.

② Katharina Pistor & Chenggang Xu, Fiduciary Duty in Transitional Civil Law Jurisdictions, in Milhaupt ed., Global Markets, Domestic Institutions: Corporate Law and Government in a New Era of Cross-Border Deals, Columbia University Press, 2003, pp. 77-106.

制法律没有截然的区别。司法解释中的大量规则，都是抽象规范，若司法解释制定的速度太慢，不能给法官裁判及时提供指引。但太快出台的司法解释，对实践中出现的问题认识与总结不足，又可能掐灭法官探索的空间。由下而上层层积累产生的判例法，比自上而下的司法解释，更接地气，也允许一定程度上地区与个案的差异。

2010 年最高人民法院发布《关于案例指导工作的规定》，开始推行案例指导制度。案例指导制度被认为是向判例制度跨进的一大步。然而目前看来，人们的预计未免过于乐观。首先，有关规定并未明确指导性案例的效力，也无法明确指导性案例的正当性来源。官方观点是指导性案例不具有正式的法律效力，不属于正式的法律渊源，不能被裁判文书作为裁判依据直接援引。[①] 也就是说，指导性案例在司法适用中只能定位为指导，体现在法官履行审判职责、形成司法思维和意见时产生指引性影响。但"指引性影响"究竟在司法适用中如何发挥，并不清晰。与我国法上指导性案例的尴尬地位相比，日本法上最高法院判决有规范上的拘束力，判决存在判断与最高法院的判例相抵触的，构成绝对的上告理由。[②]

其次，指导性案例对法官自由裁量的抑制作用有限。在司法技术上，法官依然需要从指导性案例中运用演绎方法抽离出规则，再适用到具体案例中，与司法解释的区别不大。判例制度的特点在于事实与事实之间的比照，在于类比推理，而我国现行的司法解释和指导性案例，本质上都是抽象规范，在逻辑论理和司法技术上都不能等同于先例。

再次，案例指导也无法解决受信义务继受的一个棘手问题，即地方差异背景下如何实现法的一致性与融贯性。有学者统计了 2009 年 10 月 1 日至 2013 年 10 月 1 日北大法宝案例库中董事、监事、高级管理人员违反受信义务损害公司利益的案件，共 87 件案件中东部地区法院审理的占 73 件，占总样本数的 85%，中部地区 8 件，其中 5 件发生在湖南省，而西部地区仅占 5 件。在东部地区法院审理的案件中，大部分集中在上海、浙江、北京与江苏。

---

① 参见胡云腾：《谈指导性案例的编选与参照》，载《人民法院报》2011 年 7 月 20 日第 5 版。

② 参见解亘：《日本的判例制度》，载《华东政法大学学报》2009 年第 1 期。

该类纠纷数量与地区经济发展水平（人均 GDP）呈正相关。[①] 我国地区之间经济发展水平极不平衡的现状将制约受信义务裁判的经验“习得”。因对受信人行为的事后审查，包含对商业行为的合理性与公平性的判断，需要法官具有较为丰富的商业知识与经验，理解具体商业决定面临的情势与考量，方能“不在商而言商”。但由经济发展水平差异所决定的商事纠纷数量、类型与内容差异必然影响法官的经验“习得”，即便东部地区的判例交由西部地区法官学习，也需要在审判实践中经过练手方能体会，案例指导制度的局限不言而喻。

法官造法是保持法对商业及其方式的变化之回应性的根本做法[②]，但法官终究不是“随意漫游、追逐他自己美善理想的游侠”[③]。在案例指导制度基础上，逐步实现司法文书公开，建立判例报告体系，确立法官在具体裁判中应援引上级法院裁判的所属判例，若偏离判例应说明理由的制度，或可实现司法能动与克制的平衡，形成适合受信制度生长的土壤。

小　结

徐国栋教授称诚实信用原则是斯多亚哲学的克己精神和取义舍利精神的体现，它表现的是一种“内圣外王”的做人方式，公平是其效果。[④] 如是，以善意为内核的受信制度或许也可以与我国传统文化结合。但笔者不愿对受信规则作出这样鲜明的、带有道义论色彩的论断。受信规则在英美等国的实践充分说明，其是对在商业生活中占有一定优势一方，无论是董事、银行家、律师还是管理合伙人是否滥用其优势的第三方审查，是对权力行使之实质合理性的事后裁量。受信制度是独特的，目前我国尚无其他制度（包括诚

① 参见罗培新：《自贸区商事裁判经验“可复制、可推广”之困境辨析》，载《学术月刊》2014 年第 5 期。

② 〔美〕卡多佐：《法律的成长、法律科学的悖论》，董炯、彭冰译，中国法制出版社 2002 年版，第 88—93 页。

③ 〔美〕卡多佐：《司法过程的性质》，苏力译，商务印书馆 1998 年版，第 88 页。

④ 徐国栋：《民法基本原则解释——诚信原则的历史、实务、法理研究》，北京大学出版社 2013 年版，第 185 页。

实信用原则在内)可以实现类似功能,而且我国也业已部分继受其规则。受信制度鲜活的生命力与旺盛的扩张力,或许根植于其母体普通法体系的经验主义与实用主义传统。但受信有关案件须法官自由裁量并非阻碍我国成功继受受信规则的结构性障碍。“身怀绝技的法官总能出其不意地使它(法律)获得自由。即便在以法典为基础的法律体系中,情况也是一样。”①目前的主要障碍在于我国立法者对受信规则的认识不足与立法水平低下造成的受信制度立法的粗糙散乱,以及我国各地区经济发展水平差异所决定的商事纠纷的数量、类型与内容差异影响法官对商事裁判的经验习得。随着有关案例的增多与法官裁判经验的积累,相信受信案件裁判的日渐成熟也指日可待。

① 〔美〕卡多佐:《法律的成长、法律科学的悖论》,董炯、彭冰译,中国法制出版社 2002 年版,第 103 页。

结　论

受信制度起源于衡平法，深受衡平法以良心为原则调整具体情形中不正义的传统影响，通过个案积累规则，以信托关系为范式、类比推理为司法技术扩张于商事领域的组织与交易中。受信制度保障受信关系中的委托人/受益人信赖受信人保护并执行其利益，为系统信任提供制度担保。作为委托代理关系的空白填补机制，受信制度可以降低代理成本，缓解专业化和组织化所带来的社会问题。目前，我国并无实现相近功能的制度。在业已部分采纳受信义务规则的前提下，我国应考虑学习和借鉴受信制度，在基本法律中引入受信制度的一般原则，并在商事组织、专业服务等具体法律制度中认定受信关系，按照“法律义务—行为标准—责任/救济”的结构确立规范；允许法官进行法的创造，并以判例作为制度一致性与确定性的源泉。

学习和借鉴的阻碍在于受信制度的不确定性，主要包括受信关系范围与受信义务内容的不确定性。市场守则是追求自我利益最大化，受信制度则要求对自我利益的局部否定，“利他性”决定其必然存在适用界限。受信关系范围的界定，即转变为圈划“何种法律关系需要受信制度干预”。本书通过对组织与交易中两大类受信关系的梳理，识别法律关系是否属于受信关系这一集合的统一区分术在于一方基于法定或约定将处理自身或他人财产或事务的裁量性权力委托和授予另一方。授权作为核心要素是识别与类型化受信关系的一般要件，也是理解受信义务内容与违信责任本质的关键。此外，由此产生的委托人/受益人的弱势地位赋予法院认定事实受信关系的正当性，也提供了受信制度扩张的动力。

受信义务包括处于内核的强制善意义务、处于第二层次的以管理利益冲突为核心的忠实义务和要求合理审慎与技能的注意义务。随着商业社会的进化，受信规则总体趋向宽松，对利益冲突交易和商业决策的实质审查转向程序控制。不同受信关系中，根据事前的授权程度、降低机会主义风险替代机制的可获得性以及特定受信关系的社会功能等因素，受信义务的内容与强度也会相应变化。对违信行为，最重要的救济包括撤销交易、推定信托和归入权等以回复原状为目的的救济。

受信制度作为第三方执行机制依赖法院对受信人行为的事后审查，但需要法官自由裁量并非我国借鉴吸收受信制度的主要结构性障碍。立法者对受信规则的认识不足与立法水平低下造成的立法粗糙散乱，以及各地区经济发展水平差异所产生的商事纠纷的数量、类型与内容差异影响了法官对商事裁判的经验习得，是我国应首先克服的问题。

参 考 文 献

一、中文著作

1. 邓峰:《普通公司法》,中国人民大学出版社 2009 年版。
2. 范世乾:《控制股东滥用控制权行为的法律规制》,法律出版社 2010 年版。
3. 范忠信等:《情理法与中国人》,北京大学出版社 2011 年版。
4. 费孝通:《乡土中国》,人民出版社 2008 年版。
5. 傅静坤:《二十世纪契约法》,法律出版社 1997 年版。
6. 高鸿钧、程汉大主编:《英美法原论》,北京大学出版社 2013 年版。
7. 甘培忠:《公司控制权的正当行使》,法律出版社 2006 年版。
8. 甘培忠:《企业与公司法学(第七版)》,北京大学出版社 2014 年版。
9. 贺卫方:《司法的理念与制度》,中国政法大学出版社 1998 年版。
10. 蒋大兴:《公司法的展开与评判方法・判例・制度》,法律出版社 2001 年版。
11. 蒋大兴:《公司法的观念与解释》,法律出版社 2009 年版。
12. 赖源河、王志诚:《现代信托法论》,中国政法大学出版社 2002 年版。
13. 李清池:《商事组织的法律结构》,法律出版社 2008 年版。
14. 梁慧星:《从近代民法到现代民法》,中国法制出版社 2000 年版。
15. 刘燕:《会计师民事责任研究:公共利益与职业利益的平衡》,北京大学出版社 2004 年版。
16. 马克垚:《英国封建社会研究》,北京大学出版社 1992 年版。
17. 沈达明:《衡平法初论》,对外经济贸易大学出版社 1997 年版。
18. 王继远:《控制股东对公司和股东的信义义务》,法律出版社 2010 年版。
19. 王泽鉴:《民法概要》,北京大学出版社 2009 年版。
20. 徐爱国:《英美侵权行为法》,北京大学出版社 2004 年版。
21. 徐涤宇:《原因行为理论》,中国政法大学出版社 2005 年版。
22. 徐国栋:《民法基本原则解释——诚信原则的历史、实务、法理研究》,北京大学出版社 2013 年版。
23. 徐国栋:《民法的人文精神》,法律出版社 2009 年版。
24. 张晋藩主编:《中华法系的回顾与前瞻》,中国政法大学出版社 2007 年版。
25. 张维迎:《博弈论与信息经济学》,上海人民出版社、上海三联书店出版社 2004 年版。
26. 张维迎:《产权、激励与公司治理》,经济科学出版社 2005 年版。
27. 张维迎:《信息、信任与法律》,生活・读书・新知三联书店 2003 年版。
28. 张维迎:《博弈与社会》,北京大学出版社 2013 年版。
29. 郑也夫:《信任论》,中国广播电视出版社 2001 年版。
30. 周江洪:《服务合同研究》,法律出版社 2010 年版。
31. 朱熹(撰):《四书章句集注》,中华书局 2012 年版。

二、中文译著

1. 〔英〕阿蒂亚、萨默斯:《英美法中的形式与实质——法律推理、法律理论和法律制度的比较研究》,金敏等译,中国政法大学出版社 2005 年版。
2. 〔英〕阿蒂亚:《英国法中的实用主义与理论》,刘承韪、刘毅译,清华大学出版社 2008 年版。
3. 〔美〕伯尔曼:《法律与革命》,贺卫方等译,中国大百科全书出版社 1993 年版。
4. 〔美〕博登海默:《法理学:法律哲学与法律方法》,邓正来译,中国政法大学出版社 1999 年版。
5. 〔美〕贝尔:《后工业社会的来临》,高铦等译,商务印书馆 1984 年版。
6. 〔美〕贝尔:《资本主义文化矛盾》,赵一凡等译,生活・读书・新知三联书店 1989 年版。
7. 〔美〕波斯纳:《法律的经济分析》,蒋兆康译,法律出版社 2012 年版。
8. 〔法〕布迪厄、〔美〕华康德:《实践与反思:反思社会学导引》,李猛、李康译,中央编译出版社 2004 年版。
9. 〔德〕茨威格特・克茨:《比较法总论》,潘汉典等译,法律出版社 2002 年版。
10. 〔法〕达维德:《当代主要法律体系》,漆竹生译,上海译文出版社 1984 年版。
11. 〔美〕哈特:《法律的概念》,许家馨、李冠宜译,法律出版社 2011 年版。
12. 〔英〕霍布斯:《利维坦》,朱敏章译,吉林出版集团有限公司 2010 年版。
13. 〔英〕吉登斯:《现代性与自我认同》,赵旭东等译,生活・读书・新知三联书店 1998 年版。
14. 〔美〕卡多佐:《司法过程的性质》,苏力译,商务印书馆 1998 年版。

15. 〔德〕康德:《道德形而上学奠基》,杨云飞译,人民出版社2013年版。
16. 〔美〕科菲:《看门人机制:市场中介与公司治理》,黄辉、王长河等译,北京大学出版社2011年版。
17. 〔美〕克拉克:《公司法则》,胡平等译,工商出版社1999年版。
18. 〔德〕卡尔·拉伦茨:《法学方法论》,陈爱娥译,商务印书馆2003年版。
19. 〔英〕费尔摩里:《现代公司法之历史渊源》,虞政平译,法律出版社2007年版。
20. 〔美〕麦克尼尔:《新社会契约论》,雷喜宁、潘勤译,中国政法大学出版社2004年版。
21. 〔英〕梅特兰:《国家、信托与法人》,樊安译,北京大学出版社2008年版。
22. 〔美〕庞德:《法理学》,邓正来译,中国政法大学出版社2004年版。
23. 〔美〕庞德:《法律与道德》,陈林林译,中国政法大学出版社2003年版。
24. 〔美〕桑德尔:《自由主义与正义的局限》,万俊人等译,译林出版社2011年版。
25. 〔美〕桑斯坦:《行为法律经济学》,涂永前等译,北京大学出版社2006年版。
26. 〔英〕斯坦、香德:《西方社会的法律价值》,王献平译,中国法制出版社2004年版。
27. 〔法〕涂尔干:《社会分工论》,渠东译,生活·读书·新知三联书店2013年版。
28. 〔美〕昂格尔:《现代社会中的法律》,吴玉章、周汉华译,译林出版社2008年版。
29. 〔德〕韦伯:《新教伦理与资本主义精神》,康乐、简惠美译,广西师范大学出版社2010年版。
30. 〔美〕威廉姆森:《资本主义经济制度》,段毅才等译,商务印书馆2002年版。
31. 〔加拿大〕温里布:《私法的理念》,徐爱国译,北京大学出版社2007年版。
32. 〔美〕沃森:《民法法系的演变及形成》,李静冰、姚新华译,中国政法大学出版社1992年版。
33. 〔美〕夏皮罗:《法院:比较法上和政治学上的分析》,张生、李彤译,中国政法大学出版社2005年版。
34. 〔日〕星野英一:《现代民法基本问题》,段匡、杨永庄译,上海三联书店2012年版。
35. 〔葡〕叶士朋:《欧洲法学史导论》,吕平义、苏健译,中国政法大学出版社1998年版。

三、中文期刊

1. 陈雪娇、王继远:《论律师信义义务》,载《昆明理工大学学报社会科学版》2009年第12期。
2. 陈颐:《衡平法、用益与信托:英国信托法的早期史概说》,载《南京大学法律评论》2011年秋季卷。
3. 陈云良:《法的模糊性之探析》,载《法学评论》2002年第1期。

4. 陈彦宏:《权利类属理论之反思》,载《法制与社会发展》2011 年第 6 期。
5. 邓峰:《业务判断规则的进化和理性》,载《法学》2008 年第 2 期。
6. 邓峰:《公司利益缺失下的利益冲突规则——基于法律文本和实践的反思》,载《法学界》2009 年第 4 期。
7. 段涛:《证券公司诚信义务:范围、责任和控制》,载《证券法苑》2012 年第 1 卷。
8. 〔德〕海因・克茨:《信托——典型的英美法制度》,邓建中译,载《比较法研究》2009 年第 4 期。
9. 范世乾:《信义义务的概念》,载《湖北大学学报(哲学社会科学版)》2012 年第 1 期。
10. 郭富青:《公司收购中目标公司控股股东的诚信义务探析》,载《中国法学文档》2005 年第 2 期。
11. 甘培忠、雷驰:《对金融创新的信义义务规制》,载《法学》2009 年第 10 期。
12. 郭雳:《信心、金融与金融法》,载《金融法苑》2003 年第 3 期。
13. 蒋大兴:《私法正义缘何而来?——闭锁性股权收购定价原则的再解释》,载《当代法学》2005 年第 6 期。
14. 李新天、孙聪聪:《公司法上的受信义务研究》,载《河南省政法管理干部学院学报》2011 年第 6 期。
15. 李红海:《亨利二世改革与英国普通法》,载《中外法学》1996 年第 6 期。
16. 李清池:《商事组织的法律构造——经济功能的分析》,载《中国社会科学》2006 年第 4 期。
17. 刘俊海:《强化资本市场诚信建设的若干思考》,载《证券法苑》第 7 卷。
18. 梁慧星:《诚实信用原则与漏洞补充》,载《法学研究》1994 年第 2 期。
19. 骆意:《论诚实信用原则在我国民事司法裁判中的适用——基于对〈最高人民法院公报〉中 53 个案例的实证分析》,载《法律适用》2009 年第 11 期。
20. 罗培新:《自贸区商事裁判经验"可复制,可推广"之困境辨析》,载《学术月刊》2014 年第 5 期。
21. 吕富强:《论中世纪教会对普通法信托制度的起源和形成所发挥的作用》,载《暨南学报(哲学社会科学版)》2013 年第 12 期。
22. 侣化强:《合宪性推定与违宪审查的神学起源——15 至 18 世纪基督教良心的双重义务为视角》,载《清华法学》2012 年第 3 期。
23. 沈宗灵:《对霍菲尔德法律概念学说的比较研究》,载《中国社会科学》1990 年第 1 期。
24. 舒国滢:《法律原则适用的难题》,载《苏州大学学报(哲学社会科学版)》2004 年第

6 期。
25. 王萍:《大陆法代理制度与英美法信托制度的比较》,载《甘肃政法学院学报》1998 年第 3 期。
26. 王文宇:《商事契约的解释》,载《中外法学》2014 年第 5 期。
27. 王军:《公司经营者忠实和勤勉义务诉讼研究》,载《北方法学》2011 年第 4 期。
28. 薛军:《民法的两种伦理正当性的模式》,载《比较法研究》2007 年第 3 期。
29. 徐国栋:《诚实信用原则二题》,载《法学研究》2002 年第 4 期。
30. 许德风:《法教义学的应用》,载《中外法学》2013 年第 5 期。
31. 尹田:《论民法基本原则之立法表达》,载《河南省政法管理干部学院学报》2008 年第 1 期。
32. 阎步克:《春秋战国时"信"观念的演变及其社会原因》,载《历史研究》1981 年第 6 期。
33. 赵万一:《公司收购中目标公司董事信义义务研究》,载《河南财经政法大学学报》2012 年第 2 期。
34. 朱慈蕴:《资本多数决与控股股东诚信义务》,载《法学研究》2004 年第 4 期。
35. 朱慈蕴:《对股东诚信义务的再思考》,载《中国法律》2007 年第 4 期。
36. 朱羿锟、彭心倩:《论董事诚信义务的法律地位》,载《法学杂志》2007 年第 4 期。
37. 朱圆:《论美国公司法中董事对债权人的信义义务》,载《法学》2011 年第 10 期。
38. 张文显、姚建宗:《略论法学研究中的价值分析方法》,载《法学评论》1991 年第 5 期。
39. 张骐:《论类似案件的判断》,载《中外法学》2014 年第 2 期。

四、英文著作

1. P. S. Atiyah, The Rise and Fall of Freedom of Contract, Oxford University Press, 1979.
2. Stephen M. Bainbridge, Agency, Partnership and LLCs, Foundation Press, 2004.
3. John Baker, An Introduction to English Legal History, Butterworths, 2003.
4. Harold J. Berman, Law and Revolution: The Formation of the Western Legal Tradition, Harvard University Press, 1983.
5. Peter Birks, Privacy and Loyalty, Oxford University Press, 1997.
6. George Gleason Bogert & George Taylor Bogert, The Law of Trusts and Trustees, West Group, 1993.
7. Andrew Burrows & Alan Rodger eds., Mapping the Law: Essays in Memory of Peter Birks, Oxford University Press, 2006.

8. Dorwin Cartwright eds., Studies in Social Power, University of Michigan Press, 1959.

9. D' Arey, Conscience and Its Right to Freedom, Sheed and Ward, 1961.

10. Frank H. Easterbrook & Daniel R. Fischel, The Economic Structure of Corporate Law, Harvard University Press, 1991.

11. Jon Elster, The Sement of Society: A Survey of Social Order, Cambridge University Press, 1989.

12. Lawrence E. Friedman, A History of American Law, Simon & Schuster, 1985.

13. Paul Finn, Fiduciary Obligations, Carswell, 1977.

14. Tamar Frankel, Trust and Honesty: America's Business Culture at A Crossroad, Oxford University Press, 2008.

15. Tamar Frankel, Fiduciary Law, Oxford University Press, 2010.

16. Francis Fukuyama, Trust, The Social Virtues and the Creation of Prosperity, Free Press, 1992.

17. Franklin A. Gevurtz, Corporation Law, 2nd ed., West Group, 2010.

18. Andrew S. Gold & Paul B. Miller, Philosophical Foundations of Fiduciary Law, Oxford University Press, 2014.

19. L. C. B. Gower & Paul L. Davies, Principles of Modern Company Law, 18th ed., Sweet and Maxwell, 2008.

20. Muhammad Anwar Ghuman, Principles of Equity, Manzoor Law Book House, 2003.

21. H. G. Hanbury & Jill E. Martin, Modern Equity, 17th ed., Sweet & Maxwell, 2007.

22. Oliver D. Hart, Firms, Contracts and Financial Structure, Clarendon Press, 1995.

23. Oliver Wendell Holmes, The Common Law, Dover Publish Co., 1991.

24. William Holdsworth, A History of English Law, Vol 1, Sweet and Maxwell, 1956.

25. Alastair Hudson, Law of Finance, Sweet & Maxwell, 2009.

26. J. Dennis Hynes & Mark J. Loewenstein, Agency, Partnership, and the LLC, The Law of Unincorporated Business Enterprises, Cases, Materials, Problems, Lexis-Nexis Matthew Bender, 2007.

27. Rupert M. Jackson & John L. Powell, Jackson & Powell on Professional Liability, 6th ed., Sweet & Maxwell, 2007.

28. Reinier Kraakman & Henry B. Hansmann, Anatomy of Corporate Law, Oxford University Press, 2009.

29. Niklas Luhmann, Trust and Power, Chichester: Wiley, 1979.

30. Frederic William Maitland, Equity, A Course of Lectures, Cambridge University Press, 1936.

31. Frederic William Maitland & Sir Frederick Pollock, The History of English Law up to the Time of Edward Ⅰ, Vol. 2, Cambridge University Press, 1968.

32. Ewan McKendrick ed., Commercial Aspects of Trusts and Fiduciary Obligations, Clarendon Press, 1992.

33. Curtis J. Milhaupt ed., Global Markets, Domestic Institutions: Corporate Law and Government in a New Era of Cross-Border Deals, Columbia University Press, 2003.

34. Don A. Moore et al. ed., Conflicts of Interest: Challenges and Solutions in Business, Law, Medicine, and Public Policy, Cambridge University Press, 2005.

35. Nicholas Morris & David Vines ed, Capital Failure: Rebuilding the Trust in Financial Services, Oxford University Press, 2014.

36. Muhammad Anwar Ghuman, Principles of Equity, Manzoor Law Book House, 2003.

37. John W. Pratt & Richard J. Zeckhause eds, Principals and Agents: The Structure of Business, Harvard University Press, 1985.

38. Francis Reynolds, Bowstead and Reynolds on Agency, 18th ed., Sweet & Maxwell, 2006.

39. Leonard Ian Rotman, Fiduciary Law, Carswell, 2005.

40. L. S. Sealy & RJA Hooly, Commercial Law, Cases and Materials, 2nd ed., Butterworth, 1999.

41. Larry D. Soderquist et al., Corporations and other Business Associations, 4th ed., Charlottesville, 1997.

42. Joseph Story, Commentaries on the Law of Agency, C. C. Little and J. Brown, 1846.

43. María José Falcón Y Tella, Equity and Law, Martinus Nijhoff Publishers, 2008.

44. Graham Virgo, The Principles of the Law of Restitution, 2nd ed., Oxford University Press, 2006.

45. Ernest Joseph Weinrib, The Idea of Private Law, Harvard University Press, 1995.

46. Sarah Worthington, Equity, 2nd ed. , Oxford University Press, 2006.

47. T. G. Youdan ed, Equity, Fiduciaries and Trusts, Carswell, 1989.

五、英文期刊

1. Gregory S. Alexander, The Transformation of Trusts as a Legal Category, 1800-1914, Law and History Review, Vol. 5, No. 2, 1987.

2. Ian Ayres & Robert Gertner, Filling Gaps in Incomplete Contracts: An Economic Theory of Default Rules, Yale Law Journal, Vol. 99, No. 1, 1989.

3. Margaret M. Blair, Locking in Capital: What Corporate Law Achieved for Business Organizers in the Nineteenth Century, UCLA Law Review, Vol. 51, No. 2, 2003.

4. Peter Birks, Equity in the Modern Law: An Exercise in Taxonomy, University of Western Australia Law Review, Vol. 26, No. 2, 1996.

5. Peter Birks, The Content of Fiduciary Obligation, Israel Law Review, Vol. 34, No. 1, 2000.

6. W. Bishop & D. D. Prentice, Some Legal and Economic Aspects of Fiduciary Remuneration, Modern Law Review, Vol. 46, No. 3, 1983.

7. Victor Brudney, Fiduciary Ideology in Transactions Affecting Corporate Control, Michigan Law Review, Vol. 65, No. 2, 1966.

8. Guido Calabresi, Concerning Cause and the Law of Torts: An Essay for Harry Kalven, Jr. , University of Chicago Law Review, Vol. 43, No. 1, 1975.

9. Ramon Casadesus-Masanell & Daniel F. Spulber, Trust and Incentives in Agency, Southern California Interdisciplinary Law Journal, Vol. 15, No. 1, 2005.

10. Robert C. Clark, The Four Stages of Capitalism: Reflections on Investment Management Treatises, Harvard Law Review, Vol. 94, No. 3, 1981.

11. Ronald H. Coase, The Nature of the Firm. Economica, Vol. 4, No. 16, 1937.

12. John C. Coffee Jr. , Ratings Reform: The Good, the Bad, and the Ugly, Harvard Business Law Review, Vol. 1, No. 1, 2011.

13. Robert Cooter & Bradley J. Freedman, The Fiduciary Relationship: Its Economic Character and Legal Consequences, New York University Law Review, Vol. 66, No. 4, 1991.

14. Kenneth B. Davis Jr. , Judicial Review of Fiduciary Decisionmaking—Some Theoretical Perspectives, Northwestern University Law Review, Vol. 80, No. 1,

1985—1986.

15. Deborah A. DeMott, Breach of Fiduciary Duty: On Justifiable Expectations of Loyalty and Their Consequences, Arizona Law Review, Vol. 48, No. 4, 2006.

16. Deborah A. DeMott, Beyond Metaphor: An Analysis of Fiduciary Obligation, Duke Law Journal, Vol. 1988, No. 5, 1988.

17. DeMott A. Deborah, Our Partners' Keepers? Agency Dimensions of Partnership Relationships, Law and Contemporary Problems, Vol. 58, No. 2, 1995.

18. F. E. Dowrick, The Relationship of Principal and Agent, The Modern Law Review, Vol. 17, No. 1, 1954.

19. Frank H. Easterbrook & Daniel R. Fischel, Contract and Fiduciary Duty, The Journal of Law and Economics, Vol. 36, No. 1, Part 2, 1993.

20. James Edelman, When Do Fiduciary Duties Arise? Law Quarterly Review, Vol. 126, 2010.

21. Jill E. Fisch, Hillary A. Sale, The Securities Analyst as Agent: Rethinking the Regulation of Analysts, Iowa Law Review, Vol. 88, No. 5, 2003.

22. Robert Flannigan, The Boundaries of Fiduciary Accountability, New Zealand Law Review, Vol. 2004, No. 2, 2004.

23. Robert Flannigan, The Fiduciary Obligation, Oxford Journal of Legal Studies, Vol. 9, No. 3, 1989.

24. Robert Flannigan, The Adulteration of Fiduciary Doctrine in Corporate Law, Law Quarterly Review, Vol. 122, 2006.

25. Frankel, Tamar, Fiduciary Law, California Law Review, Vol. 71, No. 3, 1983.

26. Joshua Getzler, As If—Accountability and Counterfactual Trust, Boston University Law Review, Vol. 91, No. 3, 2011.

27. Matthew Harding, Trust and Fiduciary Law, Oxford Journal of Legal Studies, Vol. 33, No. 1, 2013.

28. Oliver Hart, An Economist's View of Fiduciary Duty, University of Toronto Law Journal, Vol. 43, No. 3, 1993.

29. David Hayton, English Fiduciary Standards and Trust Law, Vanderbilt Journal of Transnational Law, Vol. 32, No. 3, 1999.

30. J. Dennis Hynes, Freedom of Contract, Fiduciary Duties, and Partnerships: The Bargain Principle and the Law of Agency, Washington and Lee Law Review, Vol.

54, No. 2, 1997.

31. John H. Langbein, The Contractarian Basis of the Law of Trusts, Yale Law Journal, Vol. 105, No. 3, 1995.

32. John H. Langbein, Questioning the Trust Law Duty of Loyalty: Sole Interest or Best Interest, Yale Law Journal, Vol. 114, No. 5, 2005.

33. Rebecca Lee, In Search of the Nature and Function of Fiduciary Loyalty: Some Observations on Conaglen's Analysis, Oxford Journal of Legal Studies, Vol. 27, Issue 2, 2007.

34. Maurizio Lupoi, Trust and Confidence, Law Quarterly Review, Vol. 125, 2009.

35. Mike Macnair, Equity and Conscience, Oxford Journal of Legal Studies, Vol. 27, No. 4, 2007.

36. Jonathan R. Macey, Fiduciary Duties as Residual Claims: Obligations to Nonshareholder Constituencies from a Theory of the Firm Perspective, Cornell Law Review, Vol. 84, No. 5, 1998—1999.

37. P. J. Millett, Equity's Place in the Law of Commerce, Law Quarterly Review, Vol. 114, 1998.

38. Dalia Tsuk Mitchell, Status Bound: The Twentieth Century Evolution of Directors' Liability, New York University Journal of Law & Business, Vol. 5, No. 1, 2009.

39. Lawrence E. Mitchell, Death of Fiduciary Duty in Close Corporations, University of Pennsylvania Law Review, Vol. 138, No. 6, 1990.

40. Roscoe Pound, Decadence of Equity, Columbia Law Review, Vol. 5, No. 1, 1905.

41. Larry E. Ribstein, Are Partners Fiduciaries, University of Illinois Law Review, Vol. 2005, No. 1, 2005.

42. Gary S. Rosin, The Entity-Aggregate Dispute: Conceptualism and Functionalism in Partnership Law, Arkansas Law Review, Vol. 42, No. 2, 1989.

43. Leonard I. Rotman, Fiduciary Law's Holy Grail: Reconciling Theory and Practice in Fiduciary Jurisprudence, Boston University Law Review, Vol. 91, No. 3, 2011.

44. Austin W. Scott, The Fiduciary Principle, California Law Review, Vol. 37, No. 4, 1949.

45. Len S. Sealy, Fiduciary Obligations, Forty Years On, Journal of Contract Law, Vol. 9, 1995.

46. L. S. Sealy, Some Principles of Fiduciary Obligation, Cambridge Law Journal, Vol.

21, No. 1, 1963.

47. J. C. Shepherd, Towards a Unified Concept of Fiduciary Relationships. ,Law Quarterly Review,Vol. 97, 1981.

48. D. Gordon Smith, The Critical Resource Theory of Fiduciary Duty, Vanderbilt Law Review,Vol. 55, No. 5, 2002.

49. Robert S. Summers, Good Faith in General Contract Law and the Sales Provisions of the Uniform Commercial Code, Virginia Law Review,Vol. 54, No. 2, 1968.

50. E. W. Thomas, An Affirmation of the Fiduciary Principle, New Zealand Law Journal, Vol. 11, 1996.

51. Paul Vinogradoff, Reason and Conscience in Sixteenth-Century Jurisprudence, Law Quarterly Review,Vol. 24, No. 4, 1908.

52. Ernest J. Weinrib, The Fiduciary Obligation, University of Toronto Law Journal, Vol. 25, No. 1, 1975.

53. Gregory A. William, The Fiduciary Duty of Care: A Perversion of Words, Akron Law Review,Vol. 38, No. 1, 2005.

54. Oliver Williamson, Revisiting Legal Realism: The Law, Economics, and Organization Perspective, Industrial and Corporate Change,Vol. 5, No. 2,1996.

55. Sarah Worthington, Fiduciaries: When Is Self-Denial Obligatory, Cambridge Law Journal,Vol. 58, No. 3, 1999.

后　　记

受信制度的原理研究并非易事，在阅读和整理大量判例的基础上，要上接英国法的历史与传统，下至两大法系从理念到具体技术方案的差异，还必须串联与应用哲学、社会学、制度经济学的知识与方法。虽然我勉力为之，但时有勺许陂塘水，决之以溉田的感觉。功力不厚，思考当然无法深透，留下许多未竟的问题，总希冀有时间可以系统地修订与完善。但从教以后，工作、家庭种种琐事，竟把这修订无限期地拖延下去了。如果不是"计数"的压力，或许这本书还压在箱底。

未能对初稿在内容上有较大深化、增补和改进，确实是万般无奈。外子常年在外，我常常只得在小女酣睡的深夜或者清晨，在床上或床边备课或写作。待她大一些，终能转战餐桌、解放双腿，也不用担心敲击键盘的声音扰她安眠。但时间依然是细碎的，大脑被无数琐事占据后，运转总是乏力，很难进行深入系统的思考。

在浑茫学海中捞摸，在事业与育儿之间辗转，个中辛酸疲惫，实难与外人道。其实，静想起来，也不足道。我的母亲，我的老师们，无一不是这样蹚过立业成家的最初几年，我的道路并不比别人崎岖半分。女性想要取得与男性相当的成就，需要付出比男性多得多的努力，就是当下社会的不争现实。

而且，我已经算是很幸运的一个。

在北大得燕园水土滋养。老师倾囊相授，同门团结温暖。每日在图书馆读书、与知己好友在塔脚湖畔畅谈，我度过了极其简单又极其充实、充满洒脱与活力的时光。出得园子上了月轮山，小而美的之江，山明气清，草木葳蕤。民商法所的老师们虽各有专精，学术观点也有不同，但在提携后进和培养学生上声同气应，彼此关系水乳交融，给我的教学、研究包括生活极大助益。

我生长于南方，相比乐山，生性更亲水。燕园、之江，除了都是教会学校旧址外，皆有一方精灵的水。读博时，每日往返于燕园西侧的畅春园宿舍和燕园东侧的法学院图书馆，未名湖是必经之地。记得我在博士论文后记中写道，“最后一遍校稿完成，沿着湖畔小路回到宿舍，此时星子满天，博雅安谧，未名沉静，两年来我走了无数遍的小径上空无一人。在这一园清幽、远离市廛的时刻，我突然感受到了这个园子九年来默默传递的暗示，认真对待自己的精神世界，对未知的探索和对真理的追求能带给人纯粹的快乐与幸福。世之奇伟瑰怪非常之观，常在于险远，落英缤纷也总在林尽水源后，我的心愿是将这种快乐与幸福分享给更多的、比我更年轻的人，一同行而复行，忘路之远近。”工作后，胸中烦闷、抑郁难言时，信步到情人桥畔，看渌水轻漾，听疏林吟风，心绪就能慢慢平和。更可喜的是，月轮山正在钱塘江“之”字的转折处，“之江”之名即由此而来。站在教学楼边，眺见钱塘江水浩浩汤汤由南而来，再偏折向东北奔去，阅历太浅，不能有“宠辱偕忘”之感，但胸中总能升腾起一种热情。学海了无际涯，当泛一小舟，逆流而上，行而复行。当年毕业时的初心，依然未改，就以这浅陋的小书作为这一程的结点和下一程的起点吧。

最后，要感谢帮助我成就这本小书的人。感谢我的导师甘培忠教授的教导、训诫、提点与关心，这份师生缘是我人生极大的财富。感谢求学二十载精心指导我、费心关怀我的各位老师，特别是北大元培学院、北大法学院和哥伦比亚大学法学院的各位导师。感谢我的父母无怨无悔的养育、无微不至的支持和让我思之感愧万分的包容与体谅。感谢我先生的珍重与呵护，感谢亲友们的帮助与关心。感谢北京大学出版社冯益娜老师的辛勤工作，如果没有冯老师的大力支持，就不会有这本小书的问世。

周　淳

2020 年 11 月 8 日于月轮山